ポピュリズムという挑戦

水島治郎［編］
Jiro Mizushima

ポピュリズムという挑戦

岐路に立つ現代デモクラシー

The Populist Challenge to Democracy: Europe, the U.S., and Japan

岩波書店

はじめに

水島治郎

二〇世紀後半に一定の安定と平和を実現したかに見えた世界は、今、かつてない動揺のただなかにある。

まず、日本がこれまで近代化の範としてきたヨーロッパを見よう。ヨーロッパでは二一世紀に入ったころから、フランスやオーストリア、オランダ、スイスなど先進各国で、既成政党やEU統合を批判するポピュリズム系の政治家・政党が顕著に台頭した。そして二〇一六年にはイギリスのEU離脱を問う国民投票で離脱派が勝利し、二〇一七年にはフランス大統領選挙の決選投票に国民戦線（FN）のマリーヌ・ルペンが進出する。同年にはドイツで右派ポピュリスト政党が初めて連邦議会に進出し、二〇一八年にはイタリアでポピュリスト政党による連合政権が成立した。

このポピュリズムの影響の高まりは、欧州議会をはじめとするEUにも重大なインパクトを及ぼしている。二〇一四年、二〇一九年に実施された欧州議会選挙では、イギリスとフランスの両国で二回ともポピュリスト政党が第一党を占めた。EU懐疑派は、選挙を重ねるごとに増えている。そして二〇二〇年一月、賛否両論が渦巻く中、イギリスのEU離脱がついに実現した。まさにポピュリズムは、ヨーロッパの各国政治とEUを、土台から揺るがしているといえよう。

ポピュリズムの伸長と合わせ鏡のように進行しているのが、既成政党の衰退である。戦後ヨーロッパ各国の政治は、長きにわたり穏健な二大勢力によって支えられてきた。キリスト教民主主義政党や保守党を軸とする中道保守政党、社会党や労働党を軸とする中道左派政党の二大穏健勢力は、各国の選挙で圧倒的なシェアを占め、大統領・首相のほとんどを輩出してきた。イギリスでは、戦後の首相はすべて保守党と労働党から出ており、ドイツでも、戦後の首相の全員がキリスト教民主同盟・社会同盟ないし社会民主党の出身者である。

中道保守と中道左派の二大政党は、ニュアンスの違いはあれど、大戦の惨禍に対する反省、ヨーロッパ統合をはじめとする国際協調体制への積極的参加、ナチズムの経験を背景とした少数派の人権の擁護、代表制民主主義への信頼といった基本的な価値を共有しており、その意味で戦後のヨーロッパは、幅広い支持を受けた二大勢力による「戦後合意」のうえに成り立ってきた、といえるだろう。

しかし今や、二大政党に往時の輝きはない。二〇一九年の欧州議会選挙では、初めて主要二会派(キリスト教民主主義会派と社会民主主義会派)の議席数が、あわせて半数を割り込んだ。各国政治も同様である。一九八〇年代の総選挙では、両党で七割の得票率を確保していたオランダのキリスト教民主政党と労働党は、二〇一七年選挙でその比率を二割強にまで低下させた。二〇一七年フランス大統領選挙では、栄光ある歴史を持つ二大政党の共和党と社会党は、いずれも決選投票に候補を送ることができなかった。

振り返ってみると、一九九〇年代の日本では、イギリスをはじめとする「政権交代可能な二大政党制」がモデルとされ、その実現を一つの重要な目的として、衆議院における小選挙区導入を柱とする選挙制度改革が実施された。しかし、現実には当のヨーロッパで二大政党が弱体化し、「政権交代可能な二大政党制」が絵に描いた餅になりつつあることは、皮肉な現象といわざるを得ない。

二大政党に代わるかのように政治の表舞台に進出したのが、本書で扱うポピュリズムである（ポピュリズムについては、ミュデ／カルトワッセルの定義をもとに、「既成政治を腐敗したエリートの独占物として捉え、これに人民の純粋な意思を対置し、自らを人民の意思を代表する存在と位置づけて既成政治、既成政党を批判する急進的な政治運動」ととりあえず定義する。『ポピュリズム』（白水社、二〇一八年）を参照）。冒頭で述べたように、ポピュリズム系の政党・政治家は今、ヨーロッパのほとんどの国で進出を果たしている。彼らは反既成政党、反移民・難民、反イスラム、反グローバル化と自由貿易批判、ＥＵ批判などを掲げ、既成政治から疎外されたと感じる人々の支持を受けることで、選挙で次々と伸長を果たし、移民・難民政策の厳格化をはじめとする政策転換をもたらしている。

しかもこのポピュリズムの広がりは、ヨーロッパに限られない。南北アメリカでは、二〇一〇年代半ば以降、アメリカにおけるトランプ大統領誕生に続き、メキシコではロペスオブラドール、ブラジルではボルソナーロといったポピュリスト志向の大統領の当選が続いている。いずれも既成政党や既成の政治のあり方を厳しく批判し、既存の組織に頼らずに有権者の直接の支持を集め、当選した。従来の左右対立軸とは異なる主張を展開して支持を受け、就任後もこれまでの大統領たちと比べると異色の発言、強引で急進的な姿勢で彩られていることも共通している。

なお、以上の米欧におけるポピュリズムの急速な展開と比べると、日本の政治は変化が緩慢で、ポピュリズムの進出に縁が薄いように思える。自民党主軸の長期政権が続く中、ポピュリズムがただちに既成政治を脅かすようには見えない。そもそも日本では外国人人口が二%程度とまだまだ低く、右派ポピュリズムに共通する反移民の主張が支持を集めにくいこと、グローバル化による国内産業の衰退や格差拡大が見えにくく、反グローバル化の主張も浸透しにくいことなどが指摘できよう。

しかしながら、日本でも無党派層の多い三大都市圏では、すでに首長(都知事・府知事・市長)と地方議会(都議会・府議会・市議会)の双方で、地方に基盤を置くポピュリスト系の政治家や政党が優位に立っている。また既成政党の弱体化は、全国的に進んでいる。特に二〇一七年の総選挙では、選挙直前に民進党が事実上解体状態に陥り、複数の新党に分裂した。先進各国の中道左派政党が軒並み不振とはいえ、同様の立ち位置にある党が短期間で雲散霧消した例は、日本だけだったのである。

このように、世界各国でポピュリズムの伸長と既成政党の弱体化が進む中、このポピュリズムのグローバルな拡大は、特に以下の二つのレベルにおいて、戦後世界で成立・発展してきた既成秩序を揺るがしているといえるだろう。

第一は、デモクラシーに対する挑戦である。ポピュリズム系の政治家・政党は、既成政治のアクター、とりわけ既成政党や司法、メディアなどを厳しく批判することが特徴だが、その背景には代表制民主主義への強い不信がある。「現在の政治エリートは、人民の意思を裏切っている」とする発想である。またポピュリズム勢力は、しばしば権力分立や少数者の権利の尊重、言論の自由といったリベラルな価値を、むしろリベラルなエリート支配に資する道具として批判する。こうして現在、戦後世界で発展したリベラル・デモクラシーは、正面から挑戦を受ける事態となっている。

第二は、インターナショナリズム(国際協調主義)に対する挑戦である。これはヨーロッパでは反E

U、EU批判という形をとり、イギリスのEU離脱で一つの頂点を迎えた。大陸ヨーロッパ諸国でも、EUによる「官僚的な規制」を批判し、「主権を取り戻す」ことを訴える主張が左右の急進派に支持を広げている。またアメリカでは、トランプが自国第一主義を掲げて大統領に当選し、自由貿易体制を揺るがす政策を進めている。このように現在、戦後世界で主流となってきた国際協調主義を批判し、自国民優先を掲げて国際協調の枠組みから距離を置く動きが強まっている。

以上を踏まえ、本書では、ポピュリズムを一つの「挑戦」として把握する。ポピュリズムは、戦後政治を特徴づけてきた「デモクラシーとインターナショナリズム」への挑戦であり、その問い直しを迫るものだといえよう。この観点から、以下の各章においては、各国でポピュリズム勢力が支持を伸ばした背景、その特質と展開、さらにデモクラシーとインターナショナリズムにいかなるインパクトを及ぼしているのかを明らかにすることで、今後の世界を見通す有用な手がかりを提供したいと考えている。

そこで本書では、次のように議論を進めていく。

まず第Ⅰ部「ポピュリズムとは何か」は、ポピュリズム時代の現代政治をめぐり、概説的な検討を行うセクションである。

第1章「「主流化」するポピュリズム？——西欧の右翼ポピュリズムを中心に」(古賀光生)は、全体を俯瞰する論考であり、ポピュリズムの概念をめぐるこれまでの議論を整理したうえで、ポピュリスト勢力における「主流化」現象について考察する。そして既成政党と対峙しつつ、ジレンマを抱えるる現状を明らかにしている。

ヨーロッパのポピュリスト勢力が現在、反EUという結節点を通じて一定の求心力を確保しようとする現状を明らかにしている。

つづく第2章「中間団体の衰退とメディアの変容――「中抜き」時代のポピュリズム」(水島治郎)は、既成政治を支えてきた中間団体とマスメディアの双方が衰退している現状を分析する。一種の「中抜き」状況が生じる中、特に右派ポピュリスト勢力がソーシャルメディアなどのIT技術を活用し、団体や既成メディアをバイパスする形で有権者に直接アピールを届け、勢力の拡大を進めてきたことを説明する。

さらに第3章「遅れてきたポピュリズムの衝撃――政党政治のポピュリズム抑制機能とその瓦解?」(今井貴子)では、イギリスを舞台としつつ、ポピュリズムを抑制してきた既成政党が決定的に衰退したことを分析する。単純小選挙区制により二大政党が安泰と思われたイギリスにおいてさえ、EUや移民問題などの現代的な争点をめぐり、急進的な主張を掲げる勢力に脅かされる中、既成政党が求心力を失い、ポピュリズム的な「人民中心」型の政治に引きずられる現状が示される。

次に第Ⅱ部「揺れるヨーロッパ」は、ポピュリズムが拡大するヨーロッパ各国の展開を分析するセクションである。

EU最大の経済大国、ドイツを扱うのは第4章「「ドイツのための選択肢(AfD)」の台頭」(野田昌吾)である。ナチズムの過去を背負い、排外的な政治勢力の台頭を抑制してきたドイツで、反移民右翼政党「ドイツのための選択肢(AfD)」が第三党に躍進した背景に、当初「反ユーロ」などの経済課題を掲げて成立した同党が、政治空間の「まともな」アクターとして認知されたという展開があったことが明らかにされる。

ドイツと並びヨーロッパ統合を牽引してきたフランスでは、ポピュリズムによる侵食がさらに進んでいる。第5章「フランス選挙政治――エマニュエル・マクロンとマリーヌ・ルペンの対決」(土倉莞爾)は、二〇一七年の大統領選挙・国民議会選挙を通じ、フランス政治を長く規定してきた左右両翼がともに瓦解し、選挙民と政党のいずれのレベルでも、旧来の対立軸が意味を失っていること、そのなかで「極右から一皮むけた」マリーヌ・ルペンのFNが新たな支持の獲得に成功したことを示す。

さらにイタリアでは二〇一八年、同盟と五つ星運動からなる「純粋」ポピュリスト政権が成立した(二〇一九年に崩壊)。第6章「イタリアにおける同盟の挑戦――「主流化」をめぐるジレンマへの対応」(伊藤武)は、同盟の指導者サルヴィーニに焦点を当て、同党の歴史的展開を踏まえながら、同盟が急進化と穏健化の二つの戦略を組み合わせ、政権入りがもたらすジレンマとどう向き合ってきたかを描き出している。

各国でポピュリスト政党が勢力を拡大する中、既成政党にもその影響は確実に及んでいる。第7章「オーストリアにおけるクルツ政権の誕生――主流政党のポピュリズム化とポピュリスト政党の主流化」(古賀光生)は、伝統的な中道右派政党だった国民党が、難民危機の発生や右派ポピュリスト政党・自由党への支持拡大といった政治状況を踏まえ、若き指導者クルツのもと反移民・反難民へと大きく舵を切り、結果として二〇一七年総選挙の勝利と右派政権の樹立に成功した過程を検討する。

対して第Ⅲ部「民主主義への挑戦――ローカルからグローバルへ」は、ポピュリズムの時代における民主主義の多様なかたちに注目するセクションである。現在、地域レベルからアメリカ・日本といったグローバルなレベルに至るまで、新たな主体が表舞台に登場し、さまざまな「挑戦」が競い合っている。

第8章「地方選挙での苦悩――二〇一八年オランダ自治体議会選挙で自由党はなぜ負けたのか」(作内由子)は、オランダを例としつつ、国政で強いアピール力を持つポピュリスト政党が、その実、自治体レベルに足場を持たず、地方選挙で不振を続けている現状を分析する。メディア政治に翻弄される国政と、近年叢生する地方政党が存在感を示す地方政治の併存は、新しい時代の中央・地方政治のあり方を予感させる。

第9章「直接民主主義(国民投票)とポピュリズム――スイスの事例で考える」(田口晃)は、スイスにおける国民投票の歴史的展開を振り返ったうえで、二一世紀に入り「国民投票ラッシュ」が生じていることを示す。その背景には、左右の分極化、協調的民主主義の衰退などがある。しかし他方、国民投票にはさまざまな「仕掛け」が付随し、必ずしも極端な結果を導くとは限らないこと、むしろ市民意識の育成、新たな政治課題の提示など、積極的な効果もあることを指摘する。

第10章「革命と焦土――二〇一七年フランス大統領・下院選挙の衝撃」(中山洋平)は、既存の左右両派を押しのけてフランス大統領選挙・下院選挙で勝利した中道・マクロン派の躍進について、二〇世紀半ばまで続いた、かつてのフランス政治「中道支配」との符合に言及しつつ、新たな階級政治の可能性を示唆し、マクロン勝利のもたらした「革命」的なインパクトを指摘する。

第11章、第12章はヨーロッパから視点を移し、アメリカ・日本を取り上げる。まず第11章「トランプ時代のアメリカにおけるポピュリズム」(西山隆行)は、アウトサイダーであるトランプが大統領にまで登りつめた重要な背景として、連邦政治に対する有権者の不信の高まりに加え、共和党系の多様な利益団体や宗教右派など、必ずしもポピュリストとはいいがたい勢力の支持も取り付けたことも指摘する。トランプ政権成立後、一層分断が進むアメリカ政治の今後は、予断を許さない。

最後に第12章「地域からのポピュリズム――橋下維新、小池ファーストと日本政治」(中北浩爾)は、日本におけるポピュリズムの展開を検討した、興味深い研究である。具体的には、大阪府知事・市長だった橋下徹の「維新」と、東京都知事・小池百合子の「都民ファースト」「希望の党」を比較しつつ、日本では保守系首長の主導する新自由主義的なポピュリズムの動きが大都市圏にとどまり、国政への広がりに限界があった点を指摘している。

以上の簡単な紹介からも明らかなように、ポピュリズムの拡大と既成政党の衰退は先進欧米諸国で共通に生じている。そしてその背景にあるのが、二一世紀における脱工業化・グローバル化をはじめとする経済社会構造の変容や移民・難民イシューの先鋭化、ソーシャルメディアの急速な浸透といった、国内外の政治を規定する条件そのものの変化であろう。そのような文脈の中で、ポピュリズムが、デモクラシーとインターナショナリズムに対する「挑戦」として立ち現れているといえる。

他方、デモクラシーとインターナショナリズムが、ポピュリズムによる「挑戦」を受けているにせよ、「危機に瀕している」と速断することには慎重であらねばならない。本書第Ⅲ部の各章が示すように、現在、ポピュリズムの展開と並行して生じているのは、中道自由主義勢力のブレイクスルーにせよ、国民投票による新しいイシューの提示にせよ、地方政党の活性化にせよ、二〇世紀型の既成政党支配のもとでは難しかった新展開であり、デモクラシーにおける一種のイノベーションという側面を持っているからである。そもそもキリスト教民主主義・社会民主主義の既成二大勢力が権力を独占してきた二〇世紀型のデモクラシーは、それがいかに安定的であったにせよ、既存の系列団体を優遇し、男性優位で権威主義的な政治を前提としていたとはいえないだろうか。そこに風穴を開ける動きは、そこかしこで始まっているのである。

なおこれは本書の射程を超えるが、二〇一〇年代末から国際的な盛り上がりを見せている、気候変動問題をめぐる若者たちの運動も、やはり既成政党や団体、従来型メディアの枠を明らかに超え、ソーシャルメディアでつながりながら発展している。目指す社会像や組織形態はポピュリズムのそれとは真逆であるものの、その展開を支えた政治社会的な文脈の変化には、共通のものを見出すことができよう。

このように見てみると、現代のデモクラシーは、「危機に瀕している」というより、「いくつもの新たな可能性に開かれている」といえるのではないか。

本書が、さまざまな挑戦と可能性に満ちた、文字通り「岐路に立つ」現代デモクラシーの進むべき道を考えるうえで、有益な道しるべとなれば幸甚である。

＊本書は、ＪＳＰＳ科研費・基盤研究（Ｂ）「グローバル・ポピュリズムの比較政治分析」（課題番号 JP17H02477、代表者・水島治郎）による共同研究の成果である。

目　次

目　次

I

ポピュリズムとは何か

はためくEU旗とユニオンジャック旗
（イギリス国会議事堂前）写真提供：123RF

第1章　「主流化」するポピュリズム？
――西欧の右翼ポピュリズムを中心に――

古賀光生

はじめに

世界各地で、改めて「ポピュリズム」という概念が注目を集めている。その背景には、二〇一六年に起こったいくつかの政治的な出来事がある。イギリスの国民投票によるEU離脱の決断や、ドナルド・トランプの米大統領選挙における勝利などが典型例であろう。近年の傾向としては、特定の地域に限定せず、ポピュリズム現象をグローバルに検討する研究が増えているが、その要因には、現象自体の広がりがある。

西欧においても、同じ二〇一六年にオーストリアの大統領選挙、翌年にはフランスの大統領選挙に加え、フランス、オランダ、ドイツ、オーストリアにおいて下院選挙が実施され、ポピュリズム現象が英米以外の諸国においても席巻していることを印象づけた。本書の各章を参照されたい。

西欧におけるこうした状況を「トランプ現象」と結びつける論者も少なくないものの、これらの現象は、どんなに短期的に見ても二〇一〇年以来の、あるいはより長期には、一九八〇年代以来の政治動向を踏まえて観察すべきであろう。トランプ大統領が「アメリカ第一」を訴えるよりも早く、西欧では、一九八〇年代にフランスでジャン＝マリー・ルペン国民戦線党首が「フランス第一」を訴え、同様の主張が近隣諸国に広がっている。

本章は、西欧諸国のポピュリストのうち、右翼ポピュリスト政党の現状を概観する。その際の視点として、これらの党が、政治の「周辺(margin)」から出発しながら、今日では「主流(mainstream)」に位置づけられるに至っているのではないか、という先行研究の問題提起を意識する。さらに、「(右翼)ポピュリスト政党」が「主流化」したのと同時に、「ポピュリスト的な手法」が主流化しつつある、という現状認識を提示する。

こうした目的を実現するために、以下ではまず、「ポピュリズム」の定義にかかわる先行研究を概観し、次いで西欧における「ポピュリズムの主流化」について検討する。その上で、西欧の右翼ポピュリスト政党の今日の傾向として、「反ＥＵ」の特徴を、ポピュリズム概念に即して議論する。

一　ポピュリズムの思想と手法――予備的な作業として

政治的な文脈とポピュリズム――主流化の分析に先立って

ポピュリズムをめぐっては、近年、日本語でも数多くの研究成果が公刊され、議論は活況を呈している。後述するミュデの定義に依拠する比較研究が増大しているものの、いくつかの疑念も提起されており、かつ、地域間の違いの大きさも否定しがたい。「ポピュリズム」についての厳密な定義は、未だ、研究者の間でも共有されていない。

いずれの定義を採用するにしても、この概念を用いて何を分析したいのかが重要となる。ポピュリストたちは、「反エリート」「反既得権」の姿勢を取るが、どのような「既得権」が想定されるかは、各国の政治的な文脈に大きく依存する。課題は、どのような文脈がポピュリストに影響を及ぼすかを検討することにある。

ポピュリストと呼ばれる政治家や政党が、少なくとも自身の目的（のみ）を実現することに限定すれば、戦略的な合理性を備えた存在である、との想定が分析の出発点になろう（古賀二〇一三―一四）。その戦略は、当然ながら、ポピュリストを取り囲む「環境」――別の言い方をすれば、「ゲームのルール」――に左右される。最も狭い意味で「政治的機会構造」という語を用いるとしても、そこに含まれるのは、執政制度の違いや議会の選挙制度、中央と地方の政府間関係、利益媒介制度、など、様々である（Kitschelt 1986）。

地域によるポピュリストたちの主張や手法の違いは、上記の「（狭義の）機会構造」の違いにも起因する。例えば、大統領制を採用する南米諸国（あるいはアメリカ合衆国）と、議院内閣制を活用する西欧諸国（フランスを除く）では、権力を獲得するための手順が異なる。議院内閣制でも、小選挙区制度が中心で、かつては二大政党制が前提となったイギリスと、比例代表制を採用して連立政治を基調とする大陸西中欧諸国では条件が異なる。

本章は比例代表制度の下で組織政党が政治の中心的な役割を果たしてきた、大陸の西中欧諸国――ドイツやオランダ、ベルギーなど――の状況を念頭に置く。その上で、右翼ポピュリスト政党が一定程度早くに議会政治に参入し、定着期から権力獲得期に至り、様々な経験を積み重ねた国に関心を払う。なぜならば、これらの諸国では、従来、様々な意味で「ポピュリズム」は周辺的な位置にあったにもかかわらず、今日、「主流化」する傾向を示している、との問題意識を有するためである。

ポピュリズム概念の定義をめぐる論点を水島(二〇一六)に従って大別すれば、それを政治思想、あるいはイデオロギーとして捉える議論と、言説や動員手法、政治戦略、政治スタイルなど、政治のやり方として捉える議論とがある。以下では、それぞれ代表的な論者の一人と考えられる、ミュデとウェイランドの議論を軸に、議論を概観する。その上で、西欧において、ポピュリズムが「周辺」的な位置にあった背景を検討する。

ポピュリズムの思想と主張

「ポピュリズム」をイデオロギーとして定義する論者の一人に、ミュデがいる。彼は、ポピュリズムを、「中心の薄いイデオロギー(thin-centered ideology)」とする。つまり、自由主義や社会主義とは異なり、社会的な価値判断に必要なすべての材料を提供するわけではないものの、一定の世界観を提示する思想である、との見立てである。

その上で、その世界観とは、「社会を究極的には「純粋な人民(people)」と「堕落したエリート」という、二つの同質的で敵対する集団に分割し、政治とは人民の一般意思の表現であるべきだ」とするものである(Mudde 2004)。すなわち、ポピュリズムは、人々は同質的であり、同じ利益と選好を持つものと想定するがゆえに、利害の相違などに基づいて分割しようとする試みを拒絶する。その上で、

「(普通の)人々(common people)」の「常識(common sense)」に基づく政治を要求し、それに反するものは、エリートによる「特殊利益」の追求と見なす(Mudde 2017)。そのため、ポピュリズムの対義語は、それぞれ、「多元主義」と「エリート主義」とされる(Mudde and Rovira Kaltwasser 2017＝二〇一八)。

地域の枠を越える比較分析が増加する中で、ミュデの定義は、持ち運びが容易で、多くの分析対象に接近できる利点がある(Mudde 2017)。他方、「中心の薄さ」を強調し、常に「形容詞付き」で用いられる概念が、「イデオロギー」として十分な意味内容を持つのか、という疑義もある。例えば、モフィットは、「薄いイデオロギー」の概念を提唱したフリーデンが、その例として挙げたフェミニズムやエコロジズムについて、その意味内容を拡充するように努めていると指摘しているのと対比して、ポピュリズムにはその傾向がないことを指摘して、同じカテゴリーに分類することに疑念を示す(Moffit 2016)。

「中心の薄いイデオロギー」として、主張を特定することが困難ではあるものの、西欧では、どの勢力を「右翼ポピュリスト」と呼ぶかについて、一定の合意がある。西欧の右翼ポピュリスト政党に一貫するのは、右派性を特徴づける「権威主義」や「自民族中心主義(nativism)」に加えて、国民投票や住民発案などの、直接民主主義的手法を支持する姿勢が挙げられる(Mudde 2007)。ポピュリストは、後述する動員手法にも見られるように、民意の純粋さを損なうものとして政治的な利益の組織的な媒介を嫌う。代議制民主主義やネオ・コーポラティズムへの否定的な態度は、こうした思想にも根拠を求められる。

もちろん、直接民主主義的手法を支持することは、ポピュリストに特有ではない。しかし、こうした主張が、既成政党間の差異の縮小に伴う政治的選択肢の欠如や政治システムの閉鎖性など、政治の現状に対する抗議として説得力を持ち、極右的な勢力が主張した場合にも支持を受けたことを踏まえると、急進右派とポピュリズムを結びつけた理解には有用性があった。西欧で「ポピュリズム」という概念が用いられてきたのは、歴史的な極右勢力と北欧の反税政党、あるいは、イタリアの北部同盟のような(疑似的な)地域主義政党など、多様な新興政党の台頭背景を一元的に理解するのに有効であったためである。

思想としてのポピュリズムが「主流化」するとすれば、現状の政治システムそのものが変革される可能性がある。ポピュリズムが「一枚岩の民意」を想定するとき、多元的な政治的利害が比例代表制度の下で組織政党を通じて議会に代表され、連立政治を基調としつつ政党間の妥協によって運営される政治は、「特殊利益」による「民意の阻害」に映る。こうした政治制度を採用する諸国においては、ポピュリストの主張は、政治システムそのものへの異議申し立てでもあり、それゆえに、ポピュリスト政党は、急進右翼であるか否かを問わず、「周辺的」であった。

ポピュリズムの動員手法

ミュデの「薄いイデオロギー」としてのポピュリズムの定義は、ポピュリスト勢力の主張の多様性を反映したものである。これに対して、少なからぬ論者が主張内容からポピュリズムを定義することが困難であることを指摘し、むしろ、政治のやり方として定義することを提唱する。

例えば、ウェイランドは、当初はラテンアメリカの政治を想定しながら、「個人的な指導者が、ほとんど組織化されていない多数の支持者(follower)からの、直接的で、無媒介で、制度化されない支持(support)に依拠して、政府の権力を追求したり、行使したりする、政治的な戦略」(Weyland 2001)と定義した。

ウェイランドの議論には、ポピュリズムの様々な特徴が盛り込まれており、彼自身が主張するように、西欧の事例にも適用が可能である(Weyland 2017)。まず、政治指導者個人が注目されているが、西欧の右翼ポピュリスト政党の多くが、特徴的な、あるいは「カリスマ的」指導者と結びつけて理解される。また、組織化された既成政党に対抗して登場した政党も多く、それらは、制度化を嫌って自身の運動としての性質を強調した。政党が、語源の上では「部分」を意味することから、思想的には、「ポピュリスト政党」との語には語義矛盾の嫌いもある。ポピュリストの中には、自身の勢力を「運動」になぞらえ、「政党」の名称を避けるものも少なくない。

こうした定義とかかわるのが、支持層の特徴である。ウェイランドは、未組織の有権者を動員するための手法として、直接的な手法の有用性を強調する。その上で、ポピュリズムを、組織に依拠する政治指導者たちによるクライエンテリズムやコーポラティズムを通じた利益媒介に対抗する戦略として想定する(Weyland 2001)。西欧でも、ポピュリストの登場に先立って、階級や職能、宗派や地域など、様々な社会的属性に沿った動員が組織政党によって行われていた。しかし、社会状況、とりわけ産業構造の変化によって、既存の組織的な利益媒介に収まらない政治的な諸要求が増大した際に、それらをばらばらなまま政治に入力することを追求したのが、ポピュリスト政党であった。

政治手法としてのポピュリズムの定義は、こうした手法が様々な政治指導者に用いられている現状を理解する際に有効である。たしかに、これらの動員手法や組織的な特徴は、必ずしもポピュリスト政党に限定されるものではない（例えば、Pauwels 2014; Mudde and Rovira Kaltwasser 2012）。指導者個人への注目や階級横断的な支持は、既存の組織政党にも見られる。しかし、直接的な動員手法があらゆる政党の指導者に活用されていることは、むしろ、ポピュリズムを手法として捉える主張の説得力を補強する材料となる。この場合、「誰がポピュリストか」という問いは、相対的に重要性を失う（Moffit 2016）。

政治手法と親和的な議論として、政治的なスタイルとしてのポピュリズムを定義する議論が提唱されている。例えば、モフィットは、「政治的なスタイル」の語を用いて、何を伝えるか以上に、どのように伝えるかが重要であることを指摘している（Moffit 2016）。同様に、オスティギュイは、ポピュリズムの「社会―文化的」定義として、社会を「上層と下層（high and low）」にわけ、「下層性を誇示する」政治的な言説と手法をポピュリズムと呼ぶ（Ostiguy 2017）。こうした定義は、多様な利益を持つ人々を無媒介に動員する上での合理的なやり方として、政治手法としてのポピュリズムのコロラリーとも呼びうる。

二 「ポピュリスト」の主流化？ 「ポピュリズム」の主流化？

連立参加と主張の穏健化？

近年、いくつかの先行研究が、急進右翼ポピュリスト政党の「主流化」をめぐって議論を積み重ねている(例えば、Akkerman et al. eds. 2016; Herman and Muldoon eds. 2019)。もちろん、「主流化」をどのように定義するかで、議論の展開は大きく異なる。また、何についての「主流化」であるのかも重要な論点となる。

このような研究が進む背景には、急進右翼政党の政権参加の増加がある。一九九〇年代に早くも政権に参加したイタリアの北部同盟(当時)や国民同盟の他、二〇〇〇年代以降、オーストリア自由党やデンマーク国民党(閣外協力を含む)、オランダのフォルタイン党など、新興の右翼ポピュリスト政党の多くが連立政権に参加したが、その中には、極右としての歴史的起源を持つものも含まれた。さらに、ハンガリーやポーランドでは、ポピュリストと目される政治勢力が政権を獲得・維持している。

政権参加の背景に、主張の穏健化や脱「ニッチ」化があるのではないか、との仮説も想定できる。急進右翼は、ポピュリスト的な政治の透明性の主張と並んで、人種差別的な主張や歴史修正主義など、既成政党には受け入れがたい主張を展開してきた。また、他党が従来、「主流」政党が取り上げなかった「隙間的(niche)」争点を取り上げてきた。近年は、フランスの国民連合における「脱悪魔化」の試みに象徴されるように、多くの急進右翼政党は、政治的な正統性を確保すべく、あるいはより端的には非合法化を避けるべく、一定の枠内で特徴的な主張を展開するよう努めている。

しかし、この仮説には、既に否定的な研究成果が数多く存在する(Akkerman et al. 2016)。連立政権の構築には、主流右派政党と急進右派の政策的な接近があったことが背景にあるものの、それはむしろ、主流右派側の急進化が見られた(Rooduijn 2016)。「隙間的」争点への取り組みも、急進右派は一貫しており、むしろ、かつて「ニッチ」であった主張が「主流」に転じたことが指摘されている。やや極端な例であるが、オーストリア自由党のように、穏健化と急進化を交互に繰り返している事例もある。

穏健化と政権参加の関係についても、因果関係を特定するのは難しい。もちろん、例えば、「防疫線」の外側に追いやられたベルギーのフラームス・ベラングのように、歴史的な経緯と人種差別的な姿勢を維持しているがゆえに政権に参加できない政党も存在する。しかし、こうした「防疫線」が、いつ、どのような理由で廃止されるか、その検討は十分には進んでいない。個別の事例からは、急進右派の穏健化は、「防疫線」撤廃の必要条件でも、十分条件でもない。

ポピュリスト政党の組織化

政治手法としてのポピュリズムという観点からも、西欧の急進右翼政党には「主流化」が垣間見られる。具体的には、これらの党が、従来のポピュリスト的な動員手法を維持しつつも、並行して、党の制度化や支持者の組織化を進めていることが指摘されている。また、支持層の固定化も見受けられる。

一九九〇年代に、既に、党の発展段階と組織の制度化の関係が論じられてきた(Harmel and Svåsand 1993)。これらの党は登場初期には、「カリスマ的」指導者に依存した。しかし、これは新興政党が発生期に「政治的な起業家(political entrepreneur)」に依存する傾向の一環であり、ポピュリストに固有の特徴ではない。むしろ、ポピュリスト政党においてすら、党が議会に定着する過程で、「起業家」とは異なるリーダーシップの必要性が指摘されており、党の存続の過程においては組織の構築とその制度化の必要性も強調されている。

具体的には、地方支部の整備や党員組織の拡大とその統制の強化、党主導での傘下団体の整備などが指摘される(例えば、Art 2011)。こうした取り組みの背景には、党勢の安定を図るほか、候補者や支部の管理者などのリクルーティングの必要性が挙げられている。勢力が全国に浸透すれば、地方議員をはじめ、党所属の公選職従事者がより多く必要となる。ドイツの共和党のように、十分に有能な候補者をリクルートできなかったことが外部からの信頼の喪失や管理能力の欠如を招き、党勢が低迷した急進右派政党も存在する。

組織的な支持動員と並んで、既成政党とポピュリストを区別したのが、クライエンテリズムによる支持の獲得である(Kitschelt 2000; Weyland 2001)。すなわち、公職に従事することで政府の資源を獲得し、それを配分することで支持者を獲得、あるいは維持する手法である。一部の急進右派政党は、登場から三〇年以上が経過し、特に、地方政府などの政権担当の経験を積み上げた。その結果、フランスなどでは、政治利権を獲得し、その配分による支持獲得・固定化を図る動きも指摘され、もはや急進右派を単純な「反既得権益」と位置づけることは容易ではない。オーストリアやイタリアなどでは、一定の定着を見た「ポピュリスト」に対抗する形で、新しい「ポピュリスト」政党が次々と登場する事態となっている。

もちろん、組織を通じた支持獲得や利益誘導などは、右翼ポピュリスト政党が得ている支持の一部に見られるに過ぎず、それのみで現在の規模の勢力を維持することは不可能である。これらの党は今なお、未組織の有権者に働きかけて支持を集めている。また、オランダの自由党のように、意識的にこうした組織化を避けている政党も存在する。

それでも、多くの右翼ポピュリスト政党が指導者の世代交代を経験し、党への支持や組織運営において特定のリーダーの「カリスマ性」にのみ依存しているとは言い難い現状に鑑みれば、指導者個人の戦略とは区別された、「組織としてのポピュリスト政党」のあり方にも目を向ける必要があろう。政権参加を契機に論じられてきた「主流化」の研究の中で、右翼ポピュリスト政党の組織や動員手法における変化の分析は、比較研究の中に十分には組み入れられていない。

「主流」政党による「ポピュリスト」的な政治的主張の採用？

西欧におけるポピュリスト政党の「主流化」をめぐっては、主に、急進右派政党の政策変化や組織整備を中心に議論が進められてきた。他方、政策と動員手法のいずれにおいても、「主流」と目された既成政党の側にも変化が見られる。政策の面では、既に述べた通り、既成政党の側のポピュリストへの接近が指摘されている。

今日の右翼ポピュリスト政党の嚆矢となるのは、一九七〇年代前半に北欧で登場した反税政党である（以下の記述の多くは、古賀〔二〇一三―一四〕に依拠する）。特にデンマークの進歩党は、税負担と国家による市場への介入を最小化するよう主張して、党の創設から間もなく一挙に議席を獲得した。一九八〇年代には、フランスやイタリアの急進右翼政党が、類似の主張を展開した。こうした主張は、肥大化した国家権力を寡占する既成政党への批判と結びついた。

これらの党が支持を集めた背景には、福祉国家に合意した既成政党の政策的な収斂に伴い、経済自由主義的な政策が「独自性」を持ちえたことが指摘される。一九七〇年代から続く構造不況の時代に、主要政党の経済運営が実効性を持たないとの危機感が、これらの党への支持につながった。あるいは、一部の国では、社会保障の受益と負担の齟齬が、租税負担の忌避につながったと目される。

しかし、右翼ポピュリストが掲げた経済的な自由主義の路線は、早くは一九八〇年代前半から、遅くとも九〇年代までには、主要政党に採り入れられた。例えば、デンマークでは一九八〇年代前半に保守政党が構造的な改革に着手し、九〇年代には社会民主党もそれを受け入れる。フランスやオーストリアでは一九八〇年代以降、イタリアでも九〇年代後半以降に、国有企業の民営化や各種の規制緩和に着手した。その結果、右翼ポピュリスト政党の主張から独自性が失われることとなる。

こうした経緯を受けて、多くの右翼ポピュリスト政党は、反税から福祉重視に舵を切る。その背景には、主要政党による改革に伴い、従来得ていた「保護」を失った人々、あるいは失うことを恐れる人々が主要政党への批判的な立場を鮮明にしたことがある。

政策的な競合関係や支持者層の変容に伴って、右翼ポピュリスト政党は経済政策を転換するか、少なくとも不鮮明にすることとなった。とはいえ、上述の右翼ポピュリストの経済政策は、一部の先行研究が指摘するような付随的なもの（例えば、Mudde 2007）とは言い難く、ポピュリズム的な論理に依拠しながら、他の政策と合わせて整合性を持つものであった。それを変更するには、別の一貫した論理が必要となる。

新たな論理の中心に据えられたのが、排外主義であった。北欧諸国に見られる福祉排外主義（welfare chauvinism）は、その典型的な事例である。この主張は、社会保障給付の増大を防ぐために移民や難民の受け入れに反対するものと要約できる。この主張は、一方では、それまでの福祉濫用批判との類似性から、反税ポピュリズムとの連続性を装う。他方、限られた財源を「国民」「自民族(native)」に限定して配分することを主張して、改革による打撃を受けた人々にも支持を求める。

福祉排外主義の導入に伴って、移民や難民にかかわる争点は、それまで以上に右翼ポピュリスト政党の中核的な主張となった。それまでは権威主義的な傾向が相対的に乏しかった政党も移民排斥を積極的に主張するようになったのと合わせて、極右的な政党にとっては、従来はタブーとされた移民排斥の主張に、財政問題という正統化の根拠を付与するものであった。

さらに、二〇〇〇年代以降、アメリカ合衆国で発生した同時多発テロをきっかけに、イスラム系の住民に対する非難を治安の維持を根拠として正当化するようになる。移民の増加と治安悪化を結びつける言説はそれ以前にも存在したが、そうした主張は、人種差別として、党の正統性を著しく損なうものであった。しかし、テロ事件が欧州でも頻発するようになって以降は特に、主要政党からもイスラム教徒の流入とテロの頻発を結びつける議論が見られた。また、二〇〇〇年代以降、オランダのピム・フォルタインが西欧の普遍主義的な人権概念がイスラム教の思想と相いれないと主張して支持を集めたことも、移民への非難へのハードルを引き下げた。

もっとも、移民排斥を主張しても政治的な正統性が著しくは損なわれないという状況の出現は、右翼ポピュリスト政党にとっては両義的であった。この主張の動員力は、主要政党がこの問題に積極的には取り組めないことを前提としていたためである。しかし、こうした主張が有権者に受容されると、中道右派政党を中心に、選別主義的な移民受け入れや同化主義的な傾向も指摘されるような統合政策が提示されるようになる。主要政党がこうした問題に取り組めば右翼ポピュリスト政党は動員力を失う場合もある。あるいは、政権に参加して移民統合政策の転換を実現した場合にも、問題がある程度「解消」したと見なされれば、右翼ポピュリスト政党は主要な争点を一つ失う。その結果、得票を大きく減らす場合もある。

「ポピュリズム」的動員手法の採用

政治的な手法としてポピュリズムを定義する場合にも、西欧の多くの諸国で、既成政党の「ポピュリズム化」が進展している。具体的には、組織的な動員の有効性が低下する中で、直接的な手法を用いた未組織の有権者への働きかけが模索され、その中で、特定の指導者への注目の集中を促す手法も採用されつつある。

西欧諸国は、他の地域と比べて相対的に組織化された政党の役割が大きな政治機構を有している。しかし近年、党員数の減少やその得票および歳入に対する貢献の割合は著しく低下し、イデオロギー的な凝集性も乏しくなって、組織的な動員が困難な状況に直面している。もちろん、多くの主要政党は、一定の支持基盤を確保しながらも、早くから様々な社会集団から支持を集めてきた（Mudde and Rovira Kaltwasser 2012）。しかし、今日進展しているのは、かつては依拠することのできた社会集団そのものが揺らいでいる事態である。例えば、キリスト教民主主義政党にとっての宗派系の諸団体や社会民主主義政党にとっての組織化された労働者層が、それにあたる。

ポピュリスト政党が活用した手法のうち主要政党が最も早くから採用したのが、テレ・ポリティクスをはじめとする、直接的な支持動員手法である。しかし、一部には、思い通りの成果が見られなかった事例も存在する。即応性が求められるテレビ政治は、指導者による即断即決が可能な組織構造を持ったポピュリスト政党にとって有利な舞台装置であり、党内の意思決定過程において、多様な当事者の合意形成に労力を割く必要がある既成政党には不利であった。

他方、同じ直接的な手法でも、インターネットやＳＮＳ（ソーシャル・ネットワーキング・サービス）の活用は、既成政党にも有効な手法であろう。党の公式サイトやＳＮＳアカウントの作成による情報発信は、テレビと比べて、発信側が相対的に情報を選別しやすい。また、従来の組織的な動員の手が届きにくい若年層が情報技術に習熟している。さらに、デジタルデータの活用が容易であり、外部の識者を中心に、効果の検証が進めやすい。一九八〇年代頃に一部の右翼ポピュリスト政党が外部の選挙コンサルタントを活用し始めた時期には、こうした手法は、世論の操作として主要政党に忌避されたとの指摘もある。しかし、今日では、多くの政党が選挙における宣伝にＰＲ会社の知見を活用している。

党の組織構造に関しては、当初ポピュリストが示した制度化や組織化の回避は、いわば組織や支持団体などの資源を「持たざる者」の手段であった。そのため、必ずしも、主要政党が直ちにそれを模倣したわけではない。また、他党との協議や党内の意思疎通の必要性から、ポピュリスト政党が得意とした即断即決の手法は、党内の意思決定過程が制度化された既成政党にとって、今なお、採用しがたい。

それでも、主要政党においても、党首とその周辺への権力の集中はほぼ普遍的な現象と目されている。例えば、大統領制化(Poguntoke and Webb 2005＝二〇一四)の議論は、選挙過程における党首への関心の集中が、党内における党首の優越的な地位に結びつくとの知見を示す。あるいは、阪野(二〇〇一)は、「人民投票的政党化」との概念を用いて、ブレア党首時代の労働党において個人党員が参加する党首選挙の実施によって、党首の政治的な威信が増したことを指摘している。

三　今なお、「ポピュリズム」概念は有効なのか？
――象徴としてのEU争点――

もし、ポピュリズムが「主流化」しているとするならば、今なお、西欧でポピュリスト政党とそれ以外の政党を分かつ条件とは何であろうか。もちろん、当初あった両者の差異がすぐに消滅することはないであろう。しかし、両者に収斂が見られるならば、概念としてのポピュリズムは、どのような有効性を持つであろうか。

右翼ポピュリスト政党の反EU姿勢

近年の西欧の右翼ポピュリスト政党の特徴の一つに、欧州懐疑主義の姿勢がある。既に見たように、二〇〇〇年代には、一部の諸国で右翼ポピュリスト政党の低迷が見られた。その状況を大きく変えたのが、二〇一〇年以降の欧州における複合的な危機であった。ギリシアの財政危機に端を発した金融危機は、南欧諸国への支援をめぐって、既成政党と右翼ポピュリスト政党の立場の違いを鮮明にした。統合を重視し、ギリシア支援を支持せざるを得ない既成政党に対して、右翼ポピュリスト政党は、自国の資源を自国民に優先的に配分すべきという、福祉排外主義と同様の議論を展開した。さらに、二〇一五年の難民危機に際しては、右翼ポピュリスト政党は、いくつかの諸国で見られた政府による難民の積極的な受け入れを攻撃した。ＥＵをめぐる政治課題が連日取り上げられるに至って、多くの右翼ポピュリスト政党が記録的な規模の得票を獲得した。また、イギリスやドイツなど、従来は右翼ポピュリスト政党が弱いと目された諸国で、反ＥＵを足掛かりに組織された政党が存在感を高めた。

これまで、西欧の右翼ポピュリスト政党が欧州統合に懐疑的なのは、主要政党がそれに賛成しているからとされてきた（例えば、Taggart 1998）。欧州懐疑主義的な政党は右翼ポピュリスト政党に限られない場合も少なくない。しかし、ほぼすべての主要政党が統合を支持しているならば、欧州懐疑主義的な姿勢は、批判票の受け皿を目指す右翼ポピュリスト政党の動員戦略と合致する。

かつては少なからぬ右翼ポピュリスト政党が、部分的にではあれ、欧州統合を支持していた。例えば、オーストリア自由党は、民族主義的な観点からドイツとの結びつきを強める関税同盟への参加を支持した。あるいは、ベルギーのフラームス・ベラングは、フランデレン地域の独立を要求する立場から、小国の安全保障や経済的な自立の基礎となるＥＵの存在を重視していた。イタリアの北部同盟も、イタリアがユーロへの第一陣での加盟が実現しなければ北部地域の独立を求めると主張するなど、統合への参加に積極的だった。フランスの国民戦線が、国家主権を重視する立場から、結党以来、統合に否定的であったのは、むしろ例外的とも言えよう。

反EUと「上と下」

反ＥＵの姿勢は、ポピュリストの掲げる対立図式とも合致する。既に見たオスティギュイの議論は、ポピュリスト自身が、既成政党と自らの差異として「上層」と「下層」という図式を提示していることを示す。既成政党間の差異を否定して、「エリート対ポピュリスト」、あるいは、「左右ではなく、上下」の対立こそ政治の中心争点である、との構図を有権者に説得的に示せるか否かが、ポピュリストの動員を左右する(Schedler 1996)。

こうした議論の背景には、右翼のポピュリスト政党支持層についての知見がある。多くの先行研究が、その中核的な支持層として、社会階層的には、教育程度の高くない、非熟練あるいは半熟練労働者、または、失業者など、社会的には不利な人々で、争点態度的には、移民に反対する人々や各国の政府の現状に批判的な人々、あるいはナショナリズムを支持する人々を挙げてきた(例えば、Werts et al. 2013)。これらの傾向から、一部の論者は、国境を越えた資本や労働力の移動が活発化する中で、移動可能性(mobility)に乏しい低学歴の非熟練労働者層などの「グローバル化の敗者」が右翼ポピュリスト政党を支持しているとの仮説を提示する(例えば、Kriesi et al. 2012)。

また、教育歴の短さが右翼ポピュリストへの投票を促す要因については、いくつかの仮説が提唱されてきたが、その実証はまだ十分ではない。ただし、教育歴は、就業機会を左右するのみならず、価値観とも強く結びつくと想定されている。ポピュリズムのうち、特に右翼ポピュリスト政党は、権威主義的な価値観を持つ人々に支持されているとの主張は、研究者の間で根強い。

これらは、西欧全体の政治の二極化傾向とも合わせて理解されるべきであろう。先行研究の多くは、政党政治を、経済的な対立軸（左右）に加えて、文化的な対立軸（リバタリアン対権威主義）で構成される四つの象限で理解してきたが、近年、両者の相関を前提に、一定程度、一元的な尺度に基づく政党政治の二極化が指摘されている（例えば、Van der Brug and van Spanje 2009）。この中で、右翼ポピュリスト政党は、伝統主義、権威主義、ナショナリズムの極に位置する。

西欧において、この図式を最も有効に政治争点の中に持ち込むことができるのが、欧州統合にかかわる争点である。EUにかかわる問題は、既成政党間で態度が一致しており、かつ、「エリート対民衆」の図式になじみやすいためである。金融危機、難民危機において、「民意と乖離している」とポピュリストが批判する立場は、「上対下」の構図を強調したいポピュリストには好都合である。

いくつかの先行研究が、有権者の右翼ポピュリスト政党への支持の理由に、欧州懐疑主義を挙げている（例えば、Werts et al. 2013）。その背景には、右翼ポピュリスト政党の中核的な支持者の多くが、EUに否定的なことがある。あるいは、ハリキオポウロウらは、ナショナリズムを支持する人々は、EUに反対して、左右のポピュリスト政党を支持する傾向があることを指摘する（Halikiopoulou et al. 2012）。ボームガーデンらによれば、移民への否定的な態度と政府への不信が欧州懐疑主義的な姿勢を説明する（Boomgaarden et al. 2011）。

ポピュリズムの理念と反EU

欧州統合の理念そのものには反対しづらい右翼ポピュリスト政党ではあるが、ポピュリズムの思想に照らしてEUにおける実際の政策形成過程を批判することは、従来の主張と矛盾しないどころか、ポピュリストの理念の根幹にかかわるものとなる(例えば、Krouwel and Abts 2007)。

ポピュリストたちは、「普通の人々」の意思を想定しつつ、それを政治における決定を正統化する唯一の根拠としてきた。決定そのものが投票に付されないのはおろか、民主的な正統性を持たない、とポピュリストたちが想定する欧州委員や裁判官、あるいは各種利益団体の代表者らが意思決定を牛耳り、「普通の人々」の利益に反するように見える決定を行うEUを批判することは、イスラムに対置される「ヨーロッパ的な価値」を擁護する姿勢と矛盾しない。政治的な意思決定過程を批判することで、統合の理念そのものを否定することなしにEUに懐疑的な有権者を集めることができる。古くから、ポピュリスト政党は、「ブリュッセルの官僚支配」を批判してきた。

右翼ポピュリスト政党が福祉排外主義に転じた一九九〇年代は、欧州懐疑主義においても、主張の転換期であった。一九九三年に発効したマーストリヒト条約により、加盟各国に厳しい財政基準が提示され、各国政府はその基準を根拠に行財政改革を実施した。社会保障をめぐる争点を中心的な課題としはじめた右翼ポピュリスト政党にとって、「自国民への給付の拡大」を妨げる存在として、EUを批判の俎上に挙げることが容易になった。

ギリシア危機に伴う銀行支援の枠組み形成は、右翼ポピュリスト政党にとって、最も象徴的な争点になりえた。民主的な正統性を持たない「エリート」たちが、「倫理に反する不正」を行ったギリシア政府や大銀行を支援するため、「普通の人々」の利益に反する決定を行った、という図式は、右翼ポピュリスト政党が掲げてきたこれまでの主張と幾重にも符合する。また、ギリシア危機は、具体的な歳出を伴う争点として、人々の関心を引きつけるのに格好の話題であった。

おわりに

いわゆる「難民危機」を契機に頂点に達したかに見える右翼ポピュリスト政党の勢力は、その後、やや陰りを見せている。本章の議論に即して見れば、欧州懐疑主義の争点は多くの有権者にとって必ずしも常に関心の中心にはなく、日常生活にかかわる論点で主要政党に主導権を奪われれば、ポピュリストは、再び「周辺的」な立場に戻るかもしれない。

しかしながら、社会的な階層分化と政治の二極化が進む現状で、既成政党、とりわけ、中道右派政党が右翼ポピュリスト政党に接近を果たすとすれば、表面的な政党支持とは別の次元で、その影響力は拡大しうる。今後の研究課題として、右翼ポピュリスト政党が及ぼす政治的な影響を、多面的に捉える必要が増すこととなるであろう。

参考文献

古賀光生（二〇一三―一四）「戦略、組織、動員――右翼ポピュリスト政党の政策転換と党組織（一―六）」『国家学会雑誌』第一二六巻五・六号―第一二七巻三・四号。

阪野智一（二〇〇一）「イギリスにおける政党組織の変容――党組織改革と人民投票的政党化への動き」『国際文化学研究』第一六号、一五―五六頁。

水島治郎（二〇一六）『ポピュリズムとは何か――民主主義の敵か、改革の希望か』中公新書。

Akkerman, Tjitske et al. eds. (2016) *Radical Right-wing Populist Parties in Western Europe*, Routledge.

Akkerman, Tjiske et al. (2016) "Into the Mainstream?" in Akkerman et al. eds. (2016), 1–28.

Art, David (2011) *Inside the Radical Right*, Cambridge University Press.

Boomgaarden, Hajo G. et al. (2011) "Mapping EU Attitudes: Conceptual and Empirical Dimensions of Euroscepticism and EU Support," *European Union Politics*, 12(2), 241–266.

Halikiopoulou, Daphne et al. (2012) "The Paradox of Nationalism: The Common Denominator of Radical Right and Radical Left Euroscepticism," *European Journal of Political Research*, 51(4), 504–539.

Harmel, Robert and Lars Svåsand (1993) "Party Leadership and Party Institutionalisation: Three Phases of Development," *West European Politics*, 16(2), 67–88.

Herman, Lise Esther and James Muldoon eds. (2019) *Trumping the Mainstream*, Routledge.

Kitschelt, Herbert (1986) "Political Opportunity Structures and Political Protest: Anti-nuclear Movements in Four Democracies," *British Journal of Political Science*, 16(1), 57–85.

Kitschelt, Herbert (2000) "Linkages between Citizens and Politicians in Democratic Polities," *Comparative Political Studies*, 33(6–7), 845–879.

Kriesi, Hanspeter et al. (2012) *Political Conflict in Western Europe*, Cambridge University Press.

Krouwel, André and Koen Abts (2007) "Varieties of Euroscepticism and Populist Mobilization," *Acta politica*, 42 (2–3), 252–270.

Moffit, Benjamin (2016) *The Global Riese of Populism*, Stanford University Press.

Mudde, Cas (2004) "The Populist Zeitgeist," *Government and Opposition*, 39(4), 541–563.

Mudde, Cas (2007) *Populist Radical Right Parties in Europe*, Cambridge University Press.

Mudde, Cas (2017) "Populism: An Ideational Approach" in Cristóbal Rovira Kaltwasser et al. eds., *The Oxford Handbook of Populism*, Oxford University Press, 27–47.

Mudde, Cas and Cristóbal Rovira Kaltwasser (2012) "Populism and (Liberal) Democracy," Cas Mudde and Cristóbal Rovira Kaltwasser eds., *Populism in Europe and the Americas*, Cambridge University Press, 1–26.

Mudde, Cas and Cristóbal Rovira Kaltwasser (2017) *Populism: A Very Short Introduction*, Oxford University Press (永井大輔・髙山裕二訳『ポピュリズム――デモクラシーの友と敵』白水社，二〇一八年).

Ostiguy, Pierre (2017) "Populism: A Socio-Cultural Approach," in Cristóbal Rovira Kaltwasser et al. eds., *The Oxford Handbook of Populism*, Oxford University Press, 73–97.

Pauwels, Teun (2014) *Populism in Western Europe*, Routledge.

Poguntoke, Thomas and Paul Webb eds. (2005) *The Presidentialization of Politics*, Oxford University Press (岩崎正洋監訳『民主政治はなぜ「大統領制化」するのか――現代民主主義国家の比較研究』ミネルヴァ書房，二〇一四年).

Rooduijn, Matthijs (2016) "Closing the Gap?" in Akkerman et al. eds. (2016), 53–69.

Schedler, Andreas (1996) "Anti-Political-Establishment Parties," *Party Politics*, 2(3), 291–312.

Taggart, Paul (1998) "A Touchstone of Dissent: Euroscepticism in Contemporary Western European Party Systems," *European Journal of Political Research*, 33(3), 363–388.

Van der Brug, Wouter and Joost van Spanje (2009) "Immigration, Europe and the 'New' Cultural Dimension," *European Journal of Political Research*, 48(3), 309–334.

Werts, Han et al. (2013) "Euro-scepticism and Radical Right-wing Voting in Europe, 2002–2008," *European Union Politics*, 14(2), 183–205.

Weyland, Kurt (2001) "Clarifying a Contested Concept: Populism in the Study of Latin American Politics," *Comparative Politics*, 34(1), 1–22.

Weyland, Kurt (2017) "Populism: A Political-Strategic Approach," in Cristóbal Rovira Kaltwasser et al. eds., *The Oxford Handbook of Populism*, Oxford University Press, 48–72.

第2章　中間団体の衰退とメディアの変容
――「中抜き」時代のポピュリズム――

水島治郎

はじめに

近年各国で拡大するポピュリズムについては本書の各章で詳しく論じられているが、それとちょうど裏腹の関係にあるのが、既成の政治勢力の退潮である。特にこれまで有力だった二大政党、すなわち中道右派政党と中道左派政党が、いずれもかつてない困難の時を迎えている。二〇一九年五月には各国における政治変化の「集大成」というべきヨーロッパ議会選挙において、これまでヨーロッパ統合を支えてきた二大勢力、具体的には中道右派のキリスト教民主主義グループ（ヨーロッパ人民党）と中道左派の社会民主主義グループが、合計して過半数を割り込むという初めての事態が生じている。二〇世紀政治の主流をなしてきた既成政党は、その歴史的使命を終えようとしているのか。中道右派、中道左派を問わず、「主流派政党がヨーロッパの有権者の関心事に応えるような的確な政策案を提示することに失敗し」ており、「自己利益を追求する」エリートのカルテルとみなされ、批判の対象となっているとの指摘が正しいとすれば（Grzymala-Busse 2019: 35, 45）、その背景にあるのは何だろうか。

そこで本章では、これまで既成の政治勢力が優位を占めてきた従来型政治の衰退の背景として、特に中間団体とマスメディアの二つに着目し、その変容を検討する。二〇世紀型政治を支えてきた中間団体と主流派メディアは、人々に政治的社会化の場を提供し、政治的知識の枠組みを提供することで、いずれも政治と個人をつなぐ媒体として機能してきた。人々は団体に属して政治に触れ、また新聞やテレビを通じて政治に関する情報を入手し、判断し、行動してきた。そして既成政党は左右を問わず、これらの団体との関係を積極的に活用し、また主流派メディアと持ちつ持たれつの関係を維持しながら、有権者の支持を一手に引き受け、政治空間の中心の座を占めることができた。

しかし近年、この政治を下支えしてきた、中間団体と主流派メディアが顕著に衰退している。脱工業社会の到来とライフスタイルの変化、ＩＴ技術の発展といった社会経済上の変化を背景に、旧来の団体は弱体化の一途をたどり、主流派メディアもその存在感を大きく低下させてきた。そして現在拡大しているポピュリズムの多くは、従来型の団体に依存せず、また新聞・テレビなどのマスメディアを敵視しつつ、インターネットを活用して有権者に直接主張を伝え、支持を増やす手法をとっている。既成団体や主流派メディアという「中」を抜いた、いわば「中抜き」という手法が、現代のポピュリズムにおける政治コミュニケーションの特徴となっているように見える。

以上の問題意識を踏まえ、本章では、団体とメディアの変容という角度からこの「中抜き」時代の様相を示すことで、主流派政治の衰退とポピュリズムの伸長の背景を明らかにしたい。

一　既成政党の弱体化と中間団体の衰退

主流派政治の変容

それでは、既成政党が近年、弱体化している理由を考えてみよう（中山・水島〔二〇二〇：第一四章〕も参照）。

まず指摘すべきは、冷戦構造の崩壊による、従来型の左右対立の変容である。東欧革命やソ連崩壊により、ヨーロッパにおける東西対立は一挙に消滅した。そのなかで、社会主義・共産主義などの理念を掲げてきた西側諸国の左派政党はいずれもアイデンティティの危機を迎える。しかしこのことは、左派のライヴァルだった保守系の政党にも、試練をもたらした。もともと保守政党のなかには、「反共産主義」を旗印としてきた政党も多かったため、ソ連・東欧が崩壊し、左派政党に対する警戒心が弱まると、保守政党の側の求心力も弱まってしまったからである。

こうして冷戦終結後のヨーロッパ各国では、保守と左派の有力政党が拠り所を失い、困難に直面した。そしてイデオロギー的な求心力を弱めた既成政党に対し、新興勢力たるポピュリスト政党が、反移民、反EU、反グローバル化といった新たな争点を提示することで、対抗軸を作り上げ、既成政党に飽き足らない有権者の支持をつかみ、政治の表舞台に登場することに成功する。

次に、グローバル化やヨーロッパ統合といった政治経済的変化も大きい。二〇世紀末以降、経済活動のグローバル化が進展し、また脱工業化、情報化によって経済構造自体が大きく変化する。西欧諸国の経済を支えた工業部門は中東欧諸国や途上国に次々移転し、工場の閉鎖が進み、地域の衰退が顕著となる。イングランド北部や、フランス北東部などの旧工業地帯がその典型であり、ヨーロッパ版のラスト・ベルトと言えよう。また、脱工業化が進むなかで、派遣労働者・パートタイム労働者など、非正規雇用が増大し、所得格差の拡大が進む。このグローバル化のなかで、「グローバル化の敗者」、いわばグローバル化の負け組に当たる人々が、ヨーロッパ統合やグローバル化を推進する既成政党への反発を強め、既成政党を離れてポピュリズムの有力な支持基盤の一つとなったのである。

しかし以上に加え、ここで注目したいのは、既成政党を支えてきた中間団体が決定的に弱体化してしまったことである。

もともと二〇世紀の先進諸国では、有力な既成政党は、一定規模の党組織を持っており、またその組織の周りに、系列団体のネットワークを保持していた。保守政党は農民団体、中小企業団体、宗教団体などを傘下に持ち、また左派政党は、労働組合を中心として、福祉団体、協同組合、地域団体、女性団体などのネットワークを持っていた。そして有権者の多くは、これらの団体のいずれかに属しており、その団体の関係する政党や政治家を支持したり、場合によっては自らが党員として党組織の活動に参加していたのである。団体を通じた「政治的社会化」が一定の効果を持っていたと言える。そしてヤシャ・モンクが指摘するように、政治家たちもまた、「教会や労組に至るまで、地域の組織と密接な関係を築きあげ」、その理念と伝統を共有していた（モンク二〇一九：六三）。

しかし二一世紀に入ると、このような既成の団体は、その多くが、組織率の低下や、弱体化に悩まされるようになる。人々のライフスタイルが変化し、政治的志向が多様化するなかで、特定の団体・

政党に所属し、継続的に深く関わり続けることは、必ずしも望まれなくなってきた。こうして政党離れ、団体離れが進行した結果、団体に属さず、政党支持を明確に持たない人々が増えていく。これまで各国で政党を支えてきた支持基盤、とりわけ系列団体が弱体化したことで、既成政党が団体を通じて有権者をつなぎとめることが難しくなってきたのである。

しかもこのような変化が進むと、既成政党は有権者を代表する存在ではなく、特定の団体の利益を代弁し、既得権益を守る政治エリートの集合体として認識されてしまう。

特に「多極共存型デモクラシー」として知られたヨーロッパの国々で、その変化は顕著だった。オランダ、ベルギー、オーストリア、スイスを典型とする大陸ヨーロッパの諸国では、国内に宗教・階級による社会的亀裂が存在していたものの、「カトリック信徒」や「労働者階級」などの社会集団をそれぞれに代表するエリート層の協調により、合意指向で安定的なデモクラシーを維持してきたとされ、政治学者レイプハルトの命名により、「多極共存型デモクラシー」と呼ばれてきた。連立政権を長期にわたって継続させ、またコーポラティズム（政労使協調体制）のもとで社会各層の利害を労使のエリートが巧みに調整してきたことは、その表れだった。社会的亀裂のもと、たとえばカトリック信徒に生まれた者は、カトリック系の学校に通い、教会に所属し、カトリック系の青年団体や労働組合に属し、選挙ではカトリック系の政党（キリスト教民主主義政党）に投票することが自明視されていたが、その人々の信任を得た政治エリートや労使エリートたちが、他の集団のエリートと協力して政治経済を運営することで、所属集団の利益を擁護するという構図ができあがっていたのである。

しかし都市化と世俗化、個人主義化の進展により社会が流動化し、宗教・階級の持つ凝集力が低下していくと、宗教や階級に沿って活動してきた中間団体は先細り、かつて宗教や階級などの集団を代表してきたはずのエリート層への臣従は、事実上消滅する。他方、多極共存型デモクラシーを特徴づけてきた既存の制度や慣習、たとえば大連合政権やコーポラティズムによる政労使協調といった枠組みは、基本的に変わることなく存続する。とはいえトップエリート層への信任が失われた現在、それらの諸制度や慣行は、いまや既成政党や既成団体が身内の利益を守るための手段、「既得権益の牙城」とみなされる。

こうして政治経済エリートへの臣従が失われたまま、エリートを軸とする合意形成のための制度が存続することに対し、無組織層、無党派層から厳しい視線が注がれる。そして「エリートの談合」を批判するポピュリスト政党に「説得力」を与えることとなった。多極共存型デモクラシーの代表的な国、オランダ、ベルギー、オーストリア、スイスの四国において、ポピュリスト政党の顕著な伸長が見られており、しかもそれが二〇世紀末から二一世紀初頭という比較的早い時期に生じたのは、偶然ではない。

各国でこのようにエリート支配への疑念が高まるなか、汚職、政治腐敗のニュースが飛び交うようになると、政治不信は一層高まる。ポピュリスト政党は、この無党派層の批判的な視線に訴えかけ、既成政党を腐敗にまみれた存在と位置づける。そして汚れた金を手にする「特権層」と、クリーンで無辜の一般の人民を対置したうえで、その人民の声を真に代表する新たな存在として自分たちを位置づけ、支持を集めることに成功していったのである。

そしてヨーロッパ諸国のなかでも、政党による利益誘導が露骨に広がっていた国では、このようなポピュリズムによる既成政党批判が、特に有効だった。その最たる例がイタリアだが、オーストリア、ベルギーもそれに当たる。これらの国では、政党が公共事業や公務員ポストの配分にも深く関与し、利益配分を通じて支持を得てきた歴史があるが、一九九〇年代以降、その政党支配そのものが、金にまみれた既得権益の牙城として厳しく批判にさらされ、ポピュリズム的な既成政治批判に道を開いたのである。

日本における「中」の衰退

次に、中間団体の衰退を具体的に知るために日本に目を向け、中間団体の団体加入状況の変化を見てみよう。

一九八九年から二〇一八年までのおよそ三〇年間を見るだけでも、日本人の中間団体とのかかわりが大きく変化したことが明らかとなる（なお一九八九年は平成元年、二〇一八年は平成三〇年にそれぞれ対応しており、この三〇年は平成年間にほぼ相当する）。

かつての日本は、「人々が団体に所属し、その団体を通じて政治にかかわりを持つ」社会だった。一九八九年における団体の加入率は、自治会・町内会は六七・八%、婦人会・青年団などは一三・八%、農業団体は一一・一%、商工業団体は五・二%、労働組合は九・四%となっており、団体に属していない人は、わずかに一六・九%に過ぎない（**表1**）。有権者の三分の二以上の加入率を誇る自治会・町内会をはじめとして、有権者は何らかの団体に属することが普通だったのである。

このうち自治会、青年団、農業団体、商工業団体などの地縁団体・職能団体は、特に地方部においいて、保守系無所属議員、そして自民党の国会議員の支持基盤として重要な役割を果たしていた。また労働組合は、旧社会党や旧民社党などの社会民主主義系政党、あるいは共産党などの左派政党と支持・協力関係にあった。選挙の際にこのネットワークがフルに活用されたことは、言うまでもない。

このように、かつての日本では、成人、とりわけ男性の場合、地域で自治会や青年団に入り、そして仕事に就けば商工業団体や農業団体、あるいは労働組合などに属し、選挙の際には系列の議員や政党を応援するというパターンができ上がっていた。そして、なかには党員として党活動にかかわったり、さらには支持母体をバックに自らが候補者として出馬し、議員として当選する者もいた。個人―団体―政党という一貫した安定的なつながりが、確かに存在していたのである。

表1　日本の有権者の団体加入状況　（複数回答，%）

	1989（平成元）年	2018（平成30）年
自治会・町内会	67.8	24.8
婦人会・青年団など	13.8	3.5
農業団体	11.1	2.8
商工業団体	5.2	1.3
労働組合	9.4	6.0
NPO／地域づくり団体	（調査なし）	1.5
加入していない	16.9	44.3

出典：明るい選挙推進協会（1990, 2018）により筆者作成.

しかしその緊密なネットワークに彩られた政治社会構造は、平成の三〇年で大きく様変わりした（表1）。二〇一八年の各団体の加入率を見てみよう。自治会・町内会は六七・八％から二四・八％へ、婦人会・青年団などの団体は一三・八％から三・五％へ、農業団体は一一・一％から二・八％へ、商工業団体は五・二％から一・三％へと激減した。労働組合は九・四％から六・〇％に減少している。

このように、かつて人々を広く包摂してきた中間団体はいま、軒並み加入率を大きく減らしている。しかもその多くが現在、構成メンバーの高齢化と活動の沈滞に悩まされている。そしてこれらの団体の弱体化が、それまで団体に依存してきた政党に打撃を与えたことは言うまでもない。もはや「組織票」に頼ることはできない。既成団体の衰退を背景とした既成政党の弱体化は、日本とヨーロッパに同時並行的に起きている現象と言ってよいだろう。

ところで、これら二〇世紀型の「古い団体」に代わり、二一世紀型の「新しい団体」が、人々の新たな受け皿になる可能性はないだろうか。現在起きている「団体の衰退」は、単に昭和を引きずる「古い団体」の退場に過ぎず、新しい時代にふさわしい団体の誕生と拡大が生じているようにも思える。折しも二〇世紀の末、一九九八年には、日本でも特定非営利活動促進法（ＮＰＯ法）が成立し、二一世紀の社会の担い手として、ＮＰＯをはじめとする非営利団体の役割に注目が集まった。そして二〇一〇年代前半には、「新しい公共」が注目を浴び、市民の自発的活動の果たす役割への期待が高まっている。「新しい団体」に期待する根拠は、十分ありそうに思える。ではＮＰＯ法成立から二〇年を経て、市民の自発的活動に基づく団体は、実際に人々を包み込む新たな受け皿になったのか。

実は加入率を見る限りにおいて、その期待は裏切られたと言ってよい。二〇一八年時点でＮＰＯや地域づくり団体など、「新しい公共」の担い手と目される団体に所属する人は、一・五％に過ぎない。加入率はわずかに増えているものの、その伸びは遅々としている。「古い団体」の落ち込みを補うものとは、到底言えない。まして「団体を通じて政党に触れる」ルートとしては、まだまだ細い道と言わねばならない。

それでは、増えているのはどのグループなのか。実は過去三〇年間で唯一大幅な伸びを示しているのが、どこにも「加入していない」人々である。平成の三〇年間に一六・九％から四四・三％へと、およそ二・五倍に増加しており、いまや最大勢力である。しかもその比率は一貫して増加しており、近いうちに五割を超える可能性が高い。この団体に属さない人々、すなわち無党派層ならぬ「無組織層」こそが、地縁団体、職能団体などの旧来の団体を凌ぎ、有権者の中核を占めることになったのである。

無組織層の人々は、かつて一般的だったように地縁や仕事がらみで団体に加入し、団体の支援する政党に投票するルートとは無縁であり、既成の団体・政党への違和感が強い。選挙でも団体の指示を受けることはなく、メディアやネットの情報をもとに自分で判断して投票先を決める（あるいは棄権する）。団体を通じて「政治的社会化」がなされていた時代と比べ、政治とのかかわり方が大きく変わっていることは間違いない。

このように有権者の最大勢力が「無組織層」になったことを前提とすると、既存の政治に挑戦する新たな参入者の採用する戦略も、それに応じて変わらざるを得ない。団体の推薦・支援を受けて選挙に勝つのではなく、既成の政党や政治家たちを、既得権を守る旧来の団体に取り込まれた「古いエリート層」として批判したうえで、自らを一般市民、「無組織層」の声を代表する存在として位置づける戦略が有効になる。「団体に支援される」のではなく、「団体を批判する」ことで選挙に勝つ、という道が開けたのである。

この戦略は、「無組織層」の比率が高い大都市圏において、特に有効だろう。実際、東京都・大阪府・名古屋市という日本を代表する三大都市圏では、いずれも「反既成政治」を標榜し、既存の団体に頼らず無党派層、無組織層を軸に支持を獲得したポピュリスト政治家、ポピュリズム系地方政党が、首長の座を占めたり、地方議会で最大勢力の座を占めている(中北浩爾が日本の地方政治におけるポピュリズムを検討した本書第12章も参照)。たとえば二〇一六年に都知事選に当選し、二〇一七年の衆院選で「希望の党」を設立して一気に勢力拡大を狙った小池百合子の手法も、まさにこの無組織層、無党派層をターゲットにしていた。彼女は既得権益の象徴として「都議会のドン」をあぶり出して批判の対象とし、また「しがらみのない政治」を打ち出し、既成政治と異なる政治をイメージづけることによって支持を集めた。大阪府・大阪市における橋下徹と「大阪維新の会」、名古屋市における河村たかし市長と「減税日本」の手法も、それと共通していると言えよう。

このように見てみると、これまで人々と政治をつないできたはずの政党組織や中間団体などの媒体、すなわち「中」が顕著に衰退し、いわば政治の「中抜き」状態が出現していることがわかる。そして「中」に深く依存してきた既成政党が混迷する一方、「中」を持たない新興政党、とりわけポピュリスト系政党や政治家は、「中抜き」状況を積極的に活用し、SNS(ソーシャル・ネットワーキング・サービス)などを活用して直接有権者にメッセージを届け、支持を調達している。「中」に頼るのか、「中」を抜くのかの違いが、二〇世紀型の政治と二一世紀のそれを分かつ一つの重要な特徴であるようにも見える。そこで以下、「中抜き政治」という角度から、メディアの変容について考えてみよう。特にその際、インターネットの登場、ソーシャルメディアの役割に注目してみたい。

二　メディアの変容——主流派メディアの衰退とソーシャルメディアの拡大

「中抜き」の広がり

そもそも「中抜き」とは何か。イタリアの政治学者であるジョヴァンナ・カンパーニは、ポピュリズムの拡大する現代政治における重大な変化として、やはり「中抜き（disintermediation）」を挙げている。カンパーニによると、「中抜き」とは、インターネットの出現により、従来は他者による何らかの仲介を必要としていた機能を、現在は個人が直接実行できるようになったことを指すという。すなわち「政治に関わろうとするならば、かつてはまずは政党や団体が必要だった」。しかしいまやブログやSNS、バーチャル空間などを活用することで、「旧来型の組織に頼る手法を乗り越えることができる」、と彼女は指摘する（Campani 2018: 77）。既成政党が旧来型の組織に依存する手法を続けるのに対し、ポピュリズム系の政党は組織をバイパスし、「中抜き」政治を実践しているのである。

インターネットを通じて支持を拡大したポピュリスト政党としては、イタリアの五つ星運動やオランダの自由党が挙げられる。五つ星運動は創始者の人気ブログが発火点となって政党が設立され、支持を広げ、後に政権参加を実現する。オランダの自由党は、党首ウィルデルス以外に党員のいない「政党ひとり」であるにもかかわらず、積極的で攻撃的なツイッター発信で支持を集め、二〇一七年総選挙では一三〇万票を獲得し、第二党となった（この自由党については、ヨーロッパの右派ポピュリスト政党における排外主義、反エリート主義などのさまざまな特徴を兼ね備えた、右派ポピュリズムの見本のような

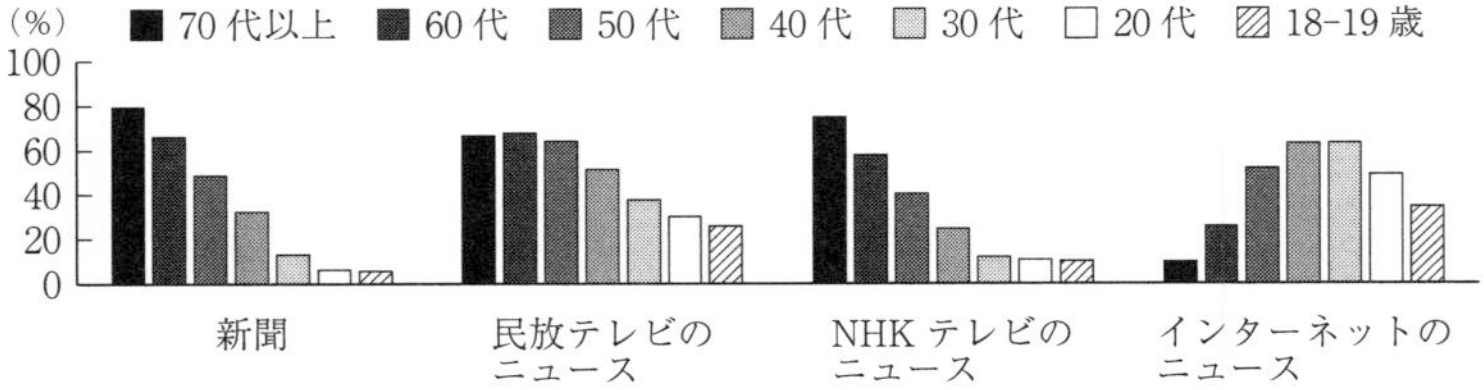

出典：新聞通信調査会（2019）より筆者作成．

図　ニュースを「毎日読む・見聞きする」人の割合

政党という位置づけもされている（Sheets, Bos and Boomgaarden 2016）。既存の団体の協力が見込めないこの二つの党の場合、インターネットという「中抜き」手段がなければ、注目と支持を集めることはほとんど不可能だっただろう。

なお、容易に想像できることであるが、このような「中抜き」現象は、狭義の政治面にとどまらず、経済社会の多分野において、同時並行で進行している。流通分野はその典型であり、中間業者をバイパスして消費者が直接商品を入手する購入方法が広がっている。これについてカンパーニは、「飛行機のチケットを買うためには、かつては旅行代理店を通す必要があった」、しかしインターネットの到来により、「今はコンピューターを使って直接チケットを購入でき」、しかもそれにより「時間もエネルギーも節約できる」ことを挙げている。

しかし何と言っても「中抜き」現象が顕著に生じているのは、メディアの分野である。インターネットの発達により、従来型の新聞、雑誌、テレビに代表される主流派メディアはいずれもかつてない挑戦を受けており、新聞社や出版社、テレビ局に独占されてきたメディア空間は大きく変容している。

特に世代による違いは顕著である。**図**を見てみよう。二〇一九年の日本の調査では、新聞でニュースを毎日読む人の割合は、七〇代以上で七九・三％、六〇代以上で六六・〇％に達するのに対し、三〇代はわずかに一三・〇％、二〇代では六・四％に過ぎない。他方、インターネットでニュースを毎日読む人の割合は七〇代以上で九・六％、六〇代以上で二五・六％であるのに対し、四〇代は六二・七％、三〇代は六一・九％、二〇代は四八・八％と高くなっている。その結果、四〇代及びそれ以下のすべての世代において、インターネットが日々のニュースの最大の情報源となっている。若い世代において、新聞の存在感が大きく低下していることは明らかだろう。

そして現在、インターネットを活用した独立系メディアの出現、ソーシャルメディアを通じた個人による情報発信と双方向型コミュニケーションの拡大により、既存の新聞・テレビなどのメディアに頼らずとも、諸個人が情報を直接入手し、判断することが可能になってきた。それどころかソーシャルメディアにおいては、既成のメディアは「情報を恣意的にコントロールしている」として、しばしば批判のターゲットとなり、その批判が既成メディアへの不信をいっそう強めている。政治コミュニケーション研究者の逢坂巌が述べるように、ソーシャルメディアによって「マスメディアの権力性」が問われるようになっている(逢坂二〇一四：二三二)。そしてこの状況を積極的に活用しているのが、右派ポピュリズム系の政党や政治家なのである。

主流派メディアとソーシャルメディア

それでは、既存の主流派メディアとソーシャルメディアは何が違うのか、検討してみよう。ここで主流派メディアとは、新聞、雑誌、テレビ、ラジオなどの従来型のメディアを指し、ソーシャルメディアとは、ブログ、動画投稿サイト、ツイッターなどのSNSのように、個人が情報を容易に発信し、拡散できるインターネット上のサービスを指すものとする。

メディア研究者のクリンガーらは、情報の①生産、②流通、③利用、の三つの段階のすべてにおいて、ソーシャルメディアが、主流派メディアと大きく異なる「ゲームのルール」に基づき動いていることを指摘している(Klinger and Svensson 2015)。

特にクリンガーらが注目するのは、ソーシャルメディアにおける「専門的ジャーナリスト」の不在である。

まず①情報の生産段階について見てみよう。主流派メディアにおいては、ジャーナリストという専門的知識を持った職業集団が存在し、彼らが一定の基準に従って報道すべき情報を取捨選択し、コンテンツを作成している。しかしソーシャルメディアにおいては、一般人が情報を生み出し、発信することが可能である。ニュースは「マスメディアの外部からやってくる」(Klinger and Svensson 2015: 1246)のである。

次に②情報の流通段階について。これまで主流派メディアは、専門家たるジャーナリストを擁し、「ゲートキーパー」としての役割を担ってきた。何をどのように報じ、重要なニュースとして読者・視聴者に届けるのかは、メディアがほぼ一方的に設定してきた。これに対しソーシャルメディアでは、専門家による価値判断ではなく、一般のユーザーにおける「話題性」・「拡散性」が重要な意味を持つ。情報を受け取ったユーザーが、自らその情報を共有し、他のユーザーに「お薦め」することで、初めて当該の情報は拡散し、多くの人に届くのである。あるニュースが話題性を持つかどうか、メディア側があらかじめ決定することはできず、一般ユーザーにおける拡散があってようやく「重要なニュース」となる。「その情報に価値があるのかどうか、伝播していくかどうかを決めるのは、専門家によるゲートキーパーではなく、互いに同様の志向を持ったユーザーの間で人気を博すかどうか」なのである(Klinger and Svensson 2015: 1249)。

さらに③情報の利用段階について。従来のメディアは、基本的に限られた地理的範囲に住む、固定的な購読者・視聴者を情報の受け手としてきた。しかしソーシャルメディアでは、そのような地理的制約はほぼ消滅する。ソーシャルメディアを通じ、空間を超えて同様の志向を持つ人々が結びつけられる。「マスメディアをバイパス」したうえで、多数者と多数者が直接結びつき、互いに発信・受信する形でコミュニケーションのネットワークが広がっていくのである。

ポピュリズムとソーシャルメディア

このようなソーシャルメディアの発達とメディアにおける「専門家抜き」＝「中抜き」の進展は、当然ながら政治のあり方にも大きな影響を与える。なかでも既成政治への対抗を掲げるポピュリスト政党や政治家にとって、ソーシャルメディアの出現は、またとない好機を提供している。そこでポピュリズムとソーシャルメディアとの関係に着目したいくつかの研究を参考にして(Pajnik and Sauer (2018)所収の諸論文、Engesser et al. (2017)など)、その理由を以下の諸点にまとめておこう。

ポピュリズムにとって、ソーシャルメディアが特に有用であるのはなぜか。

第一の理由は、インターネットが新興のポピュリスト政党における「組織の弱さ」を補い、その主張を広く社会に発信する手段を提供したことである。党組織が薄く、かつての既成政党が保持していた系列団体と縁の薄いポピュリスト政党においては、インターネットは自らの主張を直接有権者に伝え、支持を拡大する貴重な手段である。特に前述のように中間団体が弱体化し、「無組織層」が最大グループとなった現代においては、有権者と政党、政治家をつなぐ手段として、インターネットの果たす役割は大きい。その点でポピュリスト政党は、組織や団体に依存しない「身軽さ」を逆手にとることで、インターネットによる情報発信を進めていくことができる。これに対し既成政党においては、従来型の党組織を堅持し、系列団体に依存する傾向はなおも顕著であり、インターネットを用いた活動は後手に回る傾向がある。

ここに先のクリンガーらの研究の枠組み、すなわち情報の生産・流通・利用の三つの段階を当てはめてみると、この第一の理由(ポピュリストにおける発信の容易さ)は、クリンガーの言う第一段階、①情報の生産段階に相当すると言えるだろう。専門的ジャーナリストの協力がなくとも、ジャーナリズムについて素人同然のポピュリスト政治家たちが、ソーシャルメディアで直接発信することで、支持者にその主張や行動を伝えることができるのである。

第二の理由は、インターネットが主流派メディアの優位に挑戦する、対抗言説の場を提供したことである。ポピュリスト政党や政治家たちは、概して主流派メディアに取り上げられることは少なく、あっても見下げた扱いを受けることが多い(Mazzoleni 2008: 60–61)。そもそもエリートや移民を手厳しく批判するポピュリストの言説が、そのまま主流派メディアに掲載されることは、ほとんどない(Engesser et al. 2017: 1119)。しかしネット上ではその発言が一定の支持を受け、しばしば拡散される。

「タブーを破る」発言が多く、その移民・難民に対する姿勢が問題視される右派ポピュリストにとって、新聞・テレビなどの主流派メディアは、独占的で一方的な報道を行う存在とみなされる。しかしこれに対し、インターネットは右派ポピュリストたちに「自由な言論」を保障し、「政治的影響を受けずに」その主張を大衆に伝達することを可能とし(Šori and Ivanova 2018: 58)、その意味で彼らに「完璧なコミュニケーション手段を提供した」のである(Sauer et al. 2018: 27)。

これは先の情報の生産・流通・利用の三つの段階に当てはめると、第二段階、②情報の流通段階に相当するだろう。「ゲートキーパー」、すなわち主流派メディアの専門的ジャーナリストらによって冷遇されるのと対照的に、ポピュリスト政治家たちの発言や行動は、しばしばソーシャルメディアで一気に話題となり、拡散する。

第三の理由は、インターネットが、既成政党や既存の団体によっては媒介されることのない「人民」なるものの創出・表出の場を提供することで、その「人民」の声の代弁者を自称する、右派ポピュリストに正統化の根拠を与えたことである(Sauer et al. 2018: 27-28)。インターネットは、それがなければ存在しないような、人々の一体感覚、「われわれ」感を作り出すことができる。政治学者のサウアーらが指摘するように、権力から遠い「市井の人々(ordinary man on the street)」が、インターネットを通じて初めて析出する。とはいえその「人民」はインターネット上で自然発生的に出現するものではなく、往々にして右派ポピュリスト政党が、その言説戦略を通じて創出したものである。「右派ポピュリストはそのコミュニケーションを通じて、意見やヴィジョン、利益、アイデンティティを創出し、そのうえで自分たちがそれらを代表していると主張する」(Sauer et al. 2018: 27)のである。

表2　右派ポピュリスト系政党・運動の観点から見た，主流派メディアとオンラインメディアの位置づけ

主流派メディア	オンラインメディア
• 党派的である • 左派・緑派・共産主義の影響下にある • 真実を隠蔽する • 言論の自由を侵害する • エリートの意見を代表し，エリートを対象としている • 人民を脅かす存在であり，右派ポピュリスト系の政党・運動を阻害する	• 民主的である • 政治的影響を受けない • 言論の自由を可能にする • 直接的コミュニケーションが可能であり，取捨選択を受けることがない • 人々のネットワークを作る • 人民の声を表に出す

出典：Šori and Ivanova 2018: 58.

これは情報の生産・流通・利用の三つの段階のうち，最後の第三段階，③情報の利用段階に対応していると言えよう。クリンガーらが述べるように，ソーシャルメディアには「マスメディア抜き」で多数者を結びつける機能がある。ポピュリスト政党や政治家たちはソーシャルメディアを通じ，居住地域や団体所属といった制約を超えて人々を結びつけ，支持を動員しているのである。

メディア研究者のエンゲセルらは，以上のようなポピュリズムとソーシャルメディアの関係を検討したうえで，「ソーシャルメディアはポピュリストたちのコミュニケーション志向に見事に適合」しており，「彼らのメッセージを拡散するうえで便利な手段を提供している」と結論づけている(Engesser et al. 2017: 1123)。

なお，かかる右派ポピュリストにおけるメディア認識について，既存メディアとオンラインメディアの相互関係について検討したショリとイヴァノーヴァは，**表2**のようにまとめている(ただし，あくまでこれは右派ポピュリスト側からの一方的な理解であることに注意されたい)。

ツイッター政治の出現

ソーシャルメディアのなかでも、とりわけツイッターの果たす役割は大きい。政党の公式文書やマニフェストと異なり、ツイッターは、時々の政治情勢に応じ、端的に政党や指導者の見解を表明する手段として有効である。また一四〇字（欧文二八〇字）という文字数の制約があることから、短い文章でメッセージを明確に伝えることが必要とされるが、それは「言い切り」型で批判を行うことの多い、ポピュリスト政治家のスタイルに適合的である。確かに現在、既成政党の政治家においてもツイッターによる発信は一般的であるものの、とりわけ与党に属する政治家の場合、そのツイート内容は概して無難なものが多く、「メッセージ性」が強いとは言いがたい（Van Kessel and Castelein 2016: 596）。

ポピュリスト的指導者たちのツイッター活用について、特にオランダを舞台として実証的に明らかにしたものとして、ファン・ケッセルとカステレインの二人による研究がある（Van Kessel and Castelein 2016）。そもそもオランダはソーシャルメディアの普及が進んでおり、ツイッターをはじめとするソーシャルメディアの活用が、大きな政治的インパクトを持ちうる国である。

二人はこの研究で、オランダの右派ポピュリスト政党・自由党と、左派ポピュリスト政党と目されている社会党の二党をとりあげ、両党の党首（自由党はウィルデルス、社会党はルーメル）の、二〇一〇年代初めにおけるツイッター利用の特徴について検討している。それによると、両党の党首のいずれにおいても、「敵対的ツイート（adversarial tweets）」に分類されるツイートの比率は、全体の約四割に達していた（「敵対的ツイート」とは、他者に対する否定的なコメントや、政策についての批判的なコメントを含むものを指す)。左右を問わず、ポピュリスト政治家が、短文投稿の媒体としてのツイッターの特性を活かし、主として批判・不満を表明する手段としてツイッターを積極的に活用していることがわかる。

ポピュリスト政治家のツイートで、批判の対象とされるのは誰か。EU、移民、経済界、メディア、司法から個別の政策に至るまで、ポピュリストの批判のターゲットは多岐にわたるが、やはり最大の対象は、政党である。ポピュリスト政党の競合相手が既成政党である以上、既成政党が攻撃の対象となることは容易に想像できるが、特に連立政権入りした政党への批判が強いことは興味深い。

たとえば自由党のウィルデルスの場合、移民・難民に寛容な姿勢をとってきた中道左派の労働党とは、移民政策で真っ向から対立する立場にある。しかし労働党が野党にあった時には批判をあまり向けず、労働党が与党に入ると盛んに攻撃するという現象が見られる。他方、与党から滑り落ちた政党には、もはや攻撃の刃を向けようとしない。ファン・ケッセルとカステレインはこれについて、「ウィルデルスは、攻撃する対象を意図的に選んでいるのではないか」と分析している(Van Kessel and Castelein 2016: 609)。また社会党党首のルーメルにおいても、同様に与党を批判のターゲットとすることが多い。このようにポピュリスト政治家たちは、有権者における政権への不満を読み取ったうえで、特に政権政党をターゲットに据えて「敵対的ツイート」を行っている、と言えるだろう。

スピルオーバー

ここまで、ツイッターなどのソーシャルメディアがポピュリズムの展開に果たした役割を検討した。主流派メディアを支える専門的ジャーナリストの存在を「中抜き」し、ポピュリスト政治家たちが

「話題性」のある発信を行い、情報を直接支持者に届け、支持を拡大してきたことがわかる。

しかしながら、現時点でソーシャルメディアをはじめとするネットメディアの影響力を過大に評価することは、慎まねばならない。なぜなら、現在もなお、世論の形成から個人個人の政治的選択に至るまで、主流派メディアの与える役割は、ネットメディアのそれを明らかにしのいでいるからである。インターネットによる発信のみを通じて党勢を拡大し、選挙に勝利する例は依然として少ない。

そもそもネットメディアが現実に影響を与えるためには、まずは主流派メディアにおける議論を喚起する必要がある。社会の各層に広く情報を届け、エリートの行動に影響を与え、政策にインパクトを及ぼすのは、何と言っても主流派メディアだからである（Pfetsch et al. 2013: 12）。その意味で伝統的なメディアが時代に決定的に取り残され、周縁的な存在になったとまでは言えない（Klinger and Svensson: 2015, 1251）。

実はポピュリズムの拡大において鍵を握るのは、ネットメディアから主流派メディア（新聞、雑誌、テレビ、ラジオなど）へと情報が伝播する、「スピルオーバー（spillover）」現象の発生である。ネットメディアと主流派メディアは、対照的な存在であるように見えて、実は相互に補完的な関係を形成しており、スピルオーバー現象はしばしば生じているのである（Šori and Ivanova 2018; Pfetsch et al. 2013）。右派ポピュリズムをめぐる報道について見れば、ネットメディアから主流派メディアへのスピルオーバー現象は、次の二つのルートを通じて生じる。

第一のルートは、主流派メディアの側がインターネットからポピュリストの主張や関連情報を入手し、それを自身のメディアに掲載するルートである。確かに主流派メディアはポピュリストに批判的な姿勢で報道することが多い。しかしポピュリスト指導者たちによる、既成政党への容赦ない攻撃的コメントやツイートなどは、批判的立場から紹介されるにせよ、それ自体ニュース価値がある情報とみなされて報道され、広く読者や視聴者に伝わっていく。

第二のルートは、右派ポピュリスト政党の支持者でもあるネットユーザーたちが、ニュースサイトのコメント欄や自分のブログなどを用いてポピュリスト政党の主張や思想を拡散し、それがついに主流派メディアにも取り上げられるルートである。多数のネットユーザーによる特定の主張の拡散は、時としてそれ自体が社会現象として無視できない規模に拡大し、主流派メディアもそれを大きく取り上げて対応することがある。まさに「スピルオーバー（溢れ出し）」が発生するのである（Šori and Ivanova 2018: 56–57）。

このように見ると、慎重な姿勢を保持しているはずの主流派メディアであっても、右派ポピュリストによる情報発信や宣伝活動から無縁でないことがわかる。確かに主流派メディアは、当初は急進的な右派ポピュリズムを強く警戒し、はなから相手にしない対応をとることが多い。しかし実は、右派ポピュリスト政党が存在感を示すことに成功し、もはや無視しがたい対象であると認識されると、主流派メディアが手のひらを返したように態度を豹変させ、右派ポピュリスト政党について盛んに報道し始めることもある（Mazzoleni 2008: 61; Šori and Ivanova 2018: 64–65）。右派ポピュリストへの社会的関心が高まるなか、従来の購読者や視聴者をつなぎとめるため、それまでの毅然とした対応を和らげて、積極的な報道の対象とするのである。

しかも興味深いのは、このスピルオーバー現象を経てポピュリズムを正面から取り上げるに至った主流派メディアが、結果として右派ポピュリスト政党の勢力拡大の一翼を担ってしまうことである。確かに主流派メディアの場合、偏らない視点からの報道を標榜することから、その報道姿勢は「賛否の両論を提示する」形式をとることが多い。異なる立場の論者を並べて登場させたり、賛否両方の主張を取り上げる方法である。

しかし、一見中立的に見える「賛否両論」の提示という方法にも落とし穴がある(Šori and Ivanova 2018: 65)。両論提示という手法は、実は「タブーを破って批判を行い、賛否両論を巻き起こす」ポピュリストの戦略に結果的に沿っている。たとえば主流派メディアが右派ポピュリズムの主張する移民排除の問題を取り上げ、「イスラム移民はヨーロッパ社会と相いれない存在か否か」という問題の立て方を行ったうえで両論を取り上げるのであれば、その取り上げ方がいかに「中立的」であろうとも、結果的として、右派ポピュリズムの議論の枠組みを受け入れ、その主張の流布に手を貸していることは確かだろう。

さらに、主流派メディアの発信する情報そのものについても、その変質が指摘される(Šori and Ivanova 2018: 66)。現在、新聞やテレビなどの主流派メディアはほぼすべて自前のサイトを持ち、インターネットを通じて情報を発信している。しかし頻繁に更新されるこれらのサイトは、インターネット上のニュースサイトという性格上、元締めの新聞やテレビより速報性や話題性が重視され、また各記事の閲覧数が瞬時に確認できることから、読者の関心を強く引き付ける記事や見出しが好まれる。その結果、新聞やテレビ自体が扱わないポピュリズムの動きやその主張についても、実は自社のニュースサイトでは字数を割いて報じており、それが閲覧数を稼ぐことがある。その意味で主流派メディアとネットメディアは、分断されているのではなく、今や相互に浸透した存在なのである。

いずれにせよ主流派メディアは、その意図はともかくとして、右派ポピュリズムの主張を社会に広く伝えるうえで、少なからぬ役割を果たすことがある。ショリとイヴァノーヴァは以上を踏まえ、「右派ポピュリストたちは、現代のメディアのシステムにおいて、スピルオーバーの持つ潜在力から、最も多くの利を得ているように見える」とまとめている(Šori and Ivanova 2018: 55)。

なお以上のスピルオーバーに関する研究は、右派ポピュリスト政党を主として対象としたものではあるが、同じことは左派ポピュリスト政党にも基本的に該当すると言えるだろう。そしてこのようなスピルオーバー現象は、二〇一九年、日本の参議院選挙に参加して当選者を出した、ポピュリズム的性格を持つ左右両派の二党(「れいわ新選組」と「NHKから国民を守る党」)に関する報道についても、当てはまる面がある。主流派メディアは当初この二党に関しほぼ黙殺状態にあったが、インターネット上ではこの二党が圧倒的な関心を集め、好対照をなしていた。そして最終的に両党の議席獲得を契機に、主流派メディアもこの二党について積極的な報道姿勢に転じている。左右のポピュリズムのいずれに対しても、主流派メディアが当初醒めた態度をとっていたこと、そしてインターネット上の盛り上がりと議席獲得を受け、遂には正面から報道するに至ったことは、スピルオーバー現象の実例としても興味深い。

おわりに

本章では、ポピュリズム拡大と既成政党衰退の背後にある政治社会的な変容を考察するため、個々人と政治をつなぐ「中」の役割を果たしてきた、中間団体と従来型メディアの二つの変化に注目した。

そこで明らかになったことは、人々の政治的社会化を促し、認識の枠組みを提供してきた中間団体と主流派メディアがこの間、その存在感を大きく低下させ、その結果、既成政党の支配してきた政治空間自体が揺らいでいることである。そしてそれと並行して、団体に属さない「無組織層」が最大勢力となり、また主流派メディアに代わってソーシャルメディアをはじめとするネットメディアの存在感が高まるなか、既成政党・既成団体・主流派メディアを既得権益として批判するポピュリズム系の政党・政治家が、ネットメディアの特性を活用する形でその主張を広め、支持を集めてきた。この政治における「中抜き」の傾向は、団体に属さず、ソーシャルメディアを利用する層が若年層で顕著に増えていることを考えると、今後一層強まることが予測される。

他方、ネットメディアから主流派メディアへのスピルオーバー現象に示されるように、「中」の存在と「中抜き」の手法とを、単純に対立的にとらえることはできない。主流派メディアとネットメディアは相互に浸透する関係にあり、スピルオーバーが成功して初めて政治的に大きなインパクトを持ちうる。その意味でポピュリズム拡大の責任をネットメディアのみに負わせるのではなく、ネットメディアと主流派メディアの「共犯関係」こそが、ポピュリズムの拡大を支えていることを認識する必要がある。「中抜き」時代の新しいデモクラシーとメディアの形が明確になるまでには、まだまだ時間がかかりそうである。

参考文献

明るい選挙推進協会（一九九〇）『第一五回参議院議員通常選挙の実態——原資料』明るい選挙推進協会。
明るい選挙推進協会（二〇一八）『第四八回衆議院議員総選挙 全国意識調査　調査結果の概要』（URL①）。
遠藤晶久（二〇一九）「政治を知ろう——メディアと政治」永井史男・水島治郎・品田裕編著『政治学入門』ミネルヴァ書房、一三—三三頁。
逢坂巌（二〇一四）『日本政治とメディア——テレビの登場からネット時代まで』中公新書。
新聞通信調査会（二〇一九）『メディアに関する全国世論調査　第一二回』（URL②）。
谷口将紀（二〇一五）『政治とマスメディア』東京大学出版会。
中山洋平・水島治郎（二〇二〇）『ヨーロッパ政治史』放送大学教育振興会。
水島治郎（二〇一六）『ポピュリズムとは何か——民主主義の敵か、改革の希望か』中公新書。
モンク、ヤシャ（二〇一九）『民主主義を救え！』吉田徹訳、岩波書店。
Campani, Giovanna (2018) "Media, Politics and Democracy: Populist and Post-populist Europe in the Mirror of the Italian Experience," in Pajnik and Sauer eds. (2018), 72-89.
Engesser, Sven, Nicole Ernst, Frank Esser and Florin Büchel (2017) "Populism and Social Media: How Politicians Spread a Fragmented Ideology," *Information, Communication & Society*, 20(8), 1109-1126.
Grzymala-Busse, Anna (2019) "The Failure of Europe's Mainstream Parties," *Journal of Democracy*, 30(4), 35-47.
Klinger, Ulrike and Jakob Svensson (2015) "The Emergence of Network Media Logic in Political Communication: A Theoretical Approach," *New Media & Society*, 17(8), 1241-1257.
Mazzoleni, Gianpietro (2008) "Populism and Media," in Daniele Albertazzi and Duncun McDonnell eds., *Twenty-first Century Populism: The Spectre of Western European Democracy*, Palgrave Macmillan, 49-64.
Pajnik, Mojca and Birgit Sauer eds. (2018) *Populism and the Web: Communicative Practices of Parties and Movements in Europe*, Routledge.

Pfetsch, Barbara, Silke Adam and W. Lance Bennett (2013) "The Critical Linkage between Online and Offline Media," *Javnost-The Public*, 20(3), 9-22.

Sauer, Birgit, Anna Krasteva and Aino Saarinen (2018) "Post-democracy, Party Politics and Right-wing Populist Communication," in Pajnik and Sauer eds. (2018), 14-35.

Sheets, Penelope, Linda Bos and Hajo G. Boomgaarden (2016) "Media Cues and Citizen Support for Right-wing Populist Parties," *International Journal of Public Opinion Research*, 28(3), 307-330.

Šori, Iztok and Vanya Ivanova (2018) "Right-wing Populist Convergences and Spillovers in Hybrid Media Systems," in Pajnik and Sauer eds. (2018), 55-71.

Van Kessel, Stijn and Remco Castelein (2016) "Shifting the Blame. Populist Politicians' Use of Twitter as a Tool of Opposition," *Journal of Contemporary European Research*, 12(2), 595-614.

URL

①http://www.akaruisenkyo.or.jp/wp/wp-content/uploads/2018/07/48syuishikicyosa-1.pdf　二〇二〇年一月二〇日閲覧。

②https://www.chosakai.gr.jp/wp/wp-content/themes/shinbun/asset/pdf/project/notification/yoron2019hokoku_b.pdf　二〇二〇年一月二〇日閲覧。

第3章　遅れてきたポピュリズムの衝撃
――政党政治のポピュリズム抑制機能とその瓦解?――

今井貴子

一　イギリスにおけるポピュリズム現象

イギリスのEU離脱とポピュリズム

近年、世界各国で勢いを増すポピュリズムについて論じる際に必ず引き合いに出されるのが、欧州連合(EU)離脱問題で大揺れに揺れ、二〇二〇年一月三一日をもって正式離脱に至ったイギリスである。二〇一六年の国民投票での離脱支持派勝利は、加盟国のEUからの脱退という前例のない事態に繋がる歴史的事件として世界に衝撃を与えた。もちろん、離脱支持者が皆ポピュリズムに傾倒しているというわけではない。それでは今日のイギリスにおいてポピュリズムとはいかなる現象なのだろうか。

ここでポピュリズムについて、ミュデとカルトワッセルの研究に依拠し、さしあたり大まかな概念規定をしておくなら、それは恣意的に構築された同質性を備えた人々だけを「真の」「汚れなき人民」とみなし、既存のエリートはそれに敵対する存在だとする二分法で社会を規定し、自分たちこそが

「人民」の「一般意志」の代表たらんとする「中心の薄弱なイデオロギー」である（ミュデ、カルトワッセル二〇一八）。そうしたポピュリズムを掲げる勢力は、移民をはじめとした「人民」の同質性を乱す人々への敵対を煽る一方で、既存のエリート支配や多元主義の擁護といった現状に対抗するため、眼前の秩序を成り立たせている政治制度をも批判の対象とする。そこでは、国民投票のような直接民主制が、もっとも民主的な手段とみなされる。ポピュリスト勢力がリベラル・デモクラシーへの脅威であるとされるのは、「真の人民」以外の人々との討論や妥協を退け、「一般意志」の実現のために従来の自由主義的な価値や民主的な手続きをも蔑ろにするためである。

これらの参照点を今日のイギリスにあてはめるなら、長らくイギリス独立党（UKIP）を率い、二〇一九年にEU離脱党（Brexit Party）党首となったナイジェル・ファラージはポピュリストの筆頭に挙げられる。他方で、保守党政権のボリス・ジョンソン首相、彼を支える離脱強硬派の保守党議員団・欧州調査グループ（European Research Group: ERG）らは、ポピュリズム的手法を多分に取り入れて、自らの政治目標たるEUからの離脱を実現せんと邁進した[1]。ファラージは、国民投票で多数派となった離脱支持者こそが「真の人民」だとする。残留に投票した四八％の有権者と残留派議員はそれに従うべきであるとの態度を崩さない。ジョンソンやERGは、EUからの離脱を最優先し、この「一般意志」の実現のためであれば、EUとの協定を結ばずに離脱することによって生じ得る巨額の経済的損失や社会的停滞、あるいは違法な議会の閉会や審議省略がもたらす議会主権というイギリスの憲政の大原則の侵害も、二の次、三の次の問題にする。

今やポピュリズムが政治の表舞台の中心に位置するようになっているが、歴史を振り返れば、イギリスでそれはずっと周辺化されてきた存在であった。たしかに近年、ＵＫＩＰの台頭をみたが、そのタイミングは、他の欧州諸国と比べるとかなり遅れている部類に入る。たとえば、フランスの国民連合(National Alley, 二〇一八年六月にFront National(国民戦線)から改称)、オーストリアの自由党、北欧の進歩党など、ヨーロッパ各国では一九八〇年代から右翼ポピュリスト政党が国政で存在感を示し始め、一九九〇年代には一〇%を超えるまで得票率を伸ばし、二〇〇〇年代にはさらに支持の裾野を広げていた(Akkerman, Lange, and Rooduijn 2016)。これに対して、総選挙での得票数などに照らして、イギリスでもっとも成功したポピュリスト政党であるＵＫＩＰが結成されたのは一九九三年であり、同党が既成政党から脅威とみなされるほどまで勢力を伸ばしたのは二〇一〇年代に入ってからである(Betz 1993; Betz and Meret 2013; Ford and Goodwin 2014)。

それでは、そうしたイギリスにおいて、なにゆえに今日のごときポピュリズムの隆盛をみるにいたったのか。そもそも、イギリスではなぜ長らくポピュリスト勢力が存在感を示し得なかったのか。ポピュリスト勢力が抑制されてきた要因としてつとに挙げられるのが、新規参入政党や小党に不利に働く単純小選挙区制という選挙制度である。だが、今日のポピュリズムの席巻が同じ選挙制度のもとで生じていることをみれば、それだけでは十分な説明にはならないことがわかる。そこで本章では、イギリスではポピュリスト勢力を議会政治、とりわけ既存の政党政治が周辺化してきたことに着目する。そのうえで、従来のポピュリズム抑制機能がどのように低下したのか、その帰結がイギリス政治社会にどのようなインパクトをもたらしているのかを考察する。

二　ポピュリズムに対する抑制機能

単純小選挙区制

先に述べた通り、ＵＫＩＰが結成された時期、大陸欧州諸国ではすでにポピュリズム現象が二巡目を迎え、「新しいポピュリズム」現象とも呼ばれていた(Ford and Goodwin 2014: 111-113; Betz 1993. ポピュリズムの展開に関して詳しくは本書第1章を参照されたい)。他国に比してイギリスのポピュリスト政党が存在感を示し得なかった構造的要因として、まず単純小選挙区制という大政党に有利に働く選挙制度の効果がある。勝者総取りの単純小選挙区制は、全国レベルで得票を目指す小党や新規参入政党にとって高い障壁である。たとえ全国的に人気を高め得票を増やしたとしても、選挙区で勝ち抜けるだけの票を積み増しできる支持の厚さ、あるいは支持を掘り起こすための動員力がなければ議席獲得にはいたらない。第二次世界大戦後、北アイルランド以外では、新規参入した政党による庶民院(下院)の議席獲得は稀にしか起きず、せいぜい一、二議席にとどまる。近年では、二〇〇五年総選挙でブレア政権のイラク侵攻への反対票を集めてようやく一議席を獲得した極左のレスペクト党、二〇一〇年の緑の党などである(Arndt 2013)。ＵＫＩＰにしても、二〇一四年の補選で二議席を、二〇一五年総選挙で一議席を獲得したにすぎない。

このようなアウトサイダーの国政への参入を阻む選挙制度では、モーリス・デュヴェルジェのいう心理的要因が働く。つまり、投票者は、選挙区で勝利する可能性が低い政党にあえて投票して自らの一票が死に票となることを嫌い、当選見込みの高い候補者へ戦略的に票を投じるのである。もちろん、議席をとる見込みが薄い政党には、政治資金も集まりにくい(Ford and Goodwin 2014)。

ポピュリズムへの需要を吸収してきた政党政治

極端な排外主義の周辺化

イギリスにおいてポピュリズムの台頭を阻んでいたもう一つの要因として、二大政党を中心とした政党間競争のあり方と党内政治が挙げられる。ヘルベルト・キッチェルトは、イギリスで急進右派政党が失敗してきたのは、①それ自体がセクトに分裂し、それぞれの分派が移民排斥を超えた政策メニューを揃えられなかったこと、②極端な排外主義や人種差別発言が中間層には不人気であること、③既存の大政党がアウトサイダー政党の政策に接近することでその台頭を阻んだこと、とする(Kitschelt 1997: 249–254)。とりわけ③は、後述するように、既存の大政党がときとして有権者による移民受入制限といった保護主義的政策への要請にも応答性を示したことで、アウトサイダー政党が支持を集める余地をますます狭めたことがある。

たしかにイギリスにおいても今日の文脈でいう右翼ポピュリストと呼ばれる範疇に入る政治家や政党は存在し、一定の支持を得たことがなかったわけではない。しかしそれらの勢力は、常に周辺へと追いやられてきた。具体例を挙げるなら、政党では一九六七年に登場した国民戦線、政治家では保守党のエノック・パウエル議員である。

まず国民戦線は、帝国主義、反福祉国家を掲げた極右ファシスト政党であり、労働者階級を中心に支持を広げ、一九七〇年代には地方議会で一五議席を獲得した。その後、一九八〇年に分裂し、離党者は一九八二年にブリテン国民党(British National Party: BNP)を結成した。ＢＮＰは、移民排斥、ナチズムへの信奉、反ユダヤ主義を打ち出し、イングランド中部の労働者階級からごく限定的な支持を得たが、一九八〇年代を通じて国政選挙での得票率は〇%、全くの泡沫政党であった。

他方で、マクミラン政権で保健大臣を務めたパウエルは、古典に精通した高い教養の持ち主である一方、移民排斥の急先鋒であった。つまり、保守党という大政党は、戦後福祉国家の維持・発展に原則として合意する社会民主主義に親和的な政治家から、パウエルのような極右に類する人物までイデオロギー的に幅広い政治家を受け入れていたのである。しかし、パウエルの排外主義的発言は議会保守党の許容範囲を超えてしまう。一九六八年四月二〇日に行った彼の演説は、「(移民受入政策が続けられるなら)黒人が白人を統制下におくようになる」「(将来を見通せば)かつてのローマ人のように、血で染まったテベレ河を見ることになるだろう」といった激烈な言葉で人種差別意識や排外主義を煽る内容であった(Powell 1969)。

「血の河」演説は、旧植民地からの移民の急増に脅威を感じていた多くの国民に支持されたのだが、しかしそれは、保守党にとっては到底容認できる類の発言ではなかった。演説に対して議会保守党執行部からあからさまな嫌悪感が示され(Vinen 2009: 812)、ときの党首エドワード・ヒースは、影の防衛大臣であったパウエルの罷免を即断した。ところが演説直後の世論調査では、七割がヒースのパウエル放逐という判断は誤りだったと回答し(小堀二〇一三：一四五)、ポピュリズムへの賛同者が決して少数ではないことがわかる。むしろ政党政治がその限界点を示す機能を果たしていたといえよう。

サッチャー政権とポピュリズム

次に、一九七九年に成立したサッチャー政権は、権威主義と自由市場主義の結合を基調とし、そのスタンスは従来の保守党よりもはっきりと右傾化していた。スチュアート・ホールはサッチャリズムを権威主義的ポピュリズムと性格づけた(Hall 1988)。しかしながら、マーガレット・サッチャーの権威主義的政治は、あくまでも議会政治の枠内に留められていたといえよう。たしかに、サッチャー政権下では、イギリスの成員資格が厳格化され、移民受入は制限された。治安維持を含めたサッチャーの強硬姿勢は、国民戦線やBNPが活路を見出す機会構造をふさいだとみられている(Kitschelt 1997: 242)。しかしながら、移民問題が選挙の中心的争点として掲げられることはなく、またサッチャー自身も党内で譲歩を迫られた。そもそもサッチャーは、あからさまな人種差別発言で議会保守党に拒絶されたパウエルからは距離をおこうとしていた。しかも、当時の保守党の一般党員の典型的なイデオロギー的傾向は、進歩主義、伝統主義、個人主義であり、党の政策があくまでも中庸であることを望んでいた(今井二〇一六：一八七―一八八)。

そうしたサッチャーの足もとを揺るがしたのが、欧州問題をめぐる党内対立であった。サッチャーはもともと欧州統合に親和的であったのだが、首相就任後、予算還付金交渉などで欧州共同体(EC)との対立姿勢を強めていく。それでもなお、単一欧州議定書に署名し、通貨協力の要となる欧州為替相場メカニズム(ERM)への参加をしぶしぶ受け入れるなどプラグマティックな対応を続けていた(遠藤二〇一三：一四二)。

ところが通貨・政治統合へと進展する見通しがいよいよ明らかになると、サッチャーはイギリスの主権が侵害されるという危機感を抱き、さらなる統合の深化を拒否する発言を繰り返した。強硬姿勢を崩さないサッチャーを同僚議員は有権者離れを引き起こす政治的なリスク要因とみなしたのである。人頭税導入への世論の反発とあいまって、保守党は一九九〇年一一月に党首選の実施を決断し、親ヨーロッパ派のマイケル・ヘーゼルタインが出馬した。第一投票でサッチャー続投を決するにはわずかに票が足りず、それは現職の首相への不信任として十分な重さをもった。

サッチャーの遺産と政党政治のレジリエンス

サッチャーを首相の座から引きずり下ろした保守党であったが、サッチャーが遺したヨーロッパ懐疑派、とりわけイギリスの主権の自律性を最重視する党内勢力は、後継のジョン・メイジャー政権時代に党を激しく分裂させることになる。これが今日の離脱強硬派の起点となる。

メイジャー政権期、欧州懐疑派議員は超党派議員集団であるブリュージュ・グループ[2]や、サッチャー主義右派グループ(No Turning Back)を拠点に組織化を進め、「より一貫した思想・運動へと転換することになった」(成廣二〇〇二)。これらのグループには、のちに保守党党首に選出され、二〇一六年国民投票時に離脱キャンペーンを主導したうちの一人であるイアン・ダンカン＝スミスをはじめとした対ＥＵ強硬派の政治家が多く含まれていた。彼らにしてみれば、社会政策協定(加盟国が共通して取り組む社会政策の範囲を拡大したマーストリヒト条約付属協定)の適用除外を勝ち取ったとはいえ、経済、通貨統合、共通外交・安全保障、司法・内務協力を柱とする欧州連合の創設を謳うマーストリヒト条約の批准を目指すメイジャーは、加盟国の主権の移譲を求める欧州にくみしているとしか映らなかったのである。一九九二年一一月、わずか三票差で条約が採決されるや否や、反ＥＵを掲げる政党や議員団が結成される。一九九三年には、ブリュージュ・グループに所属していたアラン・スケッドによってＵＫＩＰが、保守党内からはＥＲＧが、翌一九九四年には国民投票によるＥＵ離脱を唱える国民投票党(Referendum Party)が次々と設立された。ここに、今日の離脱強硬派の拠点が準備されたのであった。なおかつ、一九九〇年代を通じて党員数が激減していくなかで、保守党には高齢のＥＵ懐疑派の保守層が忠実な党員として残った。

欧州懐疑、道徳的保守、市場主義の立場をとる党内右派からの圧力にさらされたメイジャーが講じたのが、徹底したプラグマティズムに基づく「両面作戦」であった。人事では自身に近い文化的にリベラルな党内中間派や左派を登用しつつ、政策では文化的保守色を強めるなどして右派の不満を抑えようとしたのであった(若松二〇一九)。造反が繰り返されるなか、メイジャーは、一九九五年に首相任期中にもかかわらずあえて辞任する政略を講じ、党首選で圧勝して首相の座を守った。端的にいえば、党内分裂に苦しめられたメイジャーは、彼に敵対する勢力を党内政治の枠組みになんとか収めようとしたのであった。しかし、分裂した保守党政権からは、さらに「スリーズ」と呼ばれた一連の腐敗が次々に明るみに出て、有権者は保守党を見放す。

一九九七年総選挙で議席を一七一も失う歴史的敗退を喫した保守党は、党内組織においても対有権者関係においても、求心力の急激な衰微を露呈したのであった。地滑り的勝利によって政権交代を実現したのは、政策と言説の中道化を進め、「白よりも白い」クリーンな政治を謳ったブレア労働党であった。「第三の道」を掲げたトニー・ブレアのもとで、イギリスでは経済的にも社会文化的にも中道へと舵を切り、より開放的で多文化主義的な立場が主流となっていく。

三　ポピュリズム抑制機能の弱まり

多様な選挙制度と多党化の波及効果

このようにポピュリズムの伸展を阻んでいたイギリスに、二〇〇〇年代から変化が生まれる。まず、移民の増加に反発する有権者の受け皿として、ＵＫＩＰが徐々に存在感を示したことがある。

同党は二〇〇〇年代半ば、二大政党が不人気になった時期から次第に勢力を伸ばし、二〇〇四年の比例代表制の欧州議会議員選挙（欧州選挙）で第四党となったことでメディアの注目も集まり、翌年の地方選でも善戦した（水島二〇一六）。支持層となったのは、比較的豊かなイングランド南部農村部の保守党から離反した有権者である。とはいえＵＫＩＰが最重要視するＥＵ問題は、同党が支持を集め始めた二〇〇〇年代でも有権者の関心は薄かった。ポーランドやハンガリーなど東欧諸国がＥＵに新規加盟した二〇〇四年に一時的に関心が高まったものの、二〇一〇年時点ではＥＵそのものを問題視する有権者の割合は一桁にすぎなかった。それでもなおＵＫＩＰの得票が増えていった背景には、人々の間に、ＥＵへと還元されるような事柄、すなわち増大する移民への不安、伝統的なイギリスのアイデンティティや価値の擁護、人心から隔絶し応答性の乏しいエリートへの反発が広がっていたことがある（Ford and Goodwin 2014: 274）。

二〇〇八年、リーマンショックでいよいよ深まる金融危機のなかで、ＵＫＩＰはイングランド北部の労働者階級へも支持層の裾野を広げはじめ、二〇〇九年欧州選挙では二五〇万票を集めて第二党に躍り出た(Ford and Goodwin 2014; 若松二〇一三)。しかし、二〇一〇年総選挙において、マルコム・ピアスン党首のもとで惨敗すると、ファラージが再び党首に担ぎ出された。彼は、財務や選挙戦略の専門家を陣営に迎え国政選挙で戦える政党への転換を図った。

ＵＫＩＰは、二〇一三年の地方統一選挙で躍進すると、翌二〇一四年欧州選挙で得票数四〇〇万を超え、僅差ながらもついに第一党となった。勢いを増したＵＫＩＰは、保守党の支持層も議員も奪うようになる。二人の対ＥＵ強硬派の保守党議員が、保守党を離党してＵＫＩＰ候補として補選に出馬し、議席を確保するという前例のない事態も起きた(今井二〇一六)。議会保守党の対ＥＵ強硬派とＵＫＩＰがいかに近い位置にあるのかを明らかにした出来事だった。二〇一五年総選挙、ＵＫＩＰは得票数を前回の約九二万から三九〇万にまで急増させた。獲得議席数はわずか一ながらも、もはや単なる泡沫政党と扱う以上の存在となっていた。異なる選挙制度が混在するなかで、有権者はＵＫＩＰを一つの選択肢としてみなすようになり、保守党、労働党、第三党の自由民主党を中心にした政党システムに遠心力が働くようになったのである(高安二〇一八)。つまり、欧州選挙や地方議会選挙における多党化の流れが、国政レベルにも浸透したのだといえよう。

二大政党間の「リベラル・コンセンサス」と政党政治の遠心化

ここで、ポピュリズムの台頭を抑制してきた政党政治のもつ求心的機能の衰微についてみてみよう。手がかりとなるのは既存の大政党と支持層との関係の変化である。結論を先取りするなら、一九九〇年代半ば以降、主要政党に対して伝統的支持層が抱いていた政治的有効性感覚が損なわれ、政党離れ

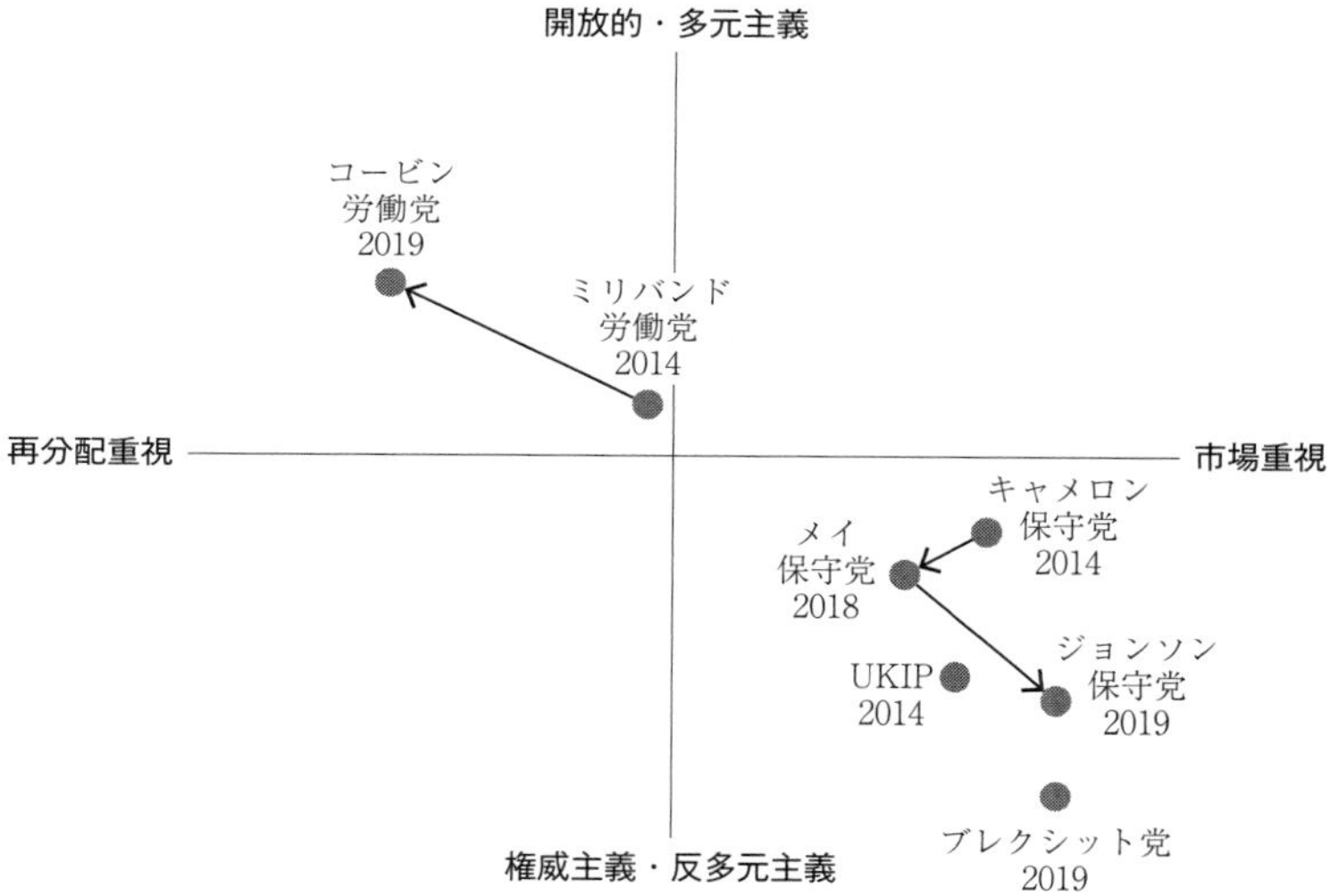

出典：Norris(2019a; 2019b)をもとに筆者作成.

図　イギリスの政党布置(概念図)

が進展した。それによって、政党政治のなかに取り込まれていたはずのポピュリズムへの需要が、既成政党の外側に堆積したと考えられる。支持層離れを後押ししたのが、政党のポジショニング(政策的立ち位置)の変化、言説政治の変化、一連の汚職などの政治スキャンダルによる政治的疎外の深まりである。

まず、政党のポジショニングの変化をみてみよう。第二次世界大戦後のイギリスでは、二大政党の間で周期的な政権交代が生じていたのだが、一九八〇年代からは同一政党による政権が三期以上続くようになっていた。長期にわたって野党に甘んじることになった大政党は、集票上もっとも効率的な中間層の支持獲得のために主張や政策メニューの穏健化を目指し、結果的に中道に接近するようになった。一方における労働党は、一九八〇年代前半の社会主義的政策を強調した左傾化からの転換を図り、一九九四年に党首に選出されたブレアのもとで、ニュー・レイバーとして党を刷新し、労働者階級の政党というパブリック・イメージを払拭した。他方における保守党は、二〇〇五年に党首に選出されたデイヴィッド・キャメロンのもとで、ＥＵ懐疑やサッチャリズムを棚上げする「リベラル保守」への軌道修正が試みられた(Beech 2009: 19)。

ブレアとキャメロンのもと、二大政党は、経済軸上では立場が異なるものの、社会文化的な軸での距離が縮小した。しかし選挙戦略上の合理性に合致した二大政党のいわばリベラル・コンセンサスは、従来の立場を支持していた伝統的な有権者の反発を招かずにはおかなかった。ここで二大政党からの伝統的支持層の乖離について、それぞれみてみよう。

伝統的労働者階級の大量棄権

二大政党のうち先に中道化戦略をとったのは労働党である。ブレアは、労働党に警戒心を抱く中間層、財界、金融界、右派系メディアの支持を獲得するために、政策や党組織改革にとどまらず、労働者階級や労働組合といった従来であれば党のアイデンティティにかかわる言説をことごとく封印した。一連の言説戦略は実を結び、一九九七年、二〇〇一年の二度の地滑り勝利を含む三期にわたる長期政権を実現した(今井二〇一八)。労働党政権下では、金融部門が主導する経済成長戦略が押し進められた。この現代化改革のなかで、労働者階級は「置き去りにされた」という意識を強めていった(Ford and Goodwin 2014: 137-138)。

社会文化面では、治安問題で権威主義的なまでの強い姿勢を示しつつも、欧州人権条約の国内法化、同性婚の容認、拡大ＥＵ後の東中欧からの移民に対する寛大な姿勢といった開放的な立場を鮮明にした。そのなかで多くの労働者階級が労働党を投票しがいのある自らの代表とはみなし得なくなり、総選挙のたびに棄権するようになる(Evans and Tilley 2016: 132)。一九九七年総選挙以降、総選挙の投票率が大幅に低下していたのだが、労働者階級のそれは際立ち、実に一〇ポイント以上も落ち込んだ(Heath 2018)。支持層の離反に拍車をかけたのが一連の汚職スキャンダルである。一時は支持率が七〇％を超えたブレアであったが、早々に金銭スキャンダルが発覚したことで人々の政治不信を深めてしまった。Ｆ１製造者協会会長による党への献金と引き換えに、タバコ会社の広告禁止対象からＦ１グランプリを除外したとの疑惑である(今井二〇一八)。政治家の言葉そのものも信じるに足るとされなくなった。ブレアとその側近たちは、情報を部分的に切り取って誇張したり歪めたりして、メディア受けの良い短いフレーズ(「スピン」)を多用したことで、政治不信を増幅させた。信頼失墜を決定づけたのは、二〇〇三年のイラク侵攻決定の過程での意図的な情報操作や虚偽発言であった。その後も、爵位売買スキャンダル、与野党議員による歳費不正使用が明るみになった。要するに、「腐敗したエリート」に対する「善良な市民」というポピュリストの図式が当てはまる状況を、労働党は自ら作り出してしまったわけである。

ところが興味深いことに、棄権層となった労働者階級の多くは、再び労働党に戻ることも、別の政党に鞍替えすることもしなかった。労働党投票者のうち、二〇〇五年以降、保守党や自民党へ投票に投票する者はいたが、労働者階級がまとまってＵＫＩＰに投票するようになったのは二〇一〇年代からである（Heath 2018）。保守党から離反した有権者が二〇一二年までにＵＫＩＰへと鞍替えしていたのとは対照的に、労働党から離反した労働者階級の多くは棄権に留まっていた（Ford and Goodwin 2014: 148, 161-162）。なぜ労働者階級が棄権にとどまっていたのか。一つには、図にみるように、再分配を求める伝統的労働者階級は、新自由主義的傾向が強かったＵＫＩＰとは経済軸上で乖離していることが挙げられる（ミュデ、カルトワッセル二〇一八：五八）。これに対して労働党は、言説レベルでは労働者階級に触れずとも、低所得者層への所得補償から家族支援・就労支援をはじめとした現物給付の拡充、教育と医療への投資といった再分配効果のある政策を実施していた。これらの点から推察されるのは、労働党政権下の一連の再分配策がフィードバック効果を生み、伝統的労働者階級が雪崩をうってポピュリスト政党へと流れることを押しとどめていたことである。

保守党の長期低迷とキャメロンの路線転換

労働党長期政権の影で保守党の低迷は深刻であった。メイジャー後に党首に就任したウィリアム・ヘイグ、ダンカン＝スミス、マイケル・ハワードは、いずれもサッチャー派を自称する欧州懐疑論者であった（Bale 2010）。労働党の中道路線が定着していくなか、彼らは少なくとも外形上はサッチャリズムを薄めようとしたのだが、実態としてはむしろ欧州懐疑主義や権威主義的性格を強めたとみてよい。二〇〇一年には、反ＥＵ強硬論者ダンカン＝スミスが党員票を集めて党首に選出された。しかし彼は、経験不足と党の運営能力の欠如とによって同僚議員の信頼を失い、二〇〇三年に議員による不信任によって党首職から凋落する。

保守党はハワード党首のもとで戦った二〇〇五年総選挙でも、労働党に大差をつけられ敗退した。危機感漂うなかで党首に選出されたのが、二〇〇一年に下院議員に初当選したばかりのキャメロンだった。ＥＵ懐疑派のデイヴィッド・デイヴィスを破ったキャメロンは、経済的には市場重視路線を維持しながらも、労働党政権下の公共サービス拡充策を継承する姿勢を示した。際立っていたのは、「リベラル保守」を謳った社会文化軸上での方針転換である。キャメロンはブレアがかつてそうしたように、党を中道化することこそが、一三年ぶりの政権奪還に繋がる最良の戦略だとした。しかし、キャメロンのリベラル路線は、党首就任直後からサッチャー主義右派の反発に遭い、草の根レベルでも保守的な党員の離反を招いてしまった。

キャメロン保守党は、リーマンショック後の経済危機の最中に実施された二〇一〇年総選挙で過半数に届かず、第三党の自由民主党と政策協定を交わし、連立政権を成立させる。選挙に勝てず、なおかつ大臣ポストを自民党と分け合わねばならなくなったキャメロンは、政権発足直後から議会保守党の造反に苦しめられることになる。

四　キャメロン政権の三つの誤算

「リベラル保守」への反動

戦後初の本格的な連立政権を率いることになったキャメロンの政権運営の三つの柱とは、①社会文化的リベラル化、②ＥＵ問題の脱政治化、③緊縮財政、に集約できよう。議論をいささか先走るなら、これらはいずれも期待とは異なる帰結をもたらすことになる。

第一の柱として、キャメロンは「リベラル保守」の方針を政権獲得後に強めていく。彼の念願が結実したのが同性婚の合法化であった。法案は下院において二〇一三年五月に賛成三六六・反対一六一票で可決されたものの、賛成に投じた保守党議員は全議員の四〇％にとどまり、野党の賛成がなければ政府は敗北に追い込まれていた(Seldon and Snowden 2015: 280)。

議員ばかりでなく、草の根の保守党員もキャメロンは自分たちの価値観と大きくかけ離れているとみなしていた。法案化に際しては、七割の保守党の選挙区協会の議長が反対していた。保守党支持層の多くが、キャメロンは自分たちよりもはるかに社会文化的に「左」であるとの見方を強めるようになっていた(Webb and Bale 2014: 964)。二〇一〇年以降、保守党支持層のなかから、徐々に、しかし確実にＵＫＩＰ支持者が増えていった。保守党支持層の鞍替えの理由は次の三つが挙げられる、一つには、自民党という、ＥＵを支持し文化的にもリベラルな立場をとる政党と連立政権を成立させたことへの失望、二つには、不況により深刻なダメージを受けていた地方の保守層の間で、ロンドンの政治エリートへの不満と移民問題への不安が増幅したこと、三つには、主要政党への批判票を集めてきた自民党が政権に入ってしまい、受け皿を失った票がＵＫＩＰへと流れたことである(Seldon and Snowden 2015)。

二〇一三年五月から六月にかけて保守党員を対象に実施した意識調査では、ほぼ三割の党員がＵＫＩＰに投票する可能性が高いと回答した。それどころか、六割近くの回答者がＵＫＩＰに投票する選択肢を除外していないとしたのである(Webb and Bale 2014: 964)。減少傾向にあったとはいえ、党にもっとも忠実なはずの党員がキャメロンの路線転換に強く反発し、結果としてポピュリスト勢力の台頭の一端を担ったことは見逃せない。

国民投票実施という公約

第二の柱は、ＥＵ問題の棚上げである。キャメロンの思惑は、党の内紛の最大の原因であるＥＵ問題を政治争点から外すことで、政権運営を円滑にすることにあった。しかしながらキャメロンの企図は、二〇一〇年総選挙を経て数を増したＥＵ懐疑派議員の圧力によってあえなく潰える。むしろキャメロンがＥＵ問題の議論を迂回したことで、それこそを核心とするＵＫＩＰの存在感をかえって際立たせてしまったとの批判が党内から噴出した。とりわけ対ＥＵ強硬派議員の不満は大きかった(阪野二〇一六：四四―四五)。そもそも保守党のＥＵ懐疑派議員は、キャメロンがリスボン条約批准に際して公約としたはずの国民投票を実施しなかったことに強い不信感を募らせ(Seldon and Snowden 2015: 257, 262)、二〇一一年一一月には、イギリスが継続してＥＵ加盟国であり続けるか否かを問う国民投票を求める議員法案が庶民院の採決にかけられた。否決はされたものの、保守党からは八一議員が造反し賛成票を投じた。国民投票を求めるＥＵ懐疑派議員の圧力が弱まることはなく、二〇一二年一〇月には彼らの造反によって政府提出のＥＵ予算が否決される。キャメロンは予算削減要求を了承し、政権にとって不本意な修正案はかろうじて議会を通過した(Seldon and Snowden 2015: 260)。

この頃までには保守党議員の多くがＵＫＩＰの存在は現実的な脅威だと考えていた。二〇一二年に支持率を一〇％まで伸ばしたＵＫＩＰが総選挙で保守党の議席を奪う可能性は乏しかったにせよ、その間接的な影響は甚大であった。ＵＫＩＰに保守党票が流れてしまうことで、対抗政党に競り負けることが懸念されたからである（Webb and Bale 2014）。

ＥＵ懐疑派議員とＵＫＩＰとに挟撃されたキャメロンは、二〇一三年一月二三日、保守党が次期総選挙で政権を維持すれば、ＥＵからの離脱か残留かを問う国民投票の実施を公約すると明言した（Cameron 2019）。彼はこの演説によってＥＵ懐疑派議員に矛をおさめさせ、保守党票がＵＫＩＰへと流れることに歯止めをかけようとした。何よりも彼は、ＥＵ問題を党から外部化することで決着をつけようとしたのであった（遠藤二〇一六）。要するに、キャメロンは、党を二分するＥＵ問題は、党内政治の枠内で解決することはもはやできないと判断したのである。

ところが、彼の演説は期待した効果を生みはせず、ＵＫＩＰの支持率は、二〇一三年四月に一三％まで上昇した。リスボン条約批准の際に「裏切り」、なおかつ社会文化的なリベラル路線を続けるキャメロン政権への反発は、当人たちが認識していた以上に強かった。保守党内でも伝統的な保守党支持層の間でも、もとよりＥＵ残留を念頭においているキャメロンのもとでの国民投票など望まないとすら受けとめられていた（Seldon and Snowden 2015: 385）。公約となった国民投票の実施は、二〇一五年総選挙の結果を待つことになる。

緊縮財政とその逆進性

キャメロンの政権運営の第三の柱は、歴史的な緊縮財政である。公共サービス支出や福祉給付の削減、公務労働者の給与カットといった緊縮財政は、金融危機によってすでに疲弊していた地方都市、そして人々の生活を直撃した。学校教育をはじめとした公共サービスの予算は大幅に削減された。社会保障給付では、年金は温存された一方で、無拠出の公的扶助は軒並み削減対象となった(Fetzer, Becker, and Novy 2018: 52)。大規模な緊縮財政は、低所得者層の可処分所得を目にみえて減少させ、経済的不平等が拡大した。所得分位で最貧層となる人々は、カウンシル・タックス(地方税)、国民保険料、所得税、年金改革ではプラスの効果を得たのだが、それらは公的給付の削減によって相殺され、結果としてこの層が最大の損失を受けた。

地方自治体に向けられた国庫支出は大幅に削減され、二〇一四年度までの実質の支出削減幅は平均二三・四%であった。とりわけ政府から地方自治体へ交付される補助金への依存度が高い(つまり地方税収が低く財力の乏しい)自治体にとって、緊縮の打撃は文字通り壊滅的なものだった。とくに、雇用状況が悪く財政的にも困窮している地域の住民の可処分所得がもっとも大きく減少したと指摘されている(Beatty and Fothergill 2018)。結果として、この緊縮財政は、すでに生活不安を抱えていた人々の経済的疎外を強め、それが政治的有効性感覚を決定的に傷つける結果となった。

二〇一五年総選挙から国民投票――政党政治の求心力の喪失

逆風のなかにあったキャメロンであったが、二〇一五年総選挙では大方の予測に反して三三一議席を獲得し(総議席数六五〇)、辛くも単独政権を成立させる。同選挙では連立政権下での公約違反を糾弾された自民党が惨敗、ＵＫＩＰは予測を大きく上回る三八八万票を獲得した(獲得議席は一にとどまる)。スコットランドでは地域政党・スコットランド国民党が現有の六議席に五〇を上乗せする大躍進を遂げた。スコットランドの大票田を失ったエド・ミリバンド率いる労働党は二六議席減の大敗を喫した(二三二議席)。

政権成立後、キャメロンは公約通り二〇一六年六月の国民投票実施を決定した。キャメロンにとって、国民投票の実施は「イギリスがEUに残留するための」戦略であった(Cameron 2019)。彼の戦略とはこうである。国民投票の実施は、イギリスの離脱を望まないEUから譲歩を引き出し、イギリスの利益に適う改革を達成する。同時に、イギリス国内のEUをめぐる論争を収める(Cameron 2019)。彼はEUからイギリスに有利な譲歩を引き出しさえすれば、EU残留を国民に説得できると考えていたのである。

議会主権の国イギリスにとって国民投票はきわめて例外的な手段である。史上初めて実施されたのは一九七五年のEU離脱・残留を問うそれであり、この時は残留支持が圧勝した。その後実施されていなかった国民投票がキャメロン政権では二度も実施された。スコットランドの独立を問う住民投票を含めば、憲政に関わるレファレンダム(住民投票を含む総称)は三度となる。二〇一一年国政選挙の選挙制度変更を問う国民投票、二〇一四年スコットランド住民投票、これら二つでいずれもキャメロンが支持する側(選好順位指定投票制導入なし、スコットランドの独立反対)が勝利した。そのことが、二〇一六年国民投票の見通しに楽観を生じさせたと考えられる(Seldon and Snowden 2015)。

しかし、二〇一〇年からのユーロ危機、二〇一五年以降の移民・難民危機によって、人々のEU観は厳しくなっていた。しかも、ジャーナリストへの電話盗聴疑惑、二〇一六年国民投票前にはキャメロンが関連するタックス・ヘイヴンでの税逃れを明るみにしたパナマ文書暴露によって、エリート政治家キャメロンへの不信感はますます深まっていた。

　国民投票に先立って、キャメロンは自党議員の自由投票を認めざるを得なかった。保守党議員の半数に迫る一二九人が離脱支持に向けて動くとし、ダンカン＝スミス前労働年金大臣、マイケル・ゴーヴ法務大臣ら現職閣僚、閣僚経験者が次々と離脱キャンペーン参加を表明した。決め手はロンドン市長として知名度の高さが際立っていたジョンソンの参加であった。それでもなお、残留派勝利が大方の予測であった。

五　離脱派勝利とイギリス型デモクラシーへの挑戦

「疎隔された人々」による離脱派連合

　キャメロン保守党がＥＵ問題を従来の政党政治の外部に持ち出し、「ＥＵ残留か離脱か」を問う国民投票を実施したことは、ＥＵ離脱という社会・経済そして憲政そのものにも甚大な変更をもたらす事態のみならず、議会主権に基づくイギリスのデモクラシーへの重大な挑戦へと帰結した。そして、従来の抑制機能が働かない国民投票を機にポピュリズムが勢いを増すことになる。

　国民投票前に離脱強硬派が繰り返した「決定権を取り戻せ（Take back control）」というスローガンは、キャンペーン用の真っ赤な大型バスに「ＥＵに日ごと支払っている五〇〇〇万ポンドをＮＨＳの財源へ」という文言とともに大きく印字された。ファラージは、大量の移民がイギリスに押し寄せることで雇用が脅かされるとする言説や、イスラムの脅威を煽るイメージ写真を大々的に用いた。移民

＝ＥＵ、財源不足＝ＥＵ、エリート＝ＥＵという極端に単純化された図式は、移民問題や生活不安を必ずしもＥＵに連関させてこなかった人々を惹きつけた。離脱支持のタブロイド紙の偏向報道がそれに拍車をかけた（浜井二〇一八）。人々の情動に働きかける離脱派のキャンペーンは、経済的損失を強調する残留支持のそれよりもはるかにインパクトがあった。宣伝文句のＥＵへの拠出金額も移民の写真ものちに虚偽であることがわかったのだが、離脱キャンペーンを主導した政治家にとって優先されるべきは、事実の精査よりも動員力のあるメッセージだった。この中で党内最左派出身の労働党党首ジェレミー・コービンは、条件付きで残留支持とし、残留キャンペーンに及び腰だった。

国民投票で離脱支持という多数派を形成したのは、いくつかの異なる社会集団から成る連合体であった。それは、いわゆる「置き去りにされた人々（the left-behind）」とも呼ばれる比較的高齢の労働者階級や反移民を掲げる経済的に不利な立場にある人々、そしてリベラル・コンセンサスに対する反動を強める比較的裕福な欧州懐疑主義者である。フィリップ・カウリィらは、彼らを既存の政治から「疎隔された人々（the left-out）」の連合と呼ぶ（Cowley and Kavanagh 2018）。この「疎隔連合」には、ロンドンの下町以外は主にイングランドの地方に住まう、保守党を見限ったＵＫＩＰ支持者と、労働党から離反し無投票層となった労働者階級が含まれる。もともと経済的利害も居住地域も異なる人々が、増大する移民、グローバル経済の恩恵に浴するロンドンのエリートたちへの幻滅と不信を共有し、「主権」に還元される自己決定権を回復せんとする意識でまとまったのである。注目すべきは、離脱に票を投じた人々の動機が決して短期間に醸成されたのではないことである。見てきたように、比較的長期にわたって既存の政党政治から離れた人々の多くが、離脱に投票する決断をしたといえよう。

多様なバックグラウンドをもつ社会集団が離脱支持でまとまったことには、国民投票実施のタイミングも重要であった。それというのも、国民投票が実施されたのは、緊縮財政の生活への直接的な影響を特に労働者階級が実感していた時期であったからである。この点を実証的に示したシーモ・フェッツァーらによれば、緊縮政策が自治体の財政力の乏しい困窮地域、とりわけ労働者階級が人口の過半を占める地域に打撃を与えはじめたのは二〇一四年以降である。そしてそれに符合するようにこれらの地域でＵＫＩＰへ投票する人が目に見えて増えた(Fetzer, Becker, and Novy 2018)。二〇一五年総選挙でＵＫＩＰに投票した有権者の九割以上が国民投票で離脱に票を投じたことに鑑みれば、緊縮の打撃を受けた地区に居住する、それまで無投票を続けてきた有権者の投票動向が離脱派勝利の最後の一押しになった可能性は否定できない。

デモクラシーへの挑戦とそのレジリエンス?

政府が想定していなかった離脱派勝利という国民投票の結果は、議会を機能不全に陥らせた。そもそも議会では下院議員の大多数が残留派であった(国民投票実施時の自己申告では四七九議員が残留支持とした。BBC News, 22 June 2016)。ここに直接民主主義的手続きで示された民意と、主権の存する議会に集約された民意との間に決定的なねじれが生じた。キャメロンとその後継首相は前者を尊重するとした。議会では、与野党をまたいで、強硬離脱、穏健離脱、残留との間で分裂が顕在化し、ＥＵ問題に関して何も決定できない袋小路に入り込む。政権を握る保守党の議会での基盤が弱かったうえに、二〇一七総選挙で過半数を失ってしまったことが事態を一層困難にした。

テレーザ・メイ首相がEUと合意した離脱協定案は、アイルランド問題[3]が解決するまでイギリス全土が関税同盟に事実上残ることを柱とし、EU単一市場の原則を北アイルランドに従来通り適用することとした。しかし、アイルランド紛争を再燃させない、いわゆる安全策(バックストップ)への賛同を、ジョンソンやERGの離脱強硬派議員も残留派も拒否し、メイ案は議会で三度否決された。

二〇一九年六月のメイ首相辞任を受けた党首選で次点に大差をつけて勝利したのはジョンソンだった。彼は、一〇月末までの期限内の離脱完遂を公約とし、目標達成のためには「合意なき離脱」も辞さないとする強硬姿勢を示した。公約敢行の実現可能性が危ぶまれるなか、ジョンソンは議会再開直前にあろうことか五週間にわたる議会閉会という挙に出た。議会での審議を封殺しようとするジョンソンの決断を、議員のみならず内外のメディアも、デモクラシーへの明確な脅威だと報じた(*Independent*, 11 Sept. 2019)。期限内の離脱という公約達成のためには手段を選ばないジョンソンに歯止めをかけたのが、議会と最高裁であった。

議会では、超党派のバックベンチャー(役職に就いていない議員)によって、政府の行動を拘束する異例の法案が提出される。それは国民生活に深刻な打撃をもたらす「合意なき離脱」を不可能にする目的で策定され、新離脱協定案が議会で承認されない場合、EUへの離脱期限の延長申請を政府に義務付ける内容のものである。採決では、フィリップ・ハモンド前財務相ら保守党から二一議員が党籍停止処分の警告を振り切って賛成に回り、法案は二七票差で可決された。ジョンソンは同法を「(EUへの)降伏法」(*Hansard, House of Commons*, 4 Sept. 2019, Col. 163–165)、賛同者を「裏切り者」「反逆者」と呼び(*Hansard, House of Commons*, 25 Sept. 2019, Vol. 664, Col. 794)、国民投票で示された民意が尊重されていないとした。首相自らが、離脱支持という「真の民意」と、それを阻む議会というポピュリズム的な対抗図式を議場に持ち込んだのである。

ジョンソンによる議会の長期閉会も最高裁によって覆される。最高裁は、合理的な事由を欠く議会閉会は違法で無効だとの判決を全会一致で下した。判決文では、閉会が「イギリスのデモクラシーの根幹に与えた影響は甚大(extreme)である」[4]として、ジョンソンの決定の違法性、反民主性を断じた。首相の権限を抑制する一連の採決、判決が、憲政にいかなる含意を持つかは今後の研究が待たれるが、議会制デモクラシーへの脅威に対するレジリエンスが発揮されたとして差し支えなかろう(今井二〇一九)。

その後ジョンソンは、北アイルランドのみを単一市場に残留させる大胆な案をＥＵに提示し、合意を取り付ける。しかし、新協定案の議会での承認は、保守党のバックベンチャーが提出した「離脱関連法が成立するまで採決を保留する」とした修正動議など、拙速な審議を拒否する議会によって期限内の採決を阻まれる。ジョンソンは解散動議を幾度も議会に提出したが、四度目にようやく議会がゴーサインを出したのは、「合意なき離脱」の可能性が潰えたことを確認してからであった。

二〇一九年一二月一二日に実施された総選挙の結果、保守党は過半数を八〇議席上回る大勝を収めた。保守党の勝利は、国民のブレクシット疲れとともに、コービン労働党への不支持に拠るところが大きい。公益企業の国有化など急進的な政策を掲げた労働党は、再国民投票実施を公約として離脱・残留の立場を曖昧にした。世論調査では過半を占めた残留票が分散したのに対し、ジョンソン陣営は「ブレクシットを完遂する」とのスローガンを掲げ、労働党の伝統的地盤からも離脱支持の労働者階級票を奪った。選挙キャンペーンでは虚偽や誇大表現も横行した。この選挙ではまた、中道、穏健派の議員の多くが辞任もしくは落選によって議席を失った。

二〇二〇年一月九日、下院は政府提出の離脱関連法案を大差で可決した。これにより同年一月末に定められた期限までの離脱がほぼ確実となった。ただし新法には前年一〇月に審議された離脱合意案から重大な変更が加えられている。変更内容には、もはや議会など恐るるにたらずといったジョンソン政権のブレクシット観が映し出されていた。ここでは特に重い意味を持つ三つの点を挙げよう。

第一に、政府が離脱移行期間を二〇二〇年一二月三一日以降に延長することを禁ずる条文が追加された。しかし、わずか一一カ月でEUと自由貿易協定を妥結に持ち込むことは容易ではないとの見方が一般的である。交渉が妥結しなければ実質的な「合意なき離脱」となる可能性が依然として残る（もちろん、後法によって期間延長はできる）。

第二に、EU規制に則った労働者保護に関する項目が削除された。旧法案の審議の際、労働党票を得ようとジョンソンはこの項目を受け入れていたのだが、ここで掌を返したことになる。政権は、独自の法整備を行うとしているが、総選挙で保守党に投票した労働者階級にEU並みの雇用環境の保障がなされるのか、早くも懸念が出ている。

第三に、今後のEUとの自由貿易協定交渉過程における議会の役割の見直しである。旧法案では、交渉にあたる政府の基本方針と批准に先立つ最終条約案とについて議会の承認を得ること、三カ月ごとの交渉内容の議会への報告を政府に課していた。新政権は、これらすべてを削除した。政府には外交大権があるとはいえ、国のかたちを大きく変える今後の交渉、決定過程から議会を排除することが果たしてどこまで、どのように正当化されるのか。遅れてきたイギリスのポピュリズムが、ブレクシットという予想だにされていなかった事態を現実のものとした推進力となったことは間違いない。だがポピュリズムという言葉の先にあるイギリス社会に目を凝らせば、そこには既存の政治への不信と生活不安を抱き、「ブレクシット」にその打開を期待する人々の思いがみえてくる。二分してしまった民意に新政権、議会がどう応え、分断を乗り越えていくのかが問われている。

注

（1）本章では、二〇一六年国民投票前後の推移を軸に論じるため、主に右翼ポピュリズムに焦点をあて、左翼ポピュリズムについては別稿に譲ることとする。

（2）サッチャーの反欧州統合を象徴するブリュージュ演説を支持する人々によって一九八九年に設立された。超党派の議員を擁し、保守党と連携関係をもつ。

（3）一八〇一年に英国に併合されたアイルランドは、独立戦争を経て一九三七年に実質的に独立、一九四九年にイギリス連邦も離脱した。プロテスタント系が多かった北部はイギリス領の北アイルランドとなり、アイルランド島の二つの国の間に国境が生じた。一九七〇年代以降、アイルランド統一を目指すカトリック系とプロテスタント系が武力衝突を繰り返し、アイルランド共和軍（ＩＲＡ）とイギリス軍の間での三〇年以上も凄惨な抗争が続き、数千人が犠牲となった。一九九八年四月一〇日の聖金曜日に、イギリスとアイルランド共和国の間で、ようやく北アイルランド紛争に関する包括的和平合意が結ばれた。和平合意の大前提は、アイルランド島の民族自決権、つまり南北統一の可能性の承認であった。ＥＵとイギリス政府は、和平合意を有名無実化しないためにも、ＥＵによって不可視化された境界線を復活させない点では同意している。

（4）R (on the application of Miller) v. the Prime Minister [2019] EWHC 2381 (QB) and [2019] CSIH 49, the

Supreme Court.

参考文献

今井貴子(二〇一六)「イギリスの保守の変容――「当然の与党」の隘路」水島治郎編『保守の比較政治学――欧州・日本の保守政党とポピュリズム』岩波書店、一六三―一九三頁。

今井貴子(二〇一八)『政権交代の政治力学――イギリス労働党の軌跡 一九九四―二〇一〇』東京大学出版会。

今井貴子(二〇一九)「デモクラシーの生き残り方――イギリス政治にみるレジリエンス」(Brexit とソーシャル・デモクラシーの行方(3))『生活経済政策』第二七五号、四―五頁。

遠藤乾(二〇一三)『統合の終焉――EUの実像と論理』岩波書店。

遠藤乾(二〇一六)『欧州複合危機――苦悶するEU、揺れる世界』中公新書。

小堀眞裕(二〇一三)「イギリスのポピュリズム――新自由主義から反移民・反EUへ」高橋進・石田徹編『ポピュリズム時代のデモクラシー――ヨーロッパからの考察』法律文化社、一四一―一六四頁。

阪野智一(二〇一六)「EU国民投票の分析――政党内・政党間政治とイギリス社会の分断」『国際文化学研究』神戸大学大学院国際文化学研究科紀要、第四七号、三一―七九頁。

高安健将(二〇一八)『議院内閣制――変貌する英国モデル』中公新書。

成廣孝(二〇〇二)「ポストサッチャリズムの政治――二〇〇一年の二つの選挙と保守党政治」『岡山大学法学会雑誌』第五一巻三号、六九―一三一頁。

浜井祐三子(二〇一八)「排外主義とメディア――イギリスのEU残留・離脱国民投票から考える」宮島喬・木畑洋一・小川有美編『ヨーロッパ・デモクラシー――危機と転換』岩波書店、一七三―一九五頁。

水島治郎(二〇一六)『ポピュリズムとは何か――民主主義の敵か、改革の希望か』中公新書。

ミュデ、カス、クリストバル・ロビラ・カルトワッセル(二〇一八)『ポピュリズム――デモクラシーの友と敵』永井大輔・髙山裕二訳、白水社（Cas Mudde and Cristóbal Rovira Kaltwasser, *Populism: A Very Short Introduc-*

tion, Oxford Unversity Press, 2017)。

若松邦弘(二〇一三)「自由主義右派の政党組織化——連合王国独立党(ＵＫＩＰ)の展開と政党政治上の意味」『国際関係論叢』第二巻二号、一一五—一五八頁。

若松邦弘(二〇一九)「ジョン・メージャーの矛盾——イデオロギー政治のなかのプラグマティスト」高橋直樹・松尾秀哉・吉田徹編『現代政治のリーダーシップ——危機を生き抜いた八人の政治家』岩波書店、一三一—三七頁。

Akkerman Tjitske, Sarah L. De Lange, and Matthijs Rooduijn (2016) "Inclusion and Mainstreaming? Radical Right-wing Populist Parties in the New Millennium," in Tjitske Akkerman et al. eds., *Radical Right-wing Populist Parties in Western Europe: Into the Mainstream?* Routledge.

Arndt, Christoph (2013) *The Electoral Consequences of Third Way Welfare State Reforms. Social Democracy's Transformation and Its Political Costs*, Amsterdam University Press.

Bale, Tim (2010) *The Conservative Party: From Thatcher to Cameron*, Cambridge University Press.

Beatty, Chritina and Steve Fothergill (2018) "Welfare Reform in the United Kingdom 2010-16: Expectations, Outcomes, and Local Impacts," *Social Policy Administration*, 52(5), 950-968.

Beech, Matt (2009) "Cameron and Conservative Ideology," in Simon Lee and Matt Beech eds., *The Conservatives under David Cameron: Built to Last?* Palgrave.

Betz, Hans-Georg (1993) "The New Politics of Resentment: Radical Right-wing Populist Parties in Western Europe," *Comparative Politics*, 25(4), 413-427.

Betz, Hans-Georg and Susi Meret (2013) "Right-wing Populist Parties and the Working-class Vote: What Have You Done for Us Lately?" in Jens Rydgren ed., *Class Politics and the Radical Right*, Routledge, 107-121.

Cameron, David (2019) *For the Record*, William Collins.

Cowley, Philip and Dennis Kavanagh eds. (2018) *The British General Election of 2017*, Palgrave.

Evans, Geoffrey and James Tilley (2016) *The New Politics of Class: The Political Exclusion of the British Working*

Class, Oxford University Press.

Fetzer, Thiemo, Sascha O. Becker, and Dennis Novy (2018) "Austerity, Immigration or Globalisation: was Brexit Predictable?" *Social Market Foundation*, November, 1-10.

Ford, Robert and Matthew J. Goodwin (2014) *Revolt on the Right: Explaining Support for the Radical Right in Britain*, Routledge.

Hall, Stuart (1988) "Authoritarian Populism: A Reply by Stuart Hall," in Bob Jessop et al., *Thatcherism: A Tale of Two Nations*, Polity, 99-108.

Heath, Oliver (2018) "Policy Alienation, Social Alienation and Working-class Abstention in Britain, 1964-2010," *British Journal of Political Science*, 48(4), 1053-1073.

Kitschelt, Helbert (1994) *The Transformation of European Social Democracy*, Cambridge University Press.

Kitschelt, Helbert, in collaboration with Anthony J. Mcgann (1997) *The Radical Right in Western Europe: A Comparative Analysis*, The University of Michigan Press.

Norris, Pippa (2019a) "Varieties of Populist Parties," *Philosophy and Social Criticism*, 45(9-10), 981-1012.

Norris, Pippa (2019b) "Was Farage the Midwife Delivering Johson's Victory? The Brexit Party and the Size of the Conservative Majority," LSE Blogs, British Politics and Policy, London School of Economics and Political Science.　https://blogs.lse.ac.uk/politicsandpolicy/ge2019-brexit-party-impact/　二〇二〇年一月一八日閲覧。

Powell, Enoch (1969) *Freedom and Reality*, Elliot Right Way Books.

Seldon, Anthony and Peter Snowden (2015) *Cameron at 10: The Verdict*, William Collins.

Vinen, Richrad (2009) *Thatcher's Britain: The Politics and Social Upheaval of the Thatcher Era*, A CBS Company.

Webb, Paul and Tim Bale (2014) "Why Do Tories Defect to UKIP? Conservative Party Members and the Temptations of the Populist Radical Right," *Political Studies*, 62(4), 961-970.

II

揺れるヨーロッパ

ヨーロッパのポピュリスト政党指導者たち
(左からマッテオ・サルヴィーニ[イタリア]，マルセル・デ・フラーフ[オランダ]，ジャニス・アトキンソン[イギリス]，ハラルト・フィリムスキー[オーストリア]，マリーヌ・ルペン[フランス]，ヘールト・ウィルデルス[オランダ]，(1人おいて)ヘロルフ・アンネマンス[ベルギー]．欧州議会のポピュリスト政党グループ「諸国民と自由の欧州」の記者会見にて．2015年6月）写真提供：European Union Source EP

第4章　「ドイツのための選択肢（AfD）」の台頭

野田昌吾

はじめに

西ヨーロッパ各国で右翼ポピュリズムの嵐が猛威を振るうなか、ドイツでは、嵐の圏外にぽつんと浮かんだ孤島のように、一九九〇年代・二〇〇〇年代を通して右翼ポピュリスト勢力の本格的躍進がまったく見られなかった。このことは、同じくこの時期に進行したEUでのドイツの役割の高まりとも相俟って、戦後のドイツの民主化は成功したのだ、ベルリン共和国はワイマールではない、ナショナリズムや人種主義、右翼急進主義は克服され完全に周辺化されたのだという感覚をドイツ人のあいだに広めることにもなった。半世紀以上にわたって安定した民主政治を運営してきた実績にもかかわらず、ナチスの過去もあって、そうした評価を下すことをためらってきたドイツ人であったが、他国の状況を見るなかで、ようやく自国の民主主義に自信を持ってもよいように思えるようになったと言ってもよい。

「ドイツのための選択肢（Alternative für Deutschland: AfD）」という反移民・反EUを唱える右翼政党がドイツで産声を上げたのは、まさにそうした瞬間のことであった。民族主義的・復古主義的な主張を掲げる右翼政党はもちろんこれまでも戦後の(西)ドイツには存在してきたし、州議会レベルにおいて政治的成功を収めたこともあった。しかしＡｆＤの台頭は、これまでの右翼政党のそれとはまったく次元を異にするものであった。結党からわずか数カ月で臨んだ二〇一三年の連邦議会選挙で議席獲得まであと一歩のところまで迫り、続く州議会選挙で連戦連勝、一三あった選挙で一つの取りこぼしもなく、その勢いもそのままに二〇一七年の連邦議会選挙で二桁得票率、第三党の座を獲得し、国政進出を果たした。西ドイツの建国初期には右翼的政党が連邦議会に存在したことはあったが、議席獲得に必要な得票率五％の壁を突破したのは一九五三年選挙での東部追放者の利益を代表する「故郷追放者及び権利剝奪者連合(ＢＨＥ)」だけで、それも五・九％でしかない。全国的に大きな支持がなければ不可能な二桁得票率での国政進出はまさに衝撃以外の何ものでもなかった。とくに旧東ドイツでは五州中四州で二〇％超の得票率を挙げ、ザクセン州では同州で圧倒的な強さを誇ってきた保守政党・キリスト教民主同盟(ＣＤＵ)をわずかに押さえ第一党にまでなっている。

ＡｆＤは「イスラム教はドイツに属さない、ドイツの法秩序に挑戦的ですらある」というあからさまな反イスラム的主張を党綱領に掲げている。党の指導的政治家の口から、不法に国境を越えようとする難民に対する武器使用を肯定する発言や、ベルリンのホロコースト記念碑を「恥辱の記念碑」として批判する発言が次々と飛び出すような政党であるだけに、同党の成功は、右翼急進主義や人種主義は完全に周辺化され過去のものになったという、この間ドイツ人のあいだで強まっていた自国の民主主義への自信を揺らがせ、ドイツでは、ふたたび「ワイマールの亡霊」が取り沙汰される状況が現出している(ヴィルシング他二〇一九)。

こうしたドイツの政治風景の一八〇度転換はどうして生じたのか。そして、それをどのように理解すればよいのか。ドイツの民主主義にいったい何が起きているのか。この章では、こうした問いを念頭に置きつつ、戦後ドイツの民主主義における「大きな区切り」をなすとされる新興右翼政党ＡｆＤの台頭とその意味について考察してみたい。

一　ＡｆＤ登場の衝撃

ＡｆＤの登場

「ドイツのための選択肢（ＡｆＤ）」は、二〇〇〇年代末に勃発した欧州金融通貨危機のさなかに、政府与党だけでなく左翼党以外のすべての政党が認めるギリシャ救済策に反対を唱えてドイツの政治シーンに登場する(1)。その起源は、メルケル首相が党首を務める与党ＣＤＵの党員でもあったハンブルク大学教授のＢ・ルッケという経済学者が主導したギリシャ支援反対運動である。この反ユーロを旗印にしたルッケら市場原理主義者のイニシアチブに、ユーロ維持に通貨不安の危険性を見る保守的な家族経営的中小企業経営者の一群と並んで、ユーロ政策もさることながらメルケル政権の下で進行する既成保守政党の中道化に不満を募らせるさまざまな右翼的傾向の持ち主、なかには右翼的諸団体やその周辺で活躍するメンバーも合流するかたちで、二〇一三年連邦議会選挙を睨んで同年四月に正式に旗揚げされた。

このように市場原理主義的反ユーロ論者と右派保守的サークルの人たちの結集体として発足したＡ

ｆＤであったが、依然としてユーロ問題が大きな政治的関心事の一つであり続けるなか、反ユーロの急先鋒であるルッケを党首に戴き「ユーロ通貨圏の秩序だった解体」を唱えるＡｆＤは、メディアの報道の仕方も手伝って(Niedermayer 2015: 181f.)、他のすべての党が打ち出さない明確な代案を提示する党というイメージをまずもって獲得することに成功する。また、そうしたイメージは、ルッケ以外にも、経済学者のＪ・シュタルバッティ、元ドイツ産業連盟会長のＨ－Ｏ・ヘンケルといった学者や経済界の大物が同党の反ユーロ路線をリードすることによって強化された。こうしてユーロ危機の影の下、ＡｆＤはまず出発点においていわゆる「教授党(Professorenpartei)」として社会の一定の認知を受けることに成功するのである。

このことはＡｆＤのスタートダッシュにとって決定的に重要であった。なぜなら経済の専門家による「きちんとした代案」を提示する「まともな党」として認知されることによって、ＡｆＤは、これまでの右翼政党とは違って、有権者にとって「投票しやすい党」になりえたからである。ナチズムの過去を持つドイツでは極右政党は排除・忌避の対象であるが、ＡｆＤは「まともな党」として、いわばそうした「防疫線」の内側に足を掛けることができたからである(Decker 2018: 26)。ＡｆＤは既成政治への不満層を惹きつけ、二〇一三年九月の連邦議会選挙で得票率四・七％と議席獲得まであと一歩と迫り、実際に「選択可能な政党」であることをアピールすることに成功する。とくに旧東ドイツでは全体で五・九％、五州中三州で六％以上と大きな支持を集めた。

こうして獲得した「選択可能な党」としての認知は、続く二〇一四年五月の欧州議会選挙によってさらに大きくなる。既成政治への不満の表出が容易で、ヨーロッパ問題が第一に問われる欧州議会選でＡｆＤは七・一％と躍進を遂げ、その土台の上に、政治不満がとくに強い旧東ドイツでの同年秋の三つの州議会選において約一〇％の支持を獲得するという大成功を収めた。こうして「政治的存在感が支持者を生み、今度は支持者が政治的存在感を生む」(ヴァイス二〇一九：三二)という動員の好循環が起動し始めることとなった。

難民危機という「天祐」

この東部三州における成功はＡｆＤにとって大きなターニングポイントとなる。上述のようにＡｆＤは市場原理主義的反ユーロ論者と右派保守的サークルの人たちの結集体として成立したわけだが、前者に属する党の顔であるルッケが注意深く右翼急進主義と一線を画そうとしてきたのに対し、これら三州の指導者、Ｆ・ペトリ(ザクセン州)、Ａ・ガウラント(ブランデンブルク州)、Ｂ・ヘッケ(テューリンゲン州)、とくに後二者ははっきりと右派保守派に属し、彼らは選挙戦でも反移民の姿勢や同性愛容認への反対などを前面に打ち出していた(近藤二〇一七：一八九—一九六)。こうした選挙戦を展開した東部三州での躍進の結果、党内では右派勢力が伸長、極右的傾向と一線を画すことで、幅広い市民層の支持獲得を目指すルッケらとのあいだで激しい党内抗争が勃発することとなった(佐藤二〇一六)。

この党内抗争自体は、二〇一五年七月の党首選でペトリがルッケを破り、右派保守派の勝利で決着する。敗れたルッケらは相次いで離党した。これによりＡｆＤはそれまでの反ユーロを前面に掲げた経済問題の党から、反移民、反イスラム、伝統的家族の擁護などの主張を展開する明確に右派的な党へと変貌し、経済専門家たちによる「まともな党」という党のイメージは大きく損なわれてしまった。激しい党内抗争の影響もあって支持率も二〇一五年に入って低下に転じ、ルッケの敗北と離党で一気に連邦議会選後最低となる三％にまで落ち込んでしまう。離党者も続出し、七月初めの党首選が行われた時点で約二万人いた党員のうち、ごく短期間に二五〇〇人が党を去った（ＵＲＬ①）。

この党の苦境を救ったのが二〇一五年九月に勃発する難民危機であった。人道的観点からのメルケル首相による大量の難民の受け入れの決断により、連日数千人から一万人を超える難民がドイツに押し寄せることとなった。当初は好意的だった世論やメディアも次第に激しい批判をメルケルの難民政策に浴びせるようになり、メルケルへの支持は急落、難民受け入れ制限に反対の姿勢を示していた彼女も受け入れ規制への事実上の転換を余儀なくされていった。

これによりＡｆＤは息を吹き返した。今まで「まともでない」とされていたＡｆＤの反難民や反移民の主張に一定の根拠を与えるような状況が現出し、ＡｆＤの立ち位置も単なるアウトサイダーとしてのそれではなくなっていったからである。誤解を恐れずに言えば、危機勃発後の難民に関する言説と政策のシフトによって、ＡｆＤは、ルッケ時代の反ユーロ党の時とはまた違ったかたちで、「まともな支持してもよい党」としての性格をふたたび手に入れることになったのである。

支持率は九月のうちに五％を回復、一一月中旬にこれまでの自己最高記録である八％に並び、翌年一月にはとうとう二桁にまで乗せる。党員数も難民危機後増加に転じ、一〇月中旬には一万九〇〇〇人にまで回復した（ＵＲＬ①）。のちにガウラントが形容したように、難民危機はＡｆＤにとってまさに「天からの恵み（Geschenk）」であった。息を吹き返したＡｆＤは、二〇一六年三月に行われた三つの州議会選で二桁得票率の大成功を収めたことを皮切りに、二度目の挑戦となる二〇一七年連邦議会選挙までに行われたすべての州議会選挙で議会進出を果たした。

州議会においてＡｆＤは徹底的に自党の宣伝のために議会の舞台を活用した。ＡｆＤは立法作業の中心である委員会ではなく、メディアの注目を集めることのできる本会議での演説・質問の機会を活動の中心に据え、過激で挑発的なレトリックで既成政党を批判、それをインターネットやソーシャルネットワークを通じて発信した（Schroeder u.a. 2017: 40–43; Hensel u.a. 2017: 72）。

他方、こうした過激な「問題発言」は既成メディアによってこぞって取り上げられ批判されたが、これによってＡｆＤの社会的存在感はさらに増すことになる。ＡｆＤは、党の内部文書で吐露しているように、そうした効果を意識的に狙っていた（野田二〇一八：六三六）。それだけではない。既成政党やメディアによって批判的に取り上げられることで、彼らの使う「旧政党」、難民の「制御できないほどの激流・洪水」や「侵入」、「非常事態」といった言葉が逆に流布するようになり、難民問題に関する人びとの認識枠組に無視できない影響を及ぼすことにもなる（Bender 2017: 203; Gäbler 2017: 38–40）。ＡｆＤは、自分たちを批判する既成メディアを「支配階級」の一角をなす「嘘つきメディア（Lügenpresse）」として激しい憎悪をぶつけてきたが、実のところ、ＡｆＤはこうしたメディアの批判的報道に自ら依拠していたのであった（Bender 2017: 14）。問題の情緒化や異常性を強調する傾向のあるマスメディアにとってもＡｆＤは格好の「ネタ」であり、互いに批判し合っていても両者のあいだには一種の共依存関係が存在していたとも言える（Gäbler 2017: 5, 17–19; cf. Diehl 2016: 80）。いずれにせよ、多くの州議会に進出して存在感を増したＡｆＤはこうして政治的アジェンダを支配していくことになるのである。

その結果が二〇一七年連邦議会選挙での国政進出である。ＡｆＤは得票率一二・六％、堂々第三位の成績で連邦議会入りする。九四人もの議員を当選させたＡｆＤはこれまで州議会で見せてきた挑発的な行動様式をそっくりそのまま連邦議会に持ち込む。ＡｆＤ議員たちは閣僚や他党議員の演説を集団となって一斉に笑い飛ばし、激しい野次を投げかけ寸断し、自党議員の演説には党の団結を誇示するごとく集団となって大きな拍手を送った。他党の議員たちもこれに対抗するようにＡｆＤ議員の演説を笑い飛ばすようになる。議会の分裂が露わになり、議会での議論は感情的なものとなった。語彙の点でもＡｆＤは「ドイツ民族（deutsches Volk）」という言葉をつねに持ち出すとともに、ナチ期に使われた曰く付きの「民族的（völkisch）」とか「退廃的（entartet）」といった言葉を意識的に繰り返し用い、そうした言葉への批判的感覚を麻痺させ「普通の言葉」にしようとした。ＡｆＤの国政進出はドイツの政治的風景をまさに一変させるものであった（ＵＲＬ②）。

その後もＡｆＤの勢いは止まらない。二〇一八年一〇月までに実施されたすべての州議会選挙で議席獲得に成功し、その結果、ＡｆＤは全一六州に議席を持つ政党となる。二〇一九年に入っても、欧州議会選挙およびすべての州議会選挙で前回より得票率を伸ばし、ブレーメン州を除いてすべて二桁得票率を挙げている。とくに九月に行われた旧東ドイツのザクセン州とブランデンブルク州の州議会選ではそれぞれ二七・五％、二三・五％と投票者のおよそ四分の一の支持を集め、ともに第二党の座を獲得している。ＡｆＤはもはや政治ドラマの一時的なゲスト出演の敵役などではない。いまやれっきとした中心的登場人物になりつつあると言ってもよい。

二　ＡｆＤ成功の要因

誰がＡｆＤの支持者なのか

そもそもＡｆＤはどのような人びとにとって「選択可能な党」と映ったのであろう。

まずＡｆＤ投票者の社会的プロフィールと過去の彼らの投票行動を見ておこう。**表1**は、二〇一三年と二〇一七年の連邦議会選挙、二〇一四年と二〇一九年の欧州議会選挙での属性別得票率であるが、これを見ると、全体の結果以上の得票率を一貫して上げているのが、旧東ドイツ市民、三〇歳から五九歳の働き盛り、労働者、男性、中等教育修了者で、そして難民危機以降になると失業者、義務教育までの学歴しか持たない者が全体の結果を上回るようになり、東ドイツ市民、労働者、失業者からの得票率は二割を超すようになっている。属性別得票率からは、どちらかというと社会的に恵まれていない人たちにＡｆＤを支持している人が多いということが見えてくる。

ここから浮かび上がる三〇歳以上の壮年世代の男性労働者および失業者、教育水準でいうと中等教育修了以下、とくに旧東ドイツの男性という典型的ＡｆＤ支持者像は、ヨーロッパ各国で台頭する右翼ポピュリスト勢力の支持者としてよく引き合いに出される「近代化の敗者」あるいは「置き去りにされた人たち」とまさに重なるものであるが、社会的に恵まれない人たちからの支持が相対的に高いということと、ＡｆＤの成功がもっぱら彼らの支持によるものであるということとは必ずしも同じではない。

ＡｆＤの支持者および投票者の構成比を見てみると（**表2**）、二〇一七年連邦議会選でのＡｆＤ投票者の三分の二は就業者であるが、その半分を占めるのは職員層（ホワイトカラー層）である。労働者は二九％で、全体の構成比でいうと一九％でしかない。職員層は全体の三四％を占め、非就業者全体と規模は等しく、年金生活者や失業者などの非就業者のなかには元労働者も多数含まれているであろうが、職員層が多数派であることには変わりはない。また、得票率で見ると義務教育卒と大差なかった中等教育卒であるが、構成比で見ると半分近くを占め、反対に低学歴層は構成比でいうと高学歴層をかな

表1　AfD 属性別投票率　(%)

	13 連邦	14 欧州	17 連邦	19 欧州
	2013. 9	2014. 5	2017. 9	2019. 5
選挙結果	4.7	7.1	12.6	11.0
西ドイツ	4.5	6.8	10.7	8.8
東ドイツ	5.9	8.3	21.9	21.1
18-29 歳	6	7	11	7
30-44 歳	5	8	15	12
45-59 歳	5	7	14	13
60 歳以上	4	6	9	9
労働者	6	10	21	23
職　員	5	8	12	9
自　営	5	8	12	12
年金生活	4	6	11	10
失　業	3	5	21	21
男　性	6	9	16	14
女　性	4	5	9	8
義務教育	3	5	14	12
中等教育	6	8	17	15
大学入学資格	5	7	10	9
大学卒	5	6	7	5

出典：連邦議会選については野田(2018: 630, 640)，欧州議会選についてはForschungsgruppe Wahlen (2014: 2, 3)およびURL ⑤⑥より筆者作成.

表 2　AfD 支持者・投票者の構成比　(%)

	2013IV	2014IV	2015IV	2017BTW
男　性	76	71	71	62
女　性	24	29	29	38
18–24 歳	10	10	4	6
25–34 歳	14	13	15	15
35–44 歳	15	17	16	18
45–59 歳	26	29	35	34
60 歳以上	35	31	30	27
教育水準低	27	22	21	23
〃　中	35	51	54	45
〃　高	38	28	24	32
就業者	56	58	61	66
うち労働者	18	20	23	29
うち職員	63	58	56	52
うち官吏	6	9	6	7
うち自営	13	13	15	12

注 1：2013 年，2014 年，2015 年の数字は各年第 4 四半期に実施された投票意向先調査，2017 年の数字は連邦議会選挙での出口調査にもとづく．
注 2：数字は支持者・投票者全体に占める割合．労働者・職員・官吏・自営については就業者全体に占める割合．
出典：Niedermayer (2018: 35).

り下回っている。二〇一七年選挙の約半年前に実施された調査によると、ＡｆＤ支持者のうち月収一五〇〇ユーロ未満の低所得層が占める割合は二五％で、三〇〇〇ユーロ以上の高所得者も同数いる。最も多いのはそのあいだの所得層で三八％である（ＵＲＬ③）。この点でも、ＡｆＤの成功はもっぱら社会的に恵まれない層に支えられたものであるという見方は否定される。

もちろん、難民危機勃発以後、低学歴層、労働者、失業者、低所得層、東ドイツ住民のあいだのＡｆＤ支持が顕著に増加しており(cf. Bieber u.a. 2018)、計量的手法による研究によっても社会的に恵まれていない人びとの方がＡｆＤに投票する傾向があることが確認されている(Rippl und Seipel 2018; Lux 2018)。しかし後で詳しく見るように、多くの計量研究は、人びとの置かれた経済的状況や社会的地位だけでは十分にＡｆＤ支持について説明できないという点も同時に確認している。(2)

実際、ＡｆＤはさまざまな政党から票を奪っている。その内訳は**表3**のとおりであるが、初挑戦で五％近くにまで迫った二〇一三年連邦議会選では、新自由主義的立場を前面に打ち出すようになった自由民主党（ＦＤＰ）から最多の四三万票を奪う一方、東ドイツ共産党の系譜を引く左翼党からもこれに次ぐ三四万票を獲得している。二〇一三年連邦議会選の結果、現実的選択肢としての認知が広がって以降の選挙では、ＣＤＵおよびキリスト教社会同盟（ＣＳＵ）から毎回最多の票を奪い続けている。とくに難民危機以後の二〇一七年連邦議会選では九八万票を奪った。またこの選挙では、中道左派の社会民主党（ＳＰＤ）もこれに次ぐ四七万票をＡｆＤへと流出させている。

表3　AfD への票の移動　（千票）

	13 連邦	14 欧州	17 連邦	19 欧州
CDU/CSU	290	510	980	230
SPD	180	180	470	20
緑の党	90	30	40	−70
左翼党	340	110	400	70
FDP	430	60	40	110

注：前回選挙からの票の出入り．ただし欧州議会選については直近の連邦議会選からの出入り．
出典：野田(2014: 994; 2018: 619)および Infratest dimap の調査結果(URL⑦から辿ることができる)から筆者作成．

さらに見逃せないのが、連邦議会に議席を得ていない極右的政党を含む群小政党に投票していた人びとや前回棄権者からの大量の得票である。群小政党投票者からは二〇一三年選挙ではおよそ四一万票、二〇一七年選挙では六九万票を集め、それはＡｆＤの得票総数のそれぞれ二〇％と一二％にもあたる。棄権者の動員についてはとくに二〇一七年選挙では顕著で、実に得票数全体の四分の一にあたる一二〇万票を獲得した（Niedermayer 2018: 24）。

獲得票の源泉から見ても、ＡｆＤがひじょうに幅広い層から支持を集めていることが確認できる。ＡｆＤは単なる「社会的に恵まれない人びとの党」などではなく、さまざまな階層の人びとの支持を集める一つの「結集運動」なのである。

政治的態度からの接近

ＡｆＤ支持者が社会階層的に、また従来の政党支持から言っても、ひじょうに雑多な人びとから構成されているのだとすれば、相異なる社会集団に属する人びとのうち、どのような傾向を持つ人がＡｆＤを支持しているのであろうか。

さまざまな研究が明らかにしているのは、ＡｆＤ支持者には移民・難民に対する否定的態度や極右的な態度を示す人が顕著に多いという事実である。計量的手法によるリップルらの研究によると、移民や民主主義に対する態度など主観的態度に関する変数を加えると、社会的地位の効果は小さくなり、移民流入に文化的脅威を感じるかどうかがＡｆＤ支持を最も強く説明する要因となる(Rippl und Seipel 2018; cf. Lengfeld 2018; 佐藤二〇一九)。そのほかの研究でも、難民流入に対する不安や懐疑、民主主義への不満といった主観的態度がＡｆＤ支持者と既成政党の支持者を分ける最も大きな要因であることが確認されている(Hambauer und Mays 2018; Bieber u.a. 2018)。

民主主義への不満や極右的な態度と政党支持の関係については、ライプツィヒ大学のＯ・デッカーらの研究グループが二〇〇二年から継続的に行っている極右的態度に関する調査研究が明らかにしている。デッカーらは、右翼権威主義的独裁への支持、排他的愛国主義、外国人排斥、反ユダヤ主義、社会ダーウィン主義、ナチズムの無害化、の六つの構成要素からなるものとして「極右的態度」を定義しているが、二〇一六年調査の結果では、極右的態度が明確な人たちの投票意向先の第一位は、他党を大きく引き離し、三四・九％のＡｆＤであった。第二位は棄権で二六・四％、あとはＳＰＤの一五・一％、ＣＤＵ／ＣＳＵの一一・三％と続く(Brähler u.a. 2016: 78)。

このような排外的態度や極右的態度の持ち主は政治的に水面下に隠れていただけで、ドイツにはつねに一定数存在してきた。デッカーらの調査研究によると、東西統一後のドイツには外国人敵対的態度の持ち主はつねに二〇％から二五％存在し、極右主義者も五％から一〇％ほど存在してきた(Decker u.a. 2018: 83, 87)。極右主義者に関して言うと、彼らはこれまで主としてＣＤＵ／ＣＳＵかＳＰＤのどちらかに投票するか、そうでなければ棄権する者が大部分であった(Decker u.a. 2014: 42)。このようなこれまで二大政党に分かれて投票するか、棄権に回っていた極右的態度や排外主義的態度の持ち主を一つに結集することで、ＡｆＤは政治的に成功を収めたわけである。

ＡｆＤ支持へと人びとを向かわせた排外主義や権威主義から来る不満は特定の社会経済階層に限定されるものではなく、その具体的な中身も決して一様ではない。メルケルによる難民受け入れの決定とそれに続く難民の大量流入は、強い国家や国民の文化的・民族的アイデンティティを重視し権威主義的傾向を持つ保守的な市民層には、国家の最重要の責務である国境の防衛を蔑ろにする許されない行為として強い反発を呼び起こしたであろうし、社会経済的に恵まれない人びとや今はそうでなくとも社会的零落の不安を抱えている人びと、国家から大事に扱われていないと感じている人びとは、政府が示す難民に対する「寛大な態度」は自分たちをいっそう不利に扱うものと受け取り、これに不満を募らせたであろう(Niedermayer 2018: 31; 佐藤二〇一九：一五二―一五六)。

不満の動機は異なっているが、共通して焦点をなすのは、従来の政治的対立軸を構成してきた分配をめぐる持てる者と持たざる者との対立ではなく、「内と外」あるいは「自国民と難民・外国人」との区別である。しかも、この対立軸からの不満は、単に「外」すなわち難民・外国人に対してのみ向けられるのではなく、彼らのメルケルへの批判が端的に示しているように、「内と外」との区別を普遍的人権や文化的多様性の名の下に否定する国内のリベラル派に対してこそ強烈に向けられることとなる。「内と外」の区別を強調する対立軸は、リベラルとその対立物としての権威主義との対立軸と重なってゆく。

こうして結晶化してくる新たな対立軸において「内」と「権威主義」の論理を政治的に代表する唯一投票可能な勢力として立ち現れたのがＡｆＤ、とりわけ右傾化後のＡｆＤにほかならない。移民の制限、難民受け入れの厳格化、自国の利益や文化的同質性の意義の強調といった右傾化後のＡｆＤの主張は、相異なる動機を持つ相異なる社会階層の人びと、すなわち国境の防衛や民族文化の強化を求める中間層を中心とする権威主義的保守派や極右主義者と、自国民優先を求めるとともに揺るぎない帰属先を希求する社会的に不安定な状況にある人びとの不満をともに吸収するものであった。右翼的で排外主義的なＡｆＤが成功した理由はここにあった。

三　ＡｆＤの成功と矛盾

では、どうしてＡｆＤは、戦後の右翼政党がこれまでまったく成し遂げられなかったことに成功できたのであろうか。難民危機があったからというのはもちろん一つの答えだが、そうした説明だけではＡｆＤの成功の秘密は十分には理解できない。

そもそも戦後ドイツにおける極右勢力の限界はいったいどこにあったのだろうか。戦後の(西)ドイツには、ナチズムの過去を無害化しようとするとともに、権威主義的な政治を求める極右団体や極右政党、反ユダヤ主義や外国人排斥の動きが一貫して存在してきた(Frei u.a. 2019)。これらの戦後ドイツの極右的勢力の中心的主張は、戦後の民主体制とホロコーストの双方の否定であった。彼らはこれら二つとも連合国がドイツ国民を従属下に置くために押し付けたものだとみなし、これらを真っ向から否定する主張を展開したのである。しかし、こうした右翼の主張は、とりわけ経済復興もあって戦後体制が西ドイツ市民に受容されて以降は、まったくと言っていいほど支持を得られなかった(Frei u.a. 2019: 210)。

ＡｆＤはこうした過去の極右勢力の失敗を繰り返さなかった。ＡｆＤはかつての極右のようにホロコーストをはじめとするナチズムの過去を否認しないし、民主主義を否定することもない。その反対に国民の利益を顧みない「旧政党」による支配を打破し、民主主義を国民に取り戻す「民主的野党(反体制派)(demokratische Opposition)」として自らを位置づけ、既成政党が国民の利益に対立する政治を行っている何よりの証拠として、難民や移民の問題、ＥＵの問題を議論の中心に持ち出すのである(Frei u.a. 2019: 210–211)。

難民・移民批判は極右勢力にとって決して新しいテーマではない。ＡｆＤの新しさは、歴史と民主主義に対する姿勢において過去の極右とは一線を画す「まともな民主的な野党」としてこれを行ったことにある。有権者から見ると、そのことによってはじめて、今までは抑え込んでおくしかなかった移民・難民に対する反感や不安、あるいは社会文化的多様性を称揚する政治への違和感を表出することのできる「まともな選択肢」が目の前に現れたわけである。

ただ、ＡｆＤに成功をもたらした過去の極右政党と一線を画するこうした路線がひじょうに危ういバランスの上に立ったものであることは、結党から今日まで党内抗争が止むことがないことがよく表している。ルッケら経済自由派の排除により、ＡｆＤは明確に右派路線へと舵を切ったが、右派路線の勝利は党内抗争を終結させるどころか、むしろそれを再生産するメカニズムをＡｆＤに埋め込むこととなった。ルッケ排除に動いた党の指導的メンバーたちは、ＡｆＤを現実主義的なリベラル保守政党にしようとするルッケを排除する点では一致していても、当の右派路線をめぐっては、大きく考え方の異なる二つの立場に分かれていた。二つの立場とは、ドイツのジャーナリスト、Ｍ・アマンの言葉を借りれば、党を自分の信念に従ってさらに右傾化させようと考える「イデオローグ」と、右派路線を何よりもＡｆＤの政治的成功と個人的な成功のための手段として考える「出世主義者」(Karrierist)である(Amann 2018: 130–136, 160f.)。

ルッケに代わり第一党首に選出されたペトリは後者であった。彼女は自らが率いる東部ザクセン州での成功の手応えからも、ルッケの主張するリベラル保守路線よりも右派路線の方がＡｆＤの躍進をもたらすと考えたが、さらなるＡｆＤの政治的成功のためには極右主義とは一線を画し、より穏健な有権者の獲得も目指すべきだという立場であった。当然、自らの立場を隠そうとしない信念右翼のイデオローグとの対立が持ち上がってくることになる。

結局、このペトリの「現実主義路線」は、二〇一七年連邦議会選を前にした同年四月の党大会でイデオローグとこれに加勢する出世主義者とによって葬り去られるが、同様のことはその後も繰り返された。党勢の維持と拡大を重視する出世主義者は、党の成功が何よりも反難民・反イスラムをはじめとする右派的主張に依存していることをよく理解しているため、イデオローグと完全に対決することはできない。しかし、さらなる右傾化はより穏健な保守層の支持を遠ざけ、ＡｆＤの成功の方程式を自ら崩してしまうことになるため、これにブレーキを掛ける必要にも迫られる。だが、これはイデオローグとの抗争を惹起してしまう。右派路線の選択によって、ＡｆＤはこうした状況から逃れられない構造に陥ってしまった。

こうしてＡｆＤでは党内抗争が繰り返されることになるが、党の成功には右翼が必要だと考える出世主義者の多数派が加勢することで、つねにイデオローグ側の勝利で争いは決着することになる。その結果、ＡｆＤは、ルッケからペトリ、ペトリからガウラントへと党首が交代するごとに徐々に右へ右へとシフトすることになるのである（cf. ＵＲＬ④）。

これはＡｆＤにとって深刻なジレンマを突き付けることになる。時を経るにしたがって勢いを増す右派勢力の存在によって、ＡｆＤはいまや憲法擁護機関による監視を真剣に恐れなければならなくなっている。この憲法擁護機関は、ナチスに政治行動の自由を許したためワイマール体制が崩壊した悲劇を教訓に生まれた、「自由で民主的な基本秩序」に敵対する政党を禁止する憲法の規定にしたがって設けられたもので、その疑いのある動きに関する情報収集やその分析・評価を任務としているが、今日ＡｆＤは複数の州でその第一段階の予備調査の対象となっているほか、党の青年組織「若き選択肢（Junge Alternative）」と党内最右翼派閥「翼（Der Flügel）」はより詳細な調査の対象となる「極右団体の疑いあり」の認定を連邦憲法擁護庁から受けている。ＡｆＤは監視を免れるため、党内に対策委員会を設け、避けるべき表現や出入り禁止団体のリストアップ、問題ある党員の除名、一部の下部組織の解散、政治家たちの発言や書き込みのチェックなどを行わざるをえなくなっているが、こうした上からの統制にはイデオローグと党下部活動家からの反発も起きている。

党内抗争のたびに分裂・解体の可能性が取り沙汰されてきたＡｆＤであるが、外部の期待に反して、そうした大分裂はこれまでまったく生じてこなかった。だが、この分裂せずに右へシフトし続けるという党の発展は、どこかで一つの限界に達せざるをえない。それは憲法擁護庁による監視（そして党の禁止）であるかもしれないし、また、保守市民層の離反による党勢の衰退かもしれない。いずれにせよ、一九六〇年代末に成功を収めたドイツ国家民主党（ＮＰＤ）と同様に、保守的市民層を採るか急進右翼路線を採るかという成功した極右政党固有のジレンマからＡｆＤも決して自由ではない。ＮＰＤはこのジレンマに苦しみ、衰退していったが（Frei u.a. 2019: 87-89）、ＡｆＤは果たしてどうだろうか。

四　「リベラルなドイツ」の試練

そうしたジレンマの行き着く先はともかく、これまでＡｆＤは、自国中心主義・反難民・反イスラム・伝統的家族の擁護といった右派的主張によって、「内と外」の区別が大きく前景化する政治状況との関連で噴出を見たリベラル政治への不満の、唯一の受け皿となることで成功を収めてきた。

ドイツでは二一世紀に入って、保守政党であるＣＤＵ／ＣＳＵも含めて、人権、男女平等、性的少数者の権利、文化・民族・ライフスタイルの多様性の尊重などを前面に掲げるリベラルな政治が主流化している（野田二〇一六）。しかし、これまで自明なものとされてきたさまざまな集団的・文化的な括りや規範を取っ払おうとするリベラルな政治は、権威主義的傾向の持ち主はもちろんのこと、民族文化や国家の権威、伝統的秩序を重んじる保守的中間層や、グローバル化に翻弄され、安心して自らを繋ぎとめられる最後の寄辺が「国民」のほかないような労働者・失業者・下層中間層には、反発を起こさせるものでしかない。こうした社会各層で静かに蓄積されてきた不満が、「内と外」の区別を大きく前景化させたユーロ危機と難民危機のなかでＡｆＤという受け皿を得ることによって爆発的に噴出したわけである。

リベラル政治への不満を糾合するＡｆＤの台頭によって、ドイツではあらためてリベラルと反リベラルの対立軸が政治の表舞台に姿を現すことになった。しかし、この軸に沿った対立は一九九〇年代末から二〇〇〇年代前半にかけてのシュレーダー赤緑政権期のそれとはまったく様相を異にしている。この時期、「モダン、寛容、公正」を志向するＳＰＤ・緑の党と「伝統、業績、安全」を前面に押し立てるＣＤＵ／ＣＳＵとが対峙したが、ともに中道政治の枠組のなかでのそれであり、「リベラル対権威主義」の対決とは程遠いものであった。しかし、既成政党のほとんどが「リベラル」側に付いてしまった今日、その反対側にひとり陣取ったＡｆＤはリベラルなものを悪魔視し、これを進めている今日の政治のあり方総体を批判する。そして、さまざまな理由からリベラルな政治に不満を募らせる人びとは、ＡｆＤのこうした既成政治批判に溜飲を下げる。今やリベラルと反リベラルのあいだの亀裂は当時とは比べものにならないほど深くなってしまっている。

ＡｆＤの出現は「ドイツ政治の右傾化」の兆候としてしばしば語られるが、こうした政治的亀裂の復活・深化という点から言うと、ドイツ政治の「分極化」の徴候として捉えた方がよいのかもしれない。上述のライプツィヒ大学グループの調査によると、二〇〇六年から二〇一六年の一〇年間で、極右的傾向が一切見られない人びとである「民主主義ミリュー」は三七％から六〇％へと大きく増大し、いまや社会の多数派となっている。その一方で、極右的傾向が多かれ少なかれ見られる「反民主主義・権威主義ミリュー」と「現行体制を相対的に受容しているものの、偏見に囚われたミリュー」は明らかに縮小しつつも、一〇年前と比べて彼らの制度への信頼は下がり、暴力容認姿勢が強まっている。反対に「民主主義ミリュー」では制度への信頼は大きく向上し、より暴力拒否的になっている(Decker und Brähler 2016)。デモクラシーを支持する人は大きく増えてはいるが、デモクラシーを支持している人たちとそうでない人たちとのあいだの距離が大きく広がっているのである。

デモクラシーへの支持が増えているとは言っても、こうした状況はドイツのデモクラシーにとって大きな問題であることは間違いない。コンセンサスに立脚してきたこれまでのドイツのデモクラシーに変容を迫る大きな挑戦であると言ってもよい。今日の政治的分極化が「リベラル対反リベラル」の対立を焦点とするものである以上、それは何よりもまず今や主流派の立場にあるリベラルにとっての挑戦と言っていいだろう。排除ではなく包摂を志向してきたはずのリベラルにとって、社会の分裂・分極化という現状は、リベラルな政治をこの間支持してきた中道市民層との向き合い方も含めて、主流派としてそうした状況を生み出してきた彼らのこれまでのあり方の反省を迫るものだからである。なぜドイツ統一後、排外主義的態度や極右的傾向は増大したのか、なぜこの間棄権者が増大してきたのか。政治は取り組むべき重要な問題を取り上げてこなかったのではないか。リベラルな政治は「より豊かな人びと」のためだけのものなのではないか。ＡｆＤの挑戦を受けて問われているのは「デモクラシーか権威主義か」ではなく、実は「どんなデモクラシーか」だと言ってよい。

注

(1) ＡｆＤ成立の経緯について、詳しくは中谷(二〇一四)を参照されたい。
(2) この点をめぐる議論状況については、佐藤(二〇一九：一四五―一五六)を参照されたい。

参考文献

ヴァイス、フォルカー(二〇一九)『ドイツの新右翼』長谷川晴生訳、新泉社。

ヴィルシング、アンドレアス他編(二〇一九)『ナチズムは再来するのか？――民主主義をめぐるヴァイマル共和国の教訓』板橋拓己・小野寺拓也監訳、慶應義塾大学出版会(原著二〇一八)。

近藤正基(二〇一七)「排外主義政党の誕生――「ドイツのための選択肢(ＡｆＤ)」の発展と変容」新川敏光編『国民再統合の政治――福祉国家とリベラル・ナショナリズムの間』ナカニシヤ出版、一七九―二一〇頁。

佐藤公紀(二〇一六)「「ドイツのための選択肢」の分裂とその背景」『ドイツ研究』第五〇号、一四六―一五七頁。

佐藤成基(二〇一九)「ＡｆＤ(ドイツのための選択肢)の台頭と新たな政治空間の形成――国民国家の境界をめぐる政治的対立軸」宮島喬・佐藤成基編『包摂・共生の政治か、排除の政治か――移民・難民と向き合うヨーロッパ』明石書店、一三五―一六六頁。

中谷毅(二〇一四)「反ユーロ政党「ドイツのための選択肢(Alternative für Deutschland)」――その誕生・選挙戦・今後の展開」『龍谷大学社会科学研究年報』第四四号、二三七―二五五頁。

野田昌吾(二〇一四)「二〇一三年ドイツ連邦議会選挙」『法学雑誌』第六〇巻三・四号、九七八―一〇四二頁。

野田昌吾(二〇一六)「ドイツ保守政治空間の変容――キリスト教民主・社会同盟の「復活」とその背景」水島治郎編『保守の比較政治学――欧州・日本の保守政党とポピュリズム』岩波書店、一九五―二一七頁。
野田昌吾(二〇一八)「二〇一七年ドイツ連邦議会選挙」『法学雑誌』第六四巻三号、六一三―六六六頁。
Amann, Melanie (2018) *Angst für Deutschland. Die Wahrheit über die AfD: wo sie herkommt, wer sie führt, wohin sie steuert*, Aktualisierte und erweiterte Ausgabe, Droemer.
Bender, Justus (2017) *Was will die AfD: Eine Partei verändert Deutschland*, Pantheon.
Bieber, Ina, Sigrid Roßteutscher, und Philipp Scherer (2018) „Die Metamorphosen der AfD-Wählerschaft: Von einer euroskeptischen Protestpartei zu einer (r)echten Alternative?“ *Politische Vierteljahresschrift*, 59(3), 433-461.
Brähler, Elmar, Johannes Kiess, und Oliver Decker (2016) „Politische Einstellungen und Parteipräferenz: Die Wähler/innen, Unentschiedene und Nichtwähler 2016,“ in Oliver Decker, Johannes Kiess, und Elmar Brähler Hrsg., *Die enthemmte Mitte: Autoritäre und rechtsextreme Einstellung in Deutschland/Die Leipziger „Mitte“-Studie 2016*, Psychosozial-Verlag, 67-94.
Decker, Oliver (2018) „Flucht ins Autoritäre,“ in ders. und Elmar Brähler Hrsg., *Flucht ins Autoritäre: Rechtsextreme Dynamiken in der Mitte der Gesellschaft/Die Leipziger Autoritarismus-Studie 2018*, Psychosozial-Verlag, 15-63.
Decker, Oliver, Johannes Kiess, und Elmar Brähler (2014) *Die stabilisierte Mitte: Rechtsextreme Einstellung in Deutschland 2014/Die „Mitte“-Studien der Universität Leipzig*, Universität Leipzig.
Decker, Oliver und Elmar Brähler (2016) „Ein Jahrzehnt der Politisierung: Gesellschaftliche Polarisierung und gewaltvolle Radikalisierungen in Deutschland zwischen 2006 und 2016,“ in Oliver Decker, Johannes Kiess, und Elmar Brähler Hrsg., *Die enthemmte Mitte: Autoritäre und rechtsextreme Einstellung in Deutschland/Die Leipziger „Mitte“-Studie 2016*, Psychosozial-Verlag, 95-136.

Decker, Oliver u.a. (2018) „Die Leipziger Autoritarismus-Studie 2018: Methode, Ergebnisse und Langzeitverlauf," in ders. und Elmar Brähler Hrsg., *Flucht ins Autoritäre: Rechtsextreme Dynamiken in der Mitte der Gesellschaft/ Die Leipziger Autoritarismus-Studie 2018*, Psychosozial-Verlag, 65–115.

Diehl, Paula (2016) „Einfach, emotional, dramatisch. Warum Rechtspopulisten so viel Anklang in den Massenmedien finden," *Die Politische Meinung*, 539, 79–83.

Forschungsgruppe Wahlen (2014) *Europawahl am 25. Mai 2014. Kurzanalyse*, Forschungsgruppe Wahlen.

Frei, Norbert u.a. (2019) *Zur rechten Zeit. Wider die Rückkehr des Nationalismus*, Ullstein.

Gäbler, Bernd (2017) *AfD und Medien: Analyse und Handreichungen*, Otto Brenner Stiftung.

Hambauer, Verena und Anja Mays (2018) „Wer wählt die AfD? —Ein Vergleich der Sozialstruktur, politischen Einstellung und Einstellungen zu Flüchtlingen zwischen AfD WählerInnen und der WählerInnen anderer Parteien," *Zeitschrift für Vergleichende Politikwissenschaft*, 12, 133–154.

Hensel, Alexander u.a. (2017) *Die AfD vor der Bundestagswahl 2017. Vom Protest zur parlamentarischen Opposition*, Otto Brenner Stiftung.

Lengfeld, Holger (2017) „Die ‚Alternative für Deutschland': eine Partei für Modernisierungsverlierer?" *Kölner Zeitschrift für Soziologie und Sozialpsychologie*, 69(2), 209–232.

Lengfeld, Holger (2018) „Der ‚Kleine Mann' und die AfD: Was steckt dahinter? Antwort an meine Kritiker," *Kölner Zeitschrift für Soziologie und Sozialpsychologie*, 70(2), 295–310.

Lux, Thomas (2018) „Die AfD und die unteren Statuslagen. Eine Forschungsnotiz zu Holger Lengfelds Studie *Die ‚Alternative für Deutschland': eine Partei für Modernisierungsverlierer?*" *Kölner Zeitschrift für Soziologie und Sozialpsychologie*, 70(2), 255–273.

Niedermayer, Oskar (2015) „Eine neue Konkurrentin im Parteiensystem? Die Alternative für Deutschland," in ders. Hrsg., *Die Parteien nach der Bundestagswahl 2013*, Springer, 175–207.

Niedermayer, Oskar（2018）*Die Aufsteiger. Die Alternative für Deutschland*, Konrad Adenauer Stiftung.

Rippl, Susanne und Christian Seipel（2018）„Modernisierungsverlierer, Cultural Backlash, Postdemokratie. Was erklärt rechtspopulistische Orientierungen?" *Kölner Zeitschrift für Soziologie und Sozialpsychologie*, 70(2), 237–254.

Schroeder, Wolfgang u.a.（2017）*Parlamentarische Praxis der AfD in deutschen Landesparlamenten*, Discussion Paper, Wissenschaftszentrum Berlin für Sozialforschung.

URL

①https://www.welt.de/politik/deutschland/article147723063/AfD-meldet-40-neue-Mitglieder-pro-Tag.html　二〇一九年九月一九日閲覧。

②https://projekte.sueddeutsche.de/artikel/politik/die-afd-im-bundestag-e362724/　二〇一九年九月二二日閲覧。

③https://www.zeit.de/politik/deutschland/2017-08/afd-waehler-terrorbekaempfung-integration　二〇一九年九月二五日閲覧。

④https://www.sueddeutsche.de/politik/afd-landtagswahlen-1.4517407　二〇一九年一〇月一日閲覧。

⑤http://wahl.tagesschau.de/wahlen/2019-05-26-EP-DE/umfrage-job.shtml　二〇一九年九月二五日閲覧。

⑥https://wahltool.zdf.de/wahlergebnisse/2019-05-26-EP-DE.html?i=39　二〇一九年九月二五日閲覧。

⑦http://wahl.tagesschau.de/wahlen/2019-09-01-LT-DE-SN/index.shtml　二〇一九年九月二五日閲覧。

第5章　フランス選挙政治
――エマニュエル・マクロンとマリーヌ・ルペンの対決――

土倉莞爾

本章は、二〇一七年フランス大統領選挙・総選挙を通して、一変したかに見えるフランスの選挙政治、政治システムの光景を、エマニュエル・マクロンとマリーヌ・ルペンの対決という問題意識で、ポピュリズムという挑戦の渦中にある現代フランス政治の一面を検討しようとするものである。

一　新星マクロンの到来

「突然変異体」エマニュエル・マクロンは、静かにそっと姿を現した。二〇一二年に、大統領府（エリゼ宮）の副事務総長に抜擢された時は、さわやかで感じのよい、落ち着いたテクノラート然とした顔で写真に納まり、エリゼ宮に設けられた専用の執務室で、背広を脱いだワイシャツ姿でポーズをとった。マクロンは、ここ数年の間に、オランド前大統領をはじめとするさまざまな人物に、誰の目にも明らかなその抜きん出た才能を認められ、権力の頂点への近道となる短い梯子をかけてもらった。フランスの政界でおなじみの闘鶏のような権力争いを経験することもなく、しかも数々の障害を乗り越え、人妻で三人の子を持つ二四歳年上のブリジットを「手に入れる」ことのできた自分には、フランスを「手に入れる」ことも可能だと国民の潜在意識に刷り込んでいた(フルダ二〇一八：二二一―一七)。
「国民戦線(ＦＮ)」についてマクロンはどう考えるのか。彼は著書の中でこう言う。「右派も左派も五年ごとに、《国民戦線(ＦＮ)》の脅威を前に生き延びることが急務となり、それを唯一可能にするような、ブロックの再編や党の規律の重要性について再び語ろうとしている。わが共和国は、今日、それぞれの政治的な駆け引きの罠にはまってしまっているのだ。その目的のために視野の狭い人々が生みだされていく。党はもはや、イデオロギーや共感やたった一人の人物への尊敬の念も分かち合うことはなく、党首を指名してみたり、《国民戦線》の候補者が第一回投票を通過することは避けられないと見るや、今日では決選投票のようにみなされている第一回投票をなんとかやりすごそうと必死になったりする」(マクロン二〇一八：六二)。

チーフ・フォーリン・アフェアーズ・コメンテーターのギデオン・ラックマンは、二〇一八年末になって明らかになったマクロンの挫折について、一二月一一日付の『フィナンシャル・タイムズ』に次のようにマクロン評を書いた。すなわち、ラックマンによれば、有力な政治家はたいていそうだが、マクロン大統領も評価が真二つに分かれる人物である。彼を嫌う人々は、最近の一連のパリの抗議デモを見て、極めて問題の多い大統領であることが明らかになったと言う。一般国民のことが分かっておらず、傲慢で、今や時代遅れとなった新自由主義的な政策を推し進めている、と。対照的に、マクロン支持派は、自分たちの英雄はこの難局を乗り切れるし、今でも国を変えるだけの力がある大統領だと主張する。歴代大統領も、やり方はそれぞれ違ったが、みな国民に嫌われ退任した。サルコジ大統領は「派手過ぎる」と非難され、オランド大統領は「あまりに凡庸」と責められ、今、マクロン大統領は「偉そうにしすぎる」と批判されている。マクロン大統領が、このフランスで繰り返される陰鬱な悪循環を打ち破っていたなら、国際社会での信頼度は急上昇していただろう。しかし、もはやマクロンが世界を救える見込みはほぼなくなったようだ（『日本経済新聞』二〇一八年一二月一三日）。

私見によれば、新星マクロンの到来は、二〇一七年フランス大統領選挙においてであり、彼の成功は、マリーヌ・ルペン＝FNの敗北と合わせ鏡であった。すなわち、マクロンの登場は、ある意味で、ポピュリズムの時代のフランス版であると言ってよいのではなかろうか。以下でこれらの問題を検討してみたい。

二　二〇一七年の大統領選挙と総選挙

フランスの政治学者パスカル・ペリノーによれば、第五共和制における、一〇回にわたる一連の直接投票制大統領選挙において、二〇一七年四月二三日（第一回投票）と五月七日（第二回投票）の大統領選挙は、疑いなく、もっとも破壊的（disruptif）であったと言う。すなわち、「創造的破壊の積極的な過程として」の突破戦略は、二〇一六年四月以降エマニュエル・マクロンによって実行された戦略と「共和国前進（ＬＲＥＭ）」の運動の創設だけではない。それはまた、二〇一七年四―六月の選挙状況の流れの中で、政治制度とその「基本」を、根本的に大混乱させることになった多数の選挙民の行動と態度でもあった。左翼と右翼という政治的にこれまで有力だった二つの世界の徹底的な散乱（なお、本章ではフランス政治における従来の左右両陣営について、「左翼」および「右翼」という呼称を用いる)と、その結合のポイントを見つけ出せない無能力は、政党システムの双極化が、第五共和制において少しずつ形成されてきていたにもかかわらず、今やその終焉をもたらした(Perrineau 2017a: 16-17)ことを明らかにした。

この左右二つの政党の世界の間では、ある種の途方にくれた状態が出現した。大統領選挙の数週間後に続けて行われた総選挙で、棄権、白票、未登録が例外的な水準に達していた記録を見ることができる。すなわち、総選挙第一回投票で、棄権、白票、未登録が五二・四%、第二回投票では六一・六%に達した。このような退去ないし混迷のレベルは、これまでの総選挙に見られないことだった。非常に破壊的となった今回の総選挙の過程は、結局、前議員の「最悪」の大殺戮(落選)、大量の新参議員の到来(当選)となった。一度も選挙で選ばれたこともない、以前属していた政党の支援もなく、従来の政治的帰属から解放された、三九歳の一人の男性マクロンが、フランス共和国の大統領になった。この大統領が内閣の大臣に任命した者の半数以上が選挙で選出された議員ではなかった。ほぼ六〇%の前議員が二〇一七年六月の総選挙で落選した。およそ七五%の議員が今回の議会で新人である。政治家レベルにおける、このような「創造的破壊」は、第五共和制にとって、まったく前代未聞の出来事であった(Perrineau 2017a: 17-18)。

左翼勢力の壊滅は、マクロンにとって予期しなかった空間が開かれることになる。彼はそのような事態を活用する独特な才能を発揮して、結果的に意外な出来事を成し遂げた。充たすべき空間は他の左翼の党派によって作られようとした。しかしＬＲＥＭの候補者は、他の党派がその期待に応えようとするより前に、急速にその空間を埋めたのである(Perrineau 2017a: 19)。二〇一七年大統領選挙第一回投票で、左翼最大限主義者ブノワ・アモンと右翼急進主義者のフランソワ・フィヨンの間で、「左翼でも右翼でもない」ないしは「左翼でもあり、右翼でもある」マクロンは、大きな政治空間を可能にする、非常に広大な中道部分の領域を獲得できることになったのである(Strudel 2017: 207)。

敗れ去り粉々になった右翼について言えば、一年前から、大物の指導者からは見放され、多数の諸組織とさまざまな集合体のもとで、権力奪還のためにやむを得ぬプロセスが開始されてはいたが、連合の戦略とプラグマティックな方針に関係するアイデンティティーの危機に陥っていた印象があった。それはまた、すなわち、ド・ゴール主義と自由主義右翼という二つの右翼の家系の接近によってその周りに組織された保守派ブロックという連合の循環、それは、一九六〇年代以来、シャルル・ド・ゴール、ジョルジュ・ポンピドゥー、ヴァレリ・ジスカールデスタン、ジャック・シラク、ニコラ・サルコジの指導のもとに結集されたものであったが、その一つの循環が終了したのである。ＦＮのポピュリスト国家主義の活発さと、マクロン派の中道派的魅力の間で粉々にされながら、右翼は、自分たちの政治空間、価値、計画をやり直さなければならなくなっている(Perrineau 2017a: 21)。

右翼は、敗北し粉々になった二〇一七年選挙の出来事から脱出できるか。右翼は、一九六五年以来、これまでいつも大統領選挙第二回投票に残るのが当たり前で、大半の時そこで勝利していた。すなわち、一九六五年から二〇一二年まで、九回の大統領選挙で、右翼が六回、左翼が三回勝利していた。右翼は、二〇一七年の大統領選挙で、初めて第二回投票から排除されるという屈辱的な敗北を蒙った。

この「衝撃」は、領袖たちの絶えまない争闘によってすでに侵食されていた右翼組織が爆死する結果を招いた。絶えまない争闘とは、二〇一二年秋の、ジャン・フランソワ・コペとフランソワ・フィヨンの間で争われた国民運動連合（ＵＭＰ）の党首選挙であり、二〇一四年一一月の、ニコラ・サルコジ、ブリュノ・ル・メール、エルヴェ・マリトンの間で争われた同じくＵＭＰの党首選挙であり、二〇一六年一一月の右翼と中道派の大統領候補者選出のための予備選挙であった。この予備選挙には共和党から六名という多数の候補者が激突した(Perrineau 2017c: 319)。

ここ四半世紀、右翼を支持してきた選挙民にとって衝撃は大きかった。二〇一七年の右翼における予備選挙と大統領選挙について言えば、サルコジは、二〇一六年一一月の党首選挙において彼を支持していた人たちから見離されていたが、予備選挙の一角を占めていた。アラン・ジュペは、事前の世論調査では、右翼のトップとして、ずっと支持され続けていた。しかし、予備選挙では予想外に大敗した。その結果、ジュペはボルドーの地に引き上げることになった。元首相であったフランソワ・フィヨンは、予備選挙で圧倒的な支持を受け、右翼の大統領選挙立候補者を勝ち取り、大統領選挙勝利を確実視されていた。しかし、彼と彼の妻の「司法管理下の起訴」と引き換えに、「報い」として、大統領選挙第一回投票に右翼の候補者として出馬し、結果的には、第一回投票で敗れ、撤退した(Perrineau 2017c: 319)。

現在の右翼の光景は一変して、分裂した右翼に戻りつつある。すなわち、統率者がなく、構造化した組織がなく、共有する戦略がなく、明確な政治的方向がない。その雰囲気は第四共和制終期のそれである。第四共和制終期では、社会的共和主義者、「人民共和派運動（ＭＲＰ）」、「独立農業国民センター（ＣＮＩ）」そしてプジャード派が、ばらばらになって敵対していた。この雑多な諸勢力全体は、二〇一七年には、強力で魅力ある二つの極の増大する影響力と圧力を、大統領選挙第二回投票でもろに受けることとなった。二つの極とは、マクロンのＬＲＥＭとマリーヌ・ルペンのＦＮであった(Perrineau 2017c: 321-322)。

大統領選挙第一回投票の時に、自分を右翼だと認める一〇〇人の選挙民のうち、四〇人が共和党の立候補者（フィヨン）に投票しただけだった。三二人がマリーヌ・ルペン、一五人がマクロン、七人がニコラ・デュポン・エニャンあるいはフランソワ・アスリノ、五人が左翼の候補者に投票した。第二回投票では、この同じ一〇〇人の選挙民がほとんど同数の二つのブロックに分かれた。すなわち、五一人がマクロンに、四九人がマリーヌに投票したのである(Perrineau 2017c: 322)。

右翼に対するＦＮの影響が古くからの問題であるとすれば、マクロン現象の上昇は極めて最近のものである。一年以上前から発達してきたこの現象は、第五共和制下で四〇年以上も君臨してきた古典的右翼に対して強く訴えかけるものとなった(Perrineau 2017c)。

二〇一七年の大統領選挙において、マクロンは、たしかに左翼の多数の選挙民の支持を取り付けたが、右翼陣営に属していた有権者の支持を、大規模に引き込むことに成功したことも事実である。二〇一七年四月二三日の大統領選挙第一回投票で、二〇一二年の大統領選挙第一回投票でサルコジに投票した選挙民の六〇％がフランソワ・フィヨンに投票したとしても、すでにこの時から、彼ら選挙民は、マクロンに一七％、マリーヌに一四％投票していた。五月七日の大統領選挙第二回投票では、第一回投票でフィヨンに投票した五一％の選挙民がマクロン、二六％が棄権、二三％がマリーヌに投票した。このような経過からわかる右翼のマクロン勝利への寄与は、勝者マクロン支持選挙民におけるある種の不均質性を浮かび上がらせる。すなわち、第二回投票でマクロンに投票した一〇〇人の選挙民のうち、五四人が左翼に近い立場にあり、六人が「民主運動(MoDem)」、一人がＦＮに親近感を持っていた。他方、二五人が右翼に近い立場で、一四人がいかなる政党にも好感を持たなかった(Perrineau 2017c: 323)。

マクロン支持者の右翼の構成部分は、エドゥアール・フィリップを首相とし、その内閣の経済・財務大臣を共和党出身者に任せたことによって、いっそう強化されることになった。さらに言えば、二〇一七年夏以降、マクロン政権でとられた諸政策、すなわち、労働法の改正、職業訓練教育、学校教育リズム改革は、数年来右翼が支持して来た諸改革と同じ方向である。結局、政権の政策実施のスタイルにおいて、新政権の第一歩は、第五共和制を創設した、右翼だけでなく、それをはるかに超えて偶像視されているド・ゴールの築いた足跡に従うものであった(Perrineau 2017c)。

したがって、言わずと知れたマクロン主義の統治能力の弱さに対して、強力な反対の心根を持つ右翼の指導者たちが復活するという期待を選挙民が持ち始めることは理解できる。だが、反対の心根は、大部分にわたって、すでに充分すぎるほど、ＦＮに先買いされていることも知らなければならない。そして、多数派という使命の再構築は、治安と移民について、その役割をＦＮだけに限定することはできない。右翼のアイデンティティーと政治的重心の中心に立つことを再認識するために、失業、社会保障、負債あるいは教育に関して、確信のある権力を取り戻さなければならない。その道は遠く、再建は厳しいものとなる(Perrineau 2017c: 327)。

それでは、左翼の将来はどうなるのか？　フランスの政治学者ジェラール・グリュンベルグによれば、二〇一七年の大統領選挙と総選挙は、フランスの政治史の中で、左翼が選挙で破滅した年として歴史に残る。それは、とりわけ一九七一年、フランソワ・ミッテランによる社会党の再結成によって開始されたエピネーのサイクルの終焉を記したことになるだろう。フランスの左翼の非常に重大な危機は、異なった三つの角度から分析することができる。すなわち、選挙での衰退、深刻な左翼内部の分裂、そして左翼／右翼のクリーヴィッジ（亀裂）の弱体化である（Grunberg 2017: 307）。

左翼の選挙での衰退について言えば、まず、二〇一二年から二〇一七年の間の諸選挙の得票結果に、それが読みとれる。例えば、大統領選挙第一回投票では、エコロジストを含む左翼諸候補者の合計得票は、四三・七％から二七・七％に下降している。総選挙第一回投票では四八・〇％から二八・八％への下降となっている（Grunberg 2017）。

国民議会の社会党の議員は、二〇一二年の二九五人から三一人に減少している。それは左翼全体から見れば、八六％から四八％への低下である。社会党の周辺化は、一九七四年の大統領選挙以来占めていた左翼の支配政党という地位の喪失であった。社会党は、それまでは共産党が左翼の支配政党であったエピネー以前の状態に戻った（Grunberg 2017: 309）。

しかしながら、社会党だけが左翼における敗残者ではない。環境派、共産党、左派急進党、これらの党派はいずれも大統領選挙第一回投票には候補を立てなかったが、続く総選挙においても、根底では左翼に加わるトロツキストの極左も合わせて、周辺化の一途をたどることになる。たしかに、ジャン＝リュック・メランションは、大統領選挙第一回投票では、二〇一二年には一一％だったが、二〇一七年ではほとんど二〇％に達し、明らかな前進を見せた。しかし、彼は大統領選挙第二回投票に進めなかったので、第二回投票では、やはり候補はいなかったことになる。結局、左翼の国民議会議員は、二〇一二年、全議員の五九％だったが、二〇一七年にはたったの一一％以下になる。さらに言えば、どの左翼の党派も国民議会での社会党の二一議席を超えなかった。ということは、社会党の没落を越えて、二〇一七年に左翼は全体として崩壊したのである(Grunberg 2017: 309-310)。

第二に言えることは、左翼の痛ましい将来は選挙における大敗だけに止まらない。左翼にとってもっと重大なのは、左翼内部における、この数年来、いっそう強まって来ている分裂である。フランソワ・オランド大統領執政期五年が左翼の歴史の中での一つのサイクルの終わりを告げた。新しい状況は、その結果に加重する二つの現象の結果として生じた。すなわち、左翼の中に生じた不可逆的な断絶と、一つは右翼のうえに、もう一つは社会党という左翼のうえにもたらされた、新しい二つの政治的与件は、マクロンのＬＲＥＭであり、メランションの「不服従のフランス」であった(Grunberg 2017: 310)。

左翼の崩壊過程は、オランドが大統領選挙に当選した翌日、共産党がジャン＝マルク・エロー内閣への入閣を拒否した時に開始(再開)されていた。次に、二〇一四年三月の市町村議会選挙における社会党の敗北と、マニュエル・ヴァルス首相指名の後、緑の党はもはや入閣しないことを決定した。これで左翼連合は命運尽きた(Grunberg 2017: 310-311)。

この分解は、二つの新しい政治的与件によって、加速され、深化した。二〇一六年二月一〇日、メランションは新しい運動体、「不服従のフランス」を結成することと、二〇一七年の大統領選挙に立候補することを宣言した。他方、マクロンは、二〇一六年四月六日、新しい運動「前進！」を結成した。四月三〇日、マクロンはヴァルス内閣を辞職した。そして、一一月一六日、大統領選挙への立候補を宣言した。この二つの与件は社会党にとって死滅的な危機となるものであった。マクロンとメランションは、それぞれのやり方で、左翼と右翼のクリーヴィッジに関与することはしなかった。また、またメランションは、大統領選挙第二回投票でマクロンを支持することを明言しなかった(Grunberg 2017: 311)。

メランションとマクロンは、左翼の票を吸い上げるという彼らの目標を達成した。マクロンは、選挙運動が正式に開始される前から、世論調査によれば、二〇一二年の社会党票の半数を骨抜きにしていた。メランションも、フランス世論研究所(ＩＦＯＰ)の二〇一七年三月末調査によれば、ブノワ・アモン(一一・五％)の支持率とほぼ同等であったが、その一カ月後に、メランションは一八・五％、アモンは七％と差が開いた。二〇一七年大統領選挙第一回投票で、マクロンとメランションは二人で有効投票の四四％を得た。総選挙第一回投票では、マクロンの政党ＬＲＥＭとその同盟であるMoDemの候補者と、メランションの「不服従のフランス」の候補者の合計得票率は四三％だった。それに引き換え、依然として左翼の党であると主張する諸政党全体の得票率は一五％に過ぎなかった。社会党について言えば、社会党内大統領候補予備選挙第二回投票に進出したブノワ・アモンとマニュエル・ヴァルスという「和解できない二人の左翼」と言われたような分断状況が依然として続くことになる。それ以降、左翼の再編成の展望は閉じられ、今日では、左翼という概念そのものが、もはや明らかに無意味になってきた(Grunberg 2017: 313–314)。

これからは、左翼から出た「ラディカルな」ポピュリズムと、社会主義的左翼と自由主義的右翼から出た社会的自由主義が、左翼と中道のほとんどの空間を占めるであろう。社会党の周辺化は左翼連合という理念の死、さらに言えば、左翼という理念そのものの死を意味する(Grunberg 2017: 314)と思われる。

第三に注目しなければならないのは、左翼／右翼のクリーヴィッジの弱体化という問題である。すなわち、左翼の痛ましい未来は、選挙における衰退、左翼内部における分裂だけではない。二〇一七年の大統領選挙と総選挙は、根本的に政治システムそのものを激変させた。一九六五年以降、左翼／右翼のクリーヴィッジという組織化された機能が作用してきたが、それは明らかに弱体化した。このことは政党システムと選挙民の政治態度の構造に関係している。左翼／右翼の政権交代は、一九八一年から機能してきた政治システムであったが、二〇一七年をもって終わりを遂げた。政権を交代で担当してきた左翼／右翼のクリーヴィッジを明瞭に表す二大政党が、大統領選挙においても総選挙においても、一方でFNに、他方でメランションの「不服従のフランス」に先んじられた。左翼／右翼のかつての二大政党は、両党合計して、二〇一七年の大統領選挙では、二〇一二年の五六％に対して二六％、総選挙では、二〇一二年五九％に対して二六％しか取れなかった。社会党と共和党の議員数の合計は、今日、二〇一二年のほぼ五〇〇に対して、一三一になっている。さらに、左翼も右翼も、それぞれの陣営の諸党派の不和は、それぞれ陣営内部のあらゆる連合を不可能にしている。結局、マクロン内閣は、左翼や右翼の出身の多数の政治家を閣内に加えることになった(Grunberg 2017: 314–315)。

三　マリーヌ・ルペンとＦＮ

パスカル・ペリノーは、二〇一七年フランス大統領選挙の第一回投票におけるマリーヌ・ルペンについて次のように書いている。すなわち、二〇一七年四月二三日夜に判明した結果によれば、彼女は、七六七万八四九一票（有効投票の二一・三％、有権者登録の一六・一四％）を獲得した。これまでのＦＮの大統領選挙立候補者は、これだけの得票を獲得したことはなかった。この得票結果は、彼女に対して、二〇〇二年に父のジャン・マリ・ルペンが第二回投票に進出して以来の二度目の快挙を可能にした。しかし、彼女の父が進出した時は、驚愕をもって迎えられたのであり、僅差の勝利であった（第一回投票第三位のリオネル・ジョスパンとの差は二〇万票以下だった）。今回のマリーヌは、第三位のフランソワ・フィヨンに四六万票の差をつけた。それでも、第二回投票（決選投票）において、マリーヌは、エマニュエル・マクロンにほとんど一〇〇〇万票差の後れをとった。いくぶん期待外れだったと言える票である。というのは、選挙前の数カ月間、世論調査によれば、投票意図において、ＦＮの候補者マリーヌはトップに立っており、二二％から二九％のスコアで他をリードしていたからである（Perrineau 2017b: 251）。

とくに強調しなければならないのは、とペリノーは続ける。党の歴史の中で、ＦＮの大統領選挙候補者の得票率が、オランド大統領執政期五年間の中間選挙のいかなる選挙の党の得票率をも下回ったのは、まれなことだということである。つまり、二〇一七年大統領選挙第一回投票のＦＮマリーヌの得票率二一・三％は、二〇一四年ＥＵ議会選挙の二四・八六％、二〇一五年の県議会と地域圏議会選挙の二五・二四％、二七・七三％に比べても低い。ＦＮは、これまで、大統領選挙の候補者の得票率は、他の選挙の得票率を上回っていた。今回のような例は初めてと言える(Perrineau 2017b: 251-252)。

結局、マリーヌが二〇一七年大統領選挙第一回投票で獲得した有効投票得票率二一・三％は、二〇一五年一二月の地域圏議会選挙のＦＮリストが獲得した得票率を六・四三％磨滅させていることになる。言い換えれば、大統領選挙前年(二〇一六年)のいくつかの中間選挙で記録された力強さは、二〇一七年の大統領選挙では弱まった反響しか聴き取れなかったのである(Perrineau 2017b: 252)。

ペリノーは、二〇一七年の大統領選挙の総括の一つとして、「埋没する護民官マリーヌ」という意味をこめて、次のように言う。すなわち、二〇一七年の大統領選挙は、マリーヌにとって、指導者や上流中間層の間に彼女の影響力を確立する以上に、社会的抗議の階層の人たちを開発する機会にはならなかったことを挙げる。マリーヌの「社会的信頼」の欠如は、大統領選挙立候補者である彼女を「護民官」としての役目から遠ざけ、「統治能力」の力不足を亢進させた。この力不足は、第二回投票の前に行われたマクロン候補とのテレビ討論対決で露呈された。大統領選挙敗北後、党機関で、ＦＮに分裂の兆しが現れた。二〇一七年九月二一日、ＦＮのナンバー2であるフロリアン・フィリポの辞任は、マリーヌが彼女の使命とする奪還と刷新の戦略が容易には行かないであろうことを示した(Perrineau 2017b: 266)。

以上が二〇一七年のＦＮの到達点であるが、以下において、少し遡って、ＦＮの問題点を考えてみたい。二〇一一年一月にマリーヌ・ルペンがＦＮの党首に選ばれて以来、ＦＮは「新しい」政党になったという言説が、大多数のメディアで占めるようになっていた。この想定されている転換は、同じような言説であるマリーヌの「脱悪魔化」の戦略につながっており、二〇一四年と二〇一五年の選挙の成功を説明している。

ＦＮの党組織構造について言えば、その機能様式、内部権力関係において、変化と同時に不変であることに気づく。最初に、マリーヌ党首のもとで、党の組織図はわずかに改変された。すなわち、二〇一二年以来、ＦＮでは全国代表は考慮されなくなった。このポストは、一九八八年に、ブルーノ・メグレによって置かれたものだった。同じように、一九七二年に設置された幹事長も、二〇〇七年に廃止され、ほんの一瞬二〇一一年に復活されたが、すぐに廃止された(Dézé 2016: 95)。

フランスの百科事典『ラルース』二〇一五年版に、一五〇の新語の一つとして「脱悪魔化」という言葉が加えられた。この言葉は一九九〇年代からＦＮのスローガンとしてすでに登場していたのだが、マリーヌの父親のジャン・マリ・ルペンの時代に、ＦＮの「脱悪魔化」をいくら叫んでも、人々は聞く耳を持たなかった。極端な人種差別と外国人嫌悪の考えがＦＮのイメージとして焼き付いていたのである。ところが、マリーヌの時代になるとＦＮの「脱悪魔化」はいよいよ現実味を帯びてきた。フランスの選挙民はそのように思った。だからこそ、「脱悪魔化」は時代の新語として『ラルース』に盛り込まれたのである。それはＦＮを支える一つの基本的概念となった。それ以後、メディアは、ＦＮは意味のある正常化に向かっているという意味で「脱悪魔化」という言葉を濫用した(Dézé 2015: 27; 尾上二〇一八：一六三―一六四)。

父親のジャン・マリは、これについて、マリーヌが、彼女や党について、未来に向けて述べていると表明した。彼は、世代間の溝が幾分かＦＮを分断していることを指摘した。彼は言う――「マリーヌはわれわれが今まで悪魔化していたと考えている。それは良いことである。彼女は、横にそらすとか、攻撃的な外観を減らすとかして、悪魔的な面の力を少なくしようとしている。このようなことは、彼女は一九六八年生まれだから、実に容易なことである。だから、以前の事態に囚われながら決めたりはしてこなかった。私は違う。私は一九二八年生まれであり、青春期は第二次世界大戦に参戦した。私は一つの役割を果たしたのであり、これらの出来事について、マリーヌが重要だと思わず共有しない意見を持っている。これが違いであり、すべてである。しかし、また、人間が変わるということは、マリーヌに敵意を持つということをさせなくさせる。他方、ジャン・マリ自身に対しては、そうではないということもありえないのである」(Igounet 2014: 374)。

「脱悪魔化」について言えば、ＦＮが、二〇一一年一月、指導部の刷新に入って以来、おそらく避けられないプロセスを前進するための日常的な手段だけではなかった。それはまた、党の現在の変化を説明するために、受け入れやすい一種の魔術的な概念であった。「脱悪魔化」には言葉以上のものがあった。それはまた、従来の正統なＦＮの奥底に根を張っている世界のヴィジョンの産物でもあった。そして、それは、「悪魔化」に基づいたＦＮの理念に信用を与えるだけでない。同時に、独自の「悪魔化」の煽動者であったことを忘れさせることであった(Dézé 2015: 27–29)。したがって、ＦＮの正常化とは、「脱悪魔化」と「悪魔化」という二つの概念がＦＮのいつもの戦略のレパートリーを活気づけるためであって、マリーヌの「脱悪魔化」は、二〇一一年一月のＦＮのリーダーシップの大事件ではなかったのである(Dézé 2015: 29–30)。政治学者畑山敏夫の言うとおり、父親のジャン・マリ・

ルペンは、世間から蛇蝎のように嫌われることを楽しんでいるかのごとく、「共和国の悪魔」と呼ばれることを好み、一種のヒール役を売り物にしている感もあったことも付言しておきたい(畑山二〇一七：七九)。

フランスの政治学者アレクサンドル・デゼによれば、マリーヌの「脱悪魔化」は見せかけかもしれない。マリーヌは「国家優先」という概念を使用することによって、「ライシテ」、「共和制」という言説のあいまいな領域に自分なりに新しい音声を吹き込もうとした。しかし、この意味論的適合はまったく新しいものではない。それは一九八〇年代に遡る。ブルーノ・メグレのような、共和国連合(RPR)からの脱党者たちが、当時のFN組織の人種主義的命題を法的に迂回し、より受け入れやすくするために「国家第一」を唱えたことを想起させる(Dézé 2015: 34-35)。デゼによれば、マリーヌの「脱悪魔化」は、原則においても、様式においても、新しいものではない。彼女が行った活性化は、今までの党の歴史の中で、すでになされていたように、権力獲得のための選挙のロジックの中に、党として単に記載しておきたかっただけである(Dézé 2015: 44)。

二〇一一年、党の指導者となったマリーヌは、FNの転換の中心に経済と社会問題を据えた。FNの新党首のポスターに掲げられた野望に配慮して、彼女は「両足で歩く」政策、すなわち、社会経済的信頼の提供を、とくに移民と治安の問題とを競争的に結び付けた。すなわち、二重の問題に応えるために経済と社会に関する新しい見解を表明したのである(Ivaldi 2015: 163-164; 尾上二〇一八：一六五)。

一九九五年の大統領選挙以来、FNに有利な労働者の投票の問題は、「左翼ルペン主義(gaucho-lepénisme)」というプリズムによって取り組まれることになった。以来FNは、社会党とその同盟者たちの失敗に直面して、不満をもとに抗議していくことを通じて、かつての左翼労働者選挙民の有意な部分を自分の陣営に取り込んだ。現職の首相である社会党のリオネル・ジョスパンを差し置いて、第二回投票において、ジャン・マリが先んじるという一般には驚くべき結果が証明された後、ＦＮの党首は最終的な勝利を獲得するために労働者に直接訴えた(Gougou 2015: 324)。

したがって、ペリノーが次のように述べていることは、実に興味深い。すなわち、ペリノーによれば、ＦＮが、一九七二年に生誕し、一九八四年に選挙の洗礼を受けた後、かなりの間、政治の引照基準と長期的な歴史の観点から、「極右」として理解されていた。あるいは、もっと大きな視点で、「右翼」またはその違った構成部分に挿入されるものと考えられていた(Perrineau 2017d: 7)。しかし、四〇年以上経つと、ＦＮに、左翼から新たな選挙民という大量の軍団が到来してくる。彼らは左翼と決裂したか、あるいは属性は左翼で投票はＦＮと付き合うという選挙民である(Perrineau 2017d: 10)。ここに、ポピュリスト政党ＦＮの今の実態を見ることができる。すなわち、ＦＮは「極右」から一皮むけたと言い得るかもしれない。

四　フランスのポピュリズム

オランダ出身のアメリカの政治学者カス・ミュデとチリのディエゴ・ボルタレス大学の政治学准教授クリトバル・ロビラ・カルトワッセルにならって言えば、ポピュリズムは、二一世紀に流行している政治学用語である。この用語は、ラテンアメリカの左翼系大統領や、ヨーロッパの既成の主要政党に挑む極右政党を評するのに使われるほか、アメリカ合衆国では、左翼と右翼の両方の大統領候補を評するのに用いられた。しかしながら、大勢のジャーナリストや読者を一様に惹きつける一方で、この用語は広汎に使用されているため、混乱や不満を引き起こしてもいる（ミュデ、カルトワッセル二〇一八：七）。

ミュデとカルトワッセルは、ポピュリズムについて、五つのアプローチに整理する（ミュデ、カルトワッセル二〇一八：一〇―一二）。

①人民を行為主体とするアプローチ。

②ポピュリズムに対するエルネスト・ラクラウ的アプローチは、政治哲学、いわゆるクリティカル・スタディーズや西ヨーロッパとラテンアメリカの政治研究において流行になっている。

③社会経済的なアプローチは、一九八〇年代および一九九〇年代にラテンアメリカのポピュリズム研究でことさら顕著であった。より人口に膾炙（かいしゃ）した言い方である「ポピュリズム経済」は、大幅な富の再分配および政府支出を伴うがゆえに無責任とみなされる政治的計画のことを指す。

④もっと最近のアプローチでは、ポピュリズムを何よりも政治戦略と考える。それは信奉者たちからの支持を何者も介さずに直接受けることで統治を行おうとする特定のタイプの政治家が用いるものである。このアプローチが強調するのは、ポピュリズムの意味の中に、権力を集中させ、大衆との直接的な結びつきを保つ強力なカリスマ的人物の台頭が含まれている点である。

⑤主に、ポピュリズムを、指導者や政党が大衆を動員するのに用いる政治スタイルとみなすものである。このアプローチは、メディアのみならずコミュニケーション研究でも著しく人気がある。

この理解に基づいた場合、ポピュリズムは、メディアの注目と民衆からの支持を最大限活用することを目的とした、素人の未熟な政治行動を暗に指している。ポピュリストとされる人物は、「人民」に味方し、「エリート」に刃向かう勇敢な指導者として演出できる。

ここでコメントすれば、マクロンのカリスマ性は④に、マリーヌの「勇敢な指導者」は⑤に関連して理解できる。たしかに、マクロンは既成政党の失敗した空間に突如登場した新党を成功させた。しかし、大統領選挙の得票と新党の躍動は、ただものではない。マリーヌの人気の上昇は、人民に味方して、既成の制度(例：EU)や諸政党に勇敢に挑戦する者としての面目躍如たるものがある。

さて、ミュデとカルトワッセルは、特定のポピュリズムの動員が、なぜ選挙で他に比べて成功し、また持続するのかを重視して、次のように言う。つまり、動員とはさまざまな個人がある特定の問題に関する意識を高め、最終的に自分たちの大義を支持するために集団で行為するよう、彼らを社会参加させることを意味する。ポピュリズムの動員を三つのタイプに特定することができる。それらは、個性的なリーダーシップ、社会運動、政党である(ミュデ、カルトワッセル二〇一八：六七―六八)。

ミュデとカルトワッセルは、三つのタイプのうち、リーダーシップの事例として、ペルーのアルベルト・フジモリ、社会運動の事例として、アメリカ合衆国のティーパーティーを挙げたあと、政党については、事例として、フランスのFNについて、およそ次のように論じる。すなわち、FNは、きわめて広範な極右小集団の連合として設立された。それらは、ネオファシズムの「新秩序」から超正統派カトリック・ルフェーブル派の教徒たちまで幅広いが、もっぱらジャン・マリ・ルペンの有無を言わせぬリーダーシップによって団結させられたのである。一九八〇年代半ばには、たった一万四〇〇〇人の党員を数えるのみだったが、その後、ＦＮは、ブルーノ・メグレの有能なマネージメントのもとで、自らの組織を発展させ始めた。一九九九年、ＦＮはルペンとメグレの両陣営の分裂によって大きな痛手を負った。その際、党は有能な党組織者のほとんどと、約三分の二の党幹部を失ったのである。ＦＮは、マリーヌのもとで再生を経験し、彼女が二〇一一年に父親の後を継いで党指導者になって以降、たった二万二〇〇〇人からおよそ八万三〇〇〇人へと党員をほぼ四倍に増やした（ミュデ、カルトワッセル二〇一八：七九―八二）。

名目上は政党としての民主的な規則があるにもかかわらず、ＦＮの権力構造は極端に集権化されている。党首は党会議によって選出され、まともな対抗馬に直面しうるし、実際に直面するが、一度選ばれると権力を極端に持つことになる。マリーヌは、自分が任命し、また彼女に対して責任を負う人々が率いる無数の広範な組織を通じて、不相応な影響力を行使している。事実、彼女が後を継いだ時、父親は名誉職である「終身代表」と名付けられ、その後にますます公になった父娘の確執の後、彼が政党から追い出されるのを妨げるものはなかった（ミュデ、カルトワッセル二〇一八：八二―八三）。

別のところで述べられたミュデの言説によれば、「フランスの国民戦線（ＦＮ）のような極右政党の台頭によって、ポピュリスト思想が次第に認知され始めたのは、一九八〇年代になってからだ。国民戦線は、大規模な移民が流入し、失業率が高まるなかで、純粋なフランス文化（フランス至上主義）という過去への回帰を約束することで、有力政党への道を歩み始めた」（ムッデ二〇一六：二八）。

ミュデは以下のように要約する。すなわち、「ポピュリストの台頭は、「リベラルな政策」が「非民主的に」数十年にわたって続けられたことに対する「非自由主義的立場からの民主的反応」に他ならない。ポピュリストの流れを食い止めるには、主流派の政治家たちは、移民、ネオリベラルの経済政策、欧州統合などの二一世紀を左右する重要な問題の政治アジェンダ化を求める声に配慮し、これらを選挙の争点に戻し、ポピュリストが示す短絡的でシンプルな解決策に対する筋の通った代替策を示すべきだろう」(ムッデ二〇一六：三三)、と。

おわりに

フランスの政治学者ジャン＝イブ・カミュと歴史学者ニコラ・ルブールは、二〇一五年に刊行された共著書の中で、次のように主張している。二〇一四年ＥＵ議会選挙の結果は、オランダ、ギリシア、フランスの三カ国で、それぞれが、ポピュリズムの三つのモデルを示したと言う。すなわち、オランダのウイルデルスの自由党(ＰＶＶ)は移民とＥＵの問題で票を減らし、得票率一三・三％と伸び悩み、ギリシアの極右政党「黄金の夜明け」も当初は好発進したが、結局九・三％の結果だった。これに引き換え、第三のモデルとなるフランスのＦＮは、二四・三％とフランスで首位となった。カミュとルブールによれば、ＦＮはマリーヌの代になって、「要求の党」から福祉国家的な「保護の党」に転換したからだと言う(Camus et Lebourg 2015: 61-2; 2017: 48-50)。

ただし、カミュとルブールが唱えたことは、マクロンの到来以前である。とはいえ、ＦＮだけでなく、ヨーロッパのポピュリズムが今後どのように展開するのか、予断は許されない。

参考文献

尾上修悟（二〇一八）『「社会分裂」に向かうフランス——政権交代と階層対立』明石書店。

畑山敏夫（二〇一七）「マリーヌ・ルペンとフランス右翼ポピュリズム——変容するフランス政治と国民戦線（FN）について考える（1）」『佐賀大学経済論集』第五〇巻三号、五八—九九頁。

フルダ、アンヌ（二〇一八）『エマニュエル・マクロン——フランス大統領に上り詰めた完璧な青年』加藤かおり訳、プレジデント社。

マクロン、エマニュエル（二〇一八）『革命——仏大統領マクロンの思想と政策』山本知子・松永りえ訳、ポプラ社。

ムッデ〔ミュデ〕、カス（二〇一六）「ポピュリズムを台頭させた欧州政治の構造的変化とは——難民危機、経済危機はトリガーにすぎない」『フォーリン・アフェアーズ・リポート』第一一号、二六—三三頁。

ミュデ、カス、クリストバル・ロビラ・カルトワッセル（二〇一八）『ポピュリズム——デモクラシーの友と敵』永井大輔・髙山裕二訳、白水社。

Camus, Jean-Yves et Nicolas Lebourg (2015) *Les droites extrêmes en Europe*, Éditions du Seuil.

Camus, Jean-Yves et Nicolas Lebourg (2017) *Far-Right Politics in Europe*, tr. Jane Marie Todd, Belknap Harvard.

Dézé, Alexandre (2015) « La ‹ dédiabolisation › Une nouvelle stratégie ? » in Sylvain Crépon et al. dir., *Les faux-semblants du Front national*, Sciences Po, les presses, 27-50.

Dézé, Alexandre (2016) « ‹ Le Front national : un « nouveau » parti ? › —Une analyse du programme, du leadership et l'organisation frontiste, » édité par Nicolas Guillet et Nada Afiouni, *Les Tentatives de banalisation de l'extrême droite en Europe*, Éditions de l'Université de Bruxelles, 95-110.

Gougou, Florent (2015) « Les ouvriers et le vote Front National, » in Sylvain Crépon et al. dir., *Les faux-semblants du Front national*, 323-343.

Grunberg, Gerard (2017) « Le sombre avenir de la gauche, » in Pascal Perrineau dir., *Le vote disruptif : les élections présidentielle et législatives de 2017*, Sciences Po, les presses, 307-318.

Igounet, Valérie (2014) *Le Front national de 1972 à nos jours : le parti, les hommes, les idées*, Éditions du Seuil.

Ivaldi, Gilles (2015) « Transformation du programme économique du Front National (1986-2012), » in Sylvain Crépon et al. dir., *Les faux-semblants du Front national*, 163-183.

Perrineau, Pascal (2017a) « Introduction, » in Pascal Perrineau dir., *Le vote disruptif : les élections présidentielle et législatives de 2017*, 15-21.

Perrineau, Pascal (2017b) « Marine Le Pen au premier tour : La puisance d'une dynamique, l'echec d'une ambition, » in Pascal Perrineau dir., *Le vote disruptif : les élections présidentielle et législatives de 2017*, 251-268.

Perrineau, Pascal (2017c) « L'avenir compliqué de la droite, » in Pascal Perrineau dir., *Le vote disruptif : les élections présidentielle et législatives de 2017*, 319-327.

Perrineau, Pascal (2017d) *Cette France de gauche qui vote Front national*, Éditions du Seuil.

Strudel, Sylvie (2017) « Emmanuel Macron : un oxymore politique ? » in Pascal Perrineau dir., *Le vote disruptif : les élections présidentielle et législatives de 2017*, 205-219.

第6章　イタリアにおける同盟の挑戦

――「主流化」をめぐるジレンマへの対応――

伊藤　武

本章は、近年躍進するポピュリスト政党として世界で注目を浴びるイタリアの急進右派政党、同盟(Lega. 旧・北部同盟[Lega Nord])に注目して、ポピュリスト勢力による「挑戦」の意義、そこから生じる主流化のジレンマへの対応を考察する。

一　ポピュリスト政党としての挑戦とその課題

同盟は、二〇一八年三月の総選挙で予想を超えて右派連合第一党に躍進し、同年六月に五つ星運動と共に連立政権を作った。党首であり副首相兼内相となったマッテオ・サルヴィーニは、強硬な難民政策と決然としたリーダーシップを発揮する。同盟の躍進はさらに続き、二〇一九年五月の欧州議会選挙ではイタリアで第一党へと急伸した。その後同年八月に政権から離脱して以降も高い支持を誇り、地方選挙で連勝を続けてきた。サルヴィーニと同盟は、なお政界の台風の目であり続けている。

現代ヨーロッパ全体でポピュリスト政党の勢力拡大は広く見られる現象であり、北欧など政権に参加する政党も珍しくない。しかし、ポピュリスト政党のみで連合政権を構成したのは、事実上イタリアに限られる。それゆえ、躍進を続ける同盟のサルヴィーニは、欧州議会選挙投票直前の五月、ミラノの大聖堂前広場で開催された政治集会で、壇上に並ぶヨーロッパ諸国のポピュリスト政党の政治指導者を従えて、中央に位置する盟主としての扱いを受けた。

それはとりもなおさず、同盟とサルヴィーニが、本書全体が掲げるテーマであるデモクラシーとインターナショナリズムへの最大の「挑戦」とみなされていたことを意味する（本書「はじめに」）。同盟は、イタリアの議会制民主主義とそこを拠点とした政治エリート、EUやユーロなど超国家的枠組を厳しく批判し、ナショナリズムを強調することで勢力を拡大してきた。他方で、同盟をデモクラシーとインターナショナリズムへの挑戦者としてのみ考えるのは一面的であり、同党は議会制民主主義を利用し、男女平等などリベラルな価値観を打ち出し、国外のさまざまな勢力との連帯を図っている。ポピュリスト政党としての同盟の挑戦は、複合的な性格を有しているのである[1]。本章は、このような挑戦をめぐる同盟の戦略を捉えるため、同党の前進である「同盟運動」に遡り、北部同盟、そして現在に至る政党としての歴史的変容を検討する。

同盟は、ポピュリスト政党が抱える「主流化」のジレンマへの対応として比較政治的にも興味深い。急進政党をめぐる比較研究では、急進的アピールで勢力を拡大してきたポピュリスト政党は、権力への接近をきっかけに、急進化戦略を継続するか、穏健化戦略に舵を切るかのジレンマに直面する。両戦略を組み合わせて流動性を保つのは極めて困難であり、多くの政党は既成政党化して中核的支持者から見捨てられたり、急進的争点を部分的に取り入れた既成政党によって支持を刈り取られたりしてきた。しかし、近年の研究では、そのようなジレンマが不可避ではなく、一定の争点については急進性を維持して支持者をつなぎ止める可能性があることが主張されている(Krause and Wagner 2019)。結党以来四〇年近い歴史を有しながら、近年急速に党勢を拡大している同盟の状況は一見パラドクスであるが、そのようなジレンマの克服の例として有意であるだろう。

以下では、第二次世界大戦後に成立した第一共和制が危機と停滞に陥った一九七〇年代末における政党としての出発(第二節)、第一共和制が崩壊してあらたに成立した第二共和制の時代(第三節)、二〇一〇年代以降のサルヴィーニ時代(第四節)の順に歴史的展開を検討したうえで、挑戦の性格とジレンマへの対応を評価する(第五節)。

二　政党としての出発――一九七〇年代末―一九九〇年代初頭

政党の形成

同盟の直接的起源は、一九七〇年代まで遡る。当時のイタリアでは、経済危機や政治腐敗に陥った既成政党への批判が高まっていた。北部では、南部の経済発展策への優先的な財政配分やそのための租税負担の重さに対する不満が、特に中小企業経営者の間で渦巻いていた。北東部のヴェネト地方では、一九七九年ヴェネト同盟(Liga veneta)が成立し、翌一九八〇年に結党大会を開催する。同党は、一九八三年の総選挙で〇・三四%(下院)の票を獲得して上下両院に一名ずつ議員を送り込んだ。一九八五年にはヴェネト州議会にも進出を果たした。

「同盟(Lega)」運動は、同様の不満を抱く北部に拡がる。北西部のロンバルディア地方では、ロンバルディア同盟が結成されるなど、地域ごとに同盟を名乗る政党形成が進んだ[2]。一九八九年、ヴェネト同盟やロンバルディア同盟は、欧州議会選挙のために連携した。そして一九九一年には、ウンベルト・ボッシを指導者に、北部同盟を結成した。同党は、南部や中央政府を「泥棒」と批判したり、ECからEUへと深化を遂げる欧州統合をエリート主義や移民流入などを理由に攻撃したりした(Passarelli e Tuorto 2012: Ch. 1)。

北部同盟は、マフィア問題や通貨危機、構造汚職の摘発で急速に正統性を失っていた第一共和制の既成政党批判を追い風に、急速に支持を伸ばした。混乱の中、早期解散後に行われた一九九二年総選挙では、下院で八・六五%を獲得して第四党に躍進する(図)。特に政党支配体制の中核であったキリスト教民主党の地盤であった北部の「白い地帯」で支持を拡げて、同党を戦後初の三〇%割れに追い込んだのである(Gómez-Reino Cachafeiro 2016)。

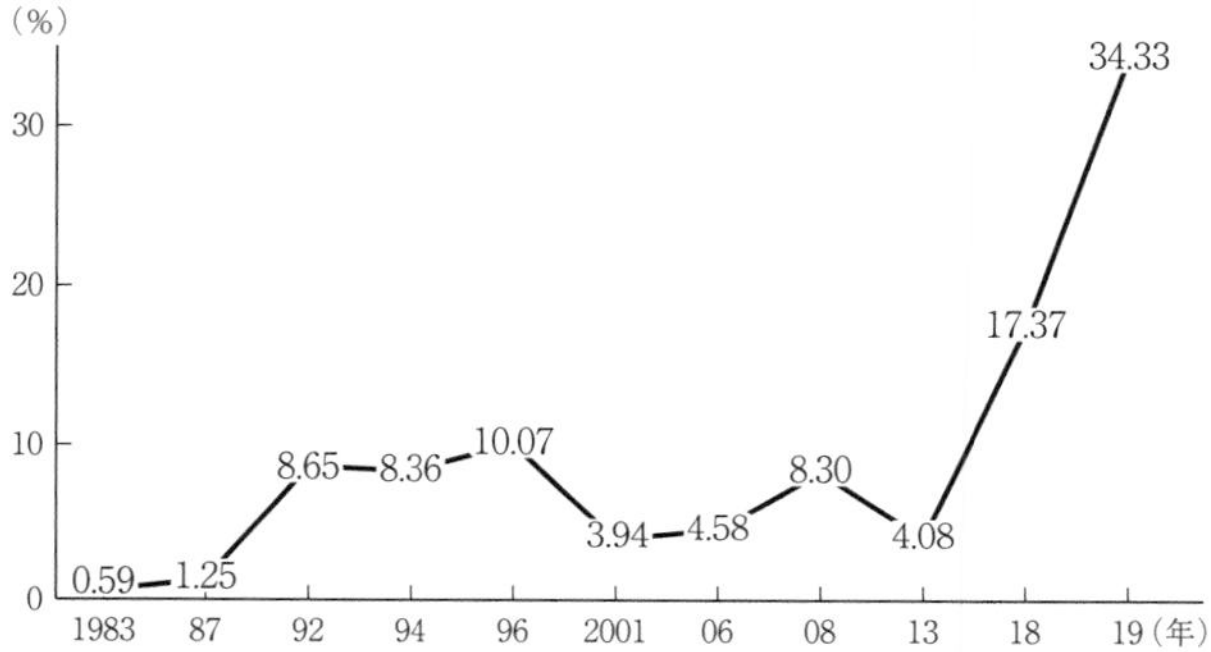

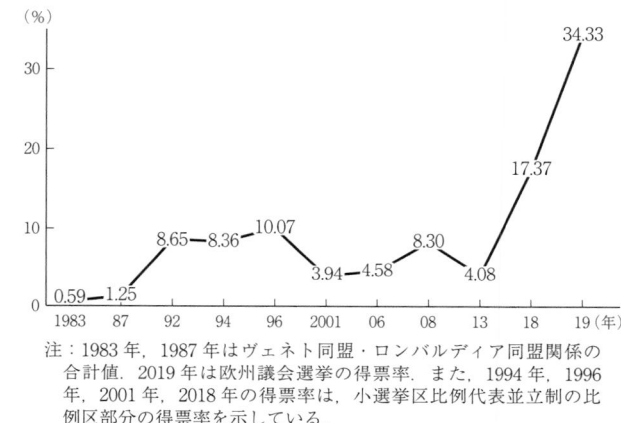

注:1983年,1987年はヴェネト同盟・ロンバルディア同盟関係の合計値.2019年は欧州議会選挙の得票率.また,1994年,1996年,2001年,2018年の得票率は,小選挙区比例代表並立制の比例区部分の得票率を示している.
出典:イタリア内務省のデータを基に著者作成.

図 同盟の得票率推移(下院)

政党創建期の特徴

北部同盟の躍進は、戦後共和制のデモクラシーへの挑戦であった。政党を基盤として建設された第二次世界大戦後の共和制は、「政党支配体制（パルティートクラツィア）」と呼ばれた。北部同盟の浮上は、政治腐敗や停滞に喘いでいた政党支配体制への批判を追い風としていた。同党が、前身の同盟運動時代から「政党」ではなく「同盟」を党名にしたのは、既成の政党支配体制への挑戦を表すためである。ただし、その挑戦は、議会制民主主義そのものへの攻撃ではなく、むしろ改革の主張といえた。連邦制国家への移行、腐敗の阻止は、他党とも共通する点が多いプログラムであった。

リベラル・デモクラシーの価値観への挑戦も、まだ本格化したとはいいがたい。政敵を攻撃する過激な発言は目立ったものの、レトリックに止まり、言論を具体的に抑圧するような事件はみられなかった。移民批判は、価値観に対する挑戦となりうる潜在的要因であったが、北部同盟の支持の主要因となるのは、はるかに後のことである。

インターナショナリズムに対する挑戦は、さらに目立たなかった。支持基盤としては、グローバル化で打撃を受けた中小企業主等を抱えていたが、ＥＵ批判やグローバル化批判はこの時点では重要な主張とはいえなかった（Tambini 2001: Ch. 7）。

このような評価は、元々同盟運動が一九八〇年代に各国で拡がった反税運動に起源を有する運動政党であることと関係している。この段階での同盟運動は、あくまでもリベラル・デモクラシーでの枠内での抗議政党といえるだろう。そのため、急進化に重点を置けばよく、穏健化とのジレンマを抱え込まずに済んでいたのである。

三　第二共和制と北部同盟――一九九〇年代前半―二〇〇〇年代

政権参入をめぐる展開とジレンマ

一九九四年、あらたに採用された小選挙区比例代表並立制の選挙制度に基づいて総選挙が行われた。第一共和制の主要政党は、大規模な汚職摘発や経済危機対応の失敗をめぐる不信の高まりを受けて、事実上解散に追い込まれた。その中で、第一共和制の批判勢力として位置を確保していた北部同盟は、躍進が期待される立場であった（伊藤二〇一六a：第七章1）。しかし、一九九三年末から翌九四年初めにかけて、シルヴィオ・ベルルスコーニのフォルツァ・イタリアが出陣を表明するに及んで状況は不透明化する。両党は北部を地盤とする点で競合し、共倒れの危険性があったからである。打開策として両党は選挙連合「自由の極」を結成した。その結果、北部同盟の得票率は前回並みの八・四％に止まったものの、当選議員数は倍増をさらに超えた。政治経験のない提携相手と比べると、北部同盟は一九七〇年代末から活動歴を経て議員候補の供給が十分可能になっていたゆえ、小選挙区部分での候補者調整を有利に運べたのである。

中道右派連合は総選挙で予想外の勝利を果たし、北部同盟も第一次ベルルスコーニ政権の与党として政権に参加した。ただし、政権参加は、これまで既成支持批判の運動政党として活動してきた同党に、深刻なジレンマを突きつける。第一に、支持基盤の競合は、今後フォルツァ・イタリアの政党組織の整備が進むにしたがって、激しくなるはずである（伊藤二〇一六b）。第二に、フォルツァ・イタリアや南部を地盤とする国民同盟は現行の統一国家維持を支持していたため、北部同盟の中核的要求である連邦制への移行と衝突が予期される。第三に、第一共和制の政治腐敗と繋がりが指摘されるベルルスコーニとの提携は、北部同盟の反既成勢力の旗印をゆがめかねない戦略であった。第四に、北部同盟自身が政権参加によって既成政党化し、批判勢力としての魅力を失うリスクにも直面した。このようなジレンマは、以後も継続する中道右派連合の歴史の中でも、繰り返し浮上するだろう。

ジレンマへの対応

結局北部同盟は、これらのジレンマを回避するため、ボッシの指導の下で、急進化戦略と穏健化戦略を柔軟に使い分けようとした。まず急進化を通じてフォルツァ・イタリアとの差別化を図るために、連邦制導入の要求を北部パダーニア独立の要求にまで高めた。独立要求の儀式として毎年「パダーニア人祭り」を開催した。ベルルスコーニなど政権中枢の利益相反問題などに対しても、厳しい批判を加えた。同党の支持撤回の結果、第一次ベルルスコーニ政権は一年も経たないうちに崩壊に至った（Passarelli e Tuorto 2012: Ch. 3）。

同時に、穏健化戦略も用いることによって、政党としての基盤確保を図る。たとえば、二〇〇一年総選挙では再びベルルスコーニに対して提携相手として高く自覚を売り、勝利すると第二次政権ではボッシが副首相の一人として参加する。移民規制強化を謳うボッシ＝フィーニ法の成立と同時に介護その他の労働力として必要な不法移民の正規化を進めることで、支持者に対して、イデオロギー的アピールと実利的アピールを両立させようとした。政権参加は地方政府の政権獲得にも有利となり、二〇世紀に入ると同党の基盤はヴェネトやロンバルディアだけでなく、伝統的に左翼勢力が強かったエミリア・ロマーニャなども侵出していった。他方で、連邦制導入に向けた憲法改正案の旗振り役となるなど、中核的政策で独自色を出すことも忘れなかった(Passarelli e Tuorto 2012: Ch. 1)。図に示されたように、二〇〇八年総選挙で、北部同盟が前二回の総選挙に比して得票率を倍増させたのは、急進化による差別化と、現実化による利益配分の柔軟な使い分け戦略が奏功した成果といえよう。

しかし、戦略上の柔軟性は持続可能ではなかった。第四次ベルルスコーニ政権が成立した二〇〇八年には、一九八〇年代の中央・地方での議会進出から三〇年近く、一九九〇年代初頭の政権参入から二〇年近くが経過していた。中央でも地方でも、北部同盟は行政や関連組織を含む利益配分のネットワークを構築していた。それを維持するために政治権力との距離を拡げられなくなり、運動政党・抵抗政党としての側面は後景に退くことになる。フォルツァ・イタリアとの差別化も、社会で残る急進的な支持者の掬い上げも難しくなった。

第四次ベルルスコーニ政権終盤、ボッシ親族を含む汚職の露呈などで、支持は急速に離反した。指導部の座をめぐる対立も激化し、二〇一二年四月には遂にボッシが連邦書記辞任に追い込まれた。七月にはロベルト・マローニが党指導部を掌握する。しかし、地方選で相次いで敗北し、解党の危機すらささやかれるまでになった。二〇一三年総選挙では、阻止条項(議席獲得可能な得票率)超えぎりぎりの四%台へと落ち込み、党の立て直しが喫緊の課題になった。

政党確立期の特徴

第二共和制に入った北部同盟は、上述のように、急進化戦略と穏健化戦略を同時並行的に使い分けていた。

デモクラシーへの挑戦者としてのアピールには、連邦制からパダーニア独立への要求などがある。ただし、制度改革や分配政策に関する同党の姿勢は、通常の改革要求と大きな隔たりがあるわけではない。むしろ同党が既成政党化するのに応じて、アイデンティティー・ポリティクスの面で急進化し、リベラル・デモクラシーの価値観に挑戦しようとした。パダーニアの独立自体は現実性に乏しく儀式としての色彩が強い宣伝であるに過ぎないとしても、その主権を有する構成主体としての国民は領域主権的な原則に沿わない「白人」中心の人種主義的概念化がなされている。反移民主義の主張では、移民と犯罪を結びつけ、法と秩序に対する脅威として扱うようになっている(Gómez-Reino Cachafeiro 2016)。インターナショナリズムについても、移民規制強化や北アフリカへの強制送還実施など移民問題、緊縮路線維持など経済政策をめぐってEUとの対決姿勢は強まった。特にユーロ危機以降、イタリアの財政政策がEUの厳しい監督下に置かれるようになると、EUに対する北部同盟の攻撃は激しさを増す(Fella and Ruzza 2009: Ch. 4)。

ただし、このような挑戦がどれほど他政党と隔たっているかは、留保を有する。反移民主義の主張は一見目立つが、不法移民の正規化を先導したのは、移民に寛容な路線を自認していた中道左派ではなく中道右派であった(伊藤二〇一七)。同盟も、ケア労働や北部の中小企業・農業向けの人材供給要望に応えざるを得なかったのである。移民規制政策に関しても、たとえば強制送還策には民主党の一部から支持が示されていた。対ＥＵ関係についても、摩擦の裏で二〇〇〇年代初頭の経済停滞期、安定成長協定の財政赤字比率を独仏以上に忠実に守っていたのは、同盟を含む中道右派政権であった。統合懐疑主義の上昇は、党派を横断して増加する現象であった。

北部同盟の支持は一〇％の壁を超えられず、既成政党化によるジレンマ状況に陥る。既成のリベラル・デモクラシーとインターナショナリズムの秩序と価値観に調整する運動政党・抗議政党として主張をしてももはや、有権者は同党を既成政党とみなしていた。

四　北部同盟から同盟への転換

サルヴィーニ時代の到来

サルヴィーニは党内左派の若手指導者として頭角を現した。ボッシの後、党の主導権を握ったマローニ陣営の有力者として影響力を高めた。二〇一二年六月、彼はロンバルディアの「ナショナル」レベル(3)の書記に圧倒的多数をもって選出された。

二〇一三年二月総選挙で惨敗した北部同盟では、同時期ロンバルディア州首相に選出されたマローニが党書記辞任を表明した。あらたな指導部の選出に向けたプライマリーと党大会を一二月に開催する。立候補を検討した数名の指導者の中で、返り咲きを狙うボッシと、サルヴィーニが立候補要件を満たす署名を集め直接対決した。一二月七日のプライマリーではサルヴィーニが八割以上の得票で選出され、続く党大会で承認された。

党書記への選出は、サルヴィーニの圧倒的な勢力というより、党指導部有力者の後援のおかげである。彼のリーダーシップは、まだ確立したわけではなかった。ヴェネトの指導者であるフラヴィオ・トージなど潜在的なライバルも多かった。

サルヴィーニは党勢立て直しに向けて政策アピールの刷新と党基盤の拡充に力を注いだ。政策では、厳しい移民制限、法と秩序の重視、ＥＵとりわけユーロへの激しい批判を掲げる一方で、フラット・タックスなど税負担軽減という伝統的路線をさらに押し進めた。また、二〇一三年総選挙移行、中道左派やフォルツァ・イタリアなど中道右派の一部に支えられた大連合的政権(「広範な合意に基づく政府(governo di larga intesa)」)に加わらなかった同党は、二〇一〇年後半に成立したマリオ・モンティ首相による非政党専門家政権以降、これらの勢力が主導してきた緊縮政策・社会保障削減や憲法・選挙制度など制度改革を苛烈に攻撃した。

党内主導権の確立と党勢回復

二〇一四年の欧州議会選挙では、当時マッテオ・レンツィ首相率いる民主党が圧勝した陰で、六・二％の得票を記録して着実に党勢を回復した。既にこの時期、ベルルスコーニの影響力喪失で危機に陥っていたフォルツァ・イタリアに対して、ヴェネト州など北部で優位に立ち、中道右派内での副次的な地位から脱する足場を築きつつあったことが注目される。一一月には、民主党など中道左派の歴史的拠点であるエミリア・ロマーニャ州選挙において一九・四％を獲得して第二党の座を占めるまでになった。その後も、リグーリア州など北部のみならず、トスカーナ、ウンブリア、マルケなど中道左派の拠点である中部諸州の州選挙でも第二党に躍進したのである(Stefanini 2010)。

党内でもサルヴィーニの主導権確立は進んだが、決して一方的に順調な過程ではなかった。二〇一五年、ライバルのトージに対してルカ・ザイア(現州首相)を推して党のヴェネト州首相候補に選出することに成功し、トージは党指導部から追放された。ただし、個人への集権化は、ボッシなど歴史的指導者だけでなく、マローニなど従来支援を受けていた指導者との軋轢を生む。二〇一六年一連の地方選で党勢が伸び悩んだことも、サルヴィーニの指導に疑念を呼ぶ一因となった。しかし、二〇一七年春の党首選において、八二%を超える得票で選出されることで、危機を脱した(Passarelli e Tuorto 2018: Ch. 2)。

サルヴィーニは、中道右派の首相候補の座を獲得し、さらに政権獲得に向けて大胆な改革に乗り出す。それは、北部同盟の党名から北部を外し、同盟(Lega)へと変更する案であった。党名変更は、北部の独立という結党以来の中核的主張を棚上げすること、難民対策や対EU路線などにおいてイタリアの主権強化というナショナリスト路線を採用することを意味していた。このような路線転換は、全国的支持拡大を果たそうという狙いに基づいていたが、党の中核的な支持層の不満を喚起する危険性があった。そこでサルヴィーニは、法的拘束力は無い形であるが、ヴェネトとロンバルディアの独立を問うレフェレンダムを二〇一六年一〇月に実施して、それぞれ九五%を超える圧倒的多数の支持が表明された(4)。ただし、レフェレンダムへの参加は十分とはいえず、政治的正統性にも疑問が残る結果となった。

二〇一八年総選挙と政権をめぐる政治

二〇一八年三月総選挙において、同盟は事前世論調査をはるかに上回る一七・三七%を獲得し、中道右派第一党に躍進した。サルヴィーニと同党への支持はその後も増加し、第一党の五つ星運動に肉薄する(Itanes 2018; Cataldi e Emanuele 2019)。六月にジュゼッペ・コンテを首相に両党で連立政権を樹立した。さらに同盟の支持は高まり、世論調査上は第一党になる。第一次コンテ政権の主導権は、首相でも、五つ星の指導者で副首相ルイージ・ディマイオでもなく、もう一人の副首相サルヴィーニが掌握した(Vampa 2018; 伊藤二〇一九)。

同盟の集会で演説するサルヴィーニ(トレント県ピンツォーロ, 2019年8月31日)
写真提供：Pierre Teyssot/Shutterstock.com

サルヴィーニは内相として難民受入を拒否する強硬路線で一段と支持を集め、ヨーロッパのポピュリスト勢力の主人公のごとく注目を集めた。二〇一九年五月の欧州議会選挙では、三四・三三%と他党を一〇%以上引き離して圧倒的な第一党であることを示した。さらに、彼はさらなる権力獲得と早期総選挙による首相の座獲得まで視野に入れて、八月初頭多数派離脱を表明して政権危機を引き起こした。結局九月初頭に五つ星運動と民主党など中道左派の連立政権として第二次コンテ政権が成立して、彼の狙いは潰えたかにみえた。しかし、その後の伝統的な中道左派の地盤であり、総選挙では五つ星運動が大勝したウンブリア州選挙で勝利を収めるなど地方選挙で躍進を続けている。サルヴィーニ個人も同盟の政党支持率も落ちず他を引き離していた(Passarelli e Tuorto 2018: Ch. 2)。

サルヴィーニの戦略と急進化のジレンマ克服

サルヴィーニが単なる党勢回復を超えた勢力拡大を遂げ、その弾みを長く維持しているのは、先に触れた急進化と穏健化のジレンマ解決という点からは、興味深いパズルである。観察の限りでは、戦略的に、①経済対策に比べて成果が出やすく世論の支持も高い難民受入規制におけるイシュー・オーナーシップ(議論の主導権)を確立して優勢を保持し、②ＥＵや野党に対して急進的姿勢で圧力をかけながら現実化のタイミングを決め、③ジレンマを回避できない場合には意図的に政権危機を引き起こして急進的姿勢に回帰することが特筆できる。

政党として、そのような戦略を採るのは一般には簡単ではない。ただし、同盟の場合、サルヴィーニ自身の主導権が強固に確立し政党として高い凝集性を誇っていることが、他党と比べて集合行為問題を早く解決することを可能にしている。フォルツァ・イタリアと違い、運動政党(Kitschelt 2006)が連携した同盟の場合、従来はリーダーシップの確立に限界があった。サルヴィーニはこの問題を克服することに成功し、党内分裂から意見集約に苦しむ五つ星運動に対して、議席でははるかに劣位するにもかかわらず、世論の支持を自党の勢力として押し出すことができたのである。

急進化一辺倒のようでありながら穏健化を適宜織り交ぜるサルヴィーニの戦略をみた場合、その挑戦の評価は難しい。リベラル・デモクラシーの秩序に対する挑戦としては、中央省庁の事務所掌を無視した圧力行使を指摘できよう。難民対策として難民上陸拒否を強調するサルヴィーニは、本来内相に過ぎない立場でありながら、軍すなわち国防相、さらに首相の指揮下にある沿岸警備隊に対して難民を乗せた国際NGO船の接岸拒否を命じた。

リベラル・デモクラシーの価値観への挑戦は、既に多々指摘されている。「イタリア(人)第一(Prima gli italiani)」のスローガン、人権的問題も指摘される厳格な難民対策は代表例である。政治集会で十字架を明示的に用いることも、政教分離原則に関する敏感な理解とはいえない行為である(伊藤二〇一九)。ただし、自由の擁護を掲げてイスラムを批判する際に女性の権利擁護・平等を唱えるなど、かつての極右とは違う現代的なポピュリスト路線を維持している(水島二〇一六)。

インターナショナリズムへの挑戦についても、硬軟の使い分けが目立つ。ユーロはドイツに全てを従属させる犯罪的存在であるという批判や脱退の国民投票を実施するべきであるという急進的主張は、選挙向けに唱えられながら、投票前には他党との連携や穏健保守層へのアピールを考慮して後退している。EU関係の現実的処理と比べると、むしろ中国やロシアなど権威主義体制のシャープ・パワーとの接近は、深刻な挑戦にみえる。

五　主流化のジレンマからの脱却は可能か

以上のように、同盟は、イタリアの議会制民主主義とそれを拠点とした政治エリートを厳しく批判し、自らを差別化することによって浮上してきた。サルヴィーニは、政権運営において、議会制度よりも集権化された政党指導者としての権力を重視した。さらに、彼は限定的なイタリアのナショナリズムを強調し、厳しい移民・難民の制限を掲げ、リベラル・デモクラシーの背後にある従来の人権理念を批判している。そのアピールは、リベラルなシティズンシップを支えるEU統合の正統性を攻撃し、異なる価値観を有するシャープ・パワーのロシアや中国との関係強化を図っている点で、インターナショナリズムへの挑戦であるともいえる。

他方で、同盟を単にデモクラシーとインターナショナリズムへの挑戦者とみなすのは誤りである。同盟は、以前から議会制民主主義の制度を利用して浮上し、権力基盤を養い、守ってきた。同盟は、自由や平等などリベラル・デモクラシーの価値観をイスラム勢力などの攻勢から護ると訴える。さらに、同盟は孤立しているわけではなく、トランプ政権やロシアなどと積極的な国際的連携を築いてきた。同盟は他国のポピュリスト政党と同様、自らがデモクラシーとインターナショナリズムの体現者と主張しているのだ。同盟のポピュリスト政党としての挑戦は複合的である。

同盟の前進である「同盟運動」、北部同盟、そして現在の同盟に至る歴史的展開をみると、主流化のジレンマへの対応は、必ずしも持続的に成功してきたわけではない。第一共和制末期は少数派の抗議政党としてジレンマを回避できたが、第二共和制で政権につき、地方でも政権を掌握すると、度々政治腐敗や中核的支持者の離反に苦しむ。急進化の言説と穏健化の政策位置を両立するのは、やはり困難である。図が示すように、総選挙の度に支持が上下するのは、同党の戦略的動揺を反映している。

サルヴィーニ時代の急速な勢力拡大・維持の成功要因は自明ではない。本章の検討からは、特定問題(移民難民問題)の争点管理を独占して圧力をかけ、急進化戦略に転じるタイミングを能動的に選択している点がそれ以前と比べた違いといえるだろう。そのようなアプローチを通じて、党内のリーダーシップ確立という困難な課題を乗り越え、事実上の強固な政党規律の保持によって合意調達をめぐる集合行為問題を解決し、内訌で苦しむ他党に対して優勢に立ってきたのである。

もちろん選挙や政権獲得の行方如何によって、戦略の持続可能性は左右される。少なくとも本章の分析の範囲では、同盟の事例は、長い歴史を持つ政党でも、近年の比較研究が示すように、急進性を維持しながら勢力を保ち、主流化のジレンマを回避することが可能であることを示している。

注

(1) 本章はイタリアの事例分析を目的とするため、ポピュリズムの定義そのものには踏み込まないが、主要なアプローチの内でミュデらの「薄いイデオロギー(thin ideology)」を基にしたアイディアに基づくアプローチ(ideational approach)を重視している(Mudde 2017)。

(2) ロンバルディア同盟は、一九八三年総選挙では候補者を擁立しなかったが、トリエステのためのリストと提携した。一九八七年総選挙では党首ボッシを含み上下両院で一議席ずつ獲得する。

(3) 北部同盟は、自立性を有する各地方のネイション(nazione)の連邦レベル(federazione)の組織として形成されたため、通常の政党では全国組織の次の下位に位置する組織がナショナル・レベルと表される。

(4) 投票率は、ロンバルディア州では三八・五%に止まった一方、ヴェネト州では五七・二%を記録する高さであった。

参考文献

伊藤武（二〇一六a）『イタリア現代史――第二次世界大戦からベルルスコーニ後まで』中公新書。

伊藤武（二〇一六b）「イタリアにおける保守主義政党――「例外」としてのフォルツァ・イタリア」水島治郎編『保守の比較政治学――欧州・日本の保守政党とポピュリズム』岩波書店、二一九―二四一頁。

伊藤武（二〇一七）「イタリアにおける移民ケア労働者導入と家族主義レジームの「再家族化」」新川敏光編『国民再統合の政治』ナカニシヤ出版、二一一―二三四頁。

伊藤武（二〇一九）「イタリアとEU関係――難民問題をめぐるジレンマ」日本国際問題研究所・欧州研究会（平成三〇年度外務省外交・安全保障調査研究事業）『混迷する欧州と国際秩序』報告書、二九―四〇頁。

水島治郎（二〇一六）『ポピュリズムとは何か――民主主義の敵か、改革の希望か』中公新書。

Bressanelli, Edoardo e David Natali (a cura di) (2019) *Politica in Italia: I fatti dell'anno e le interpretazioni*, Edizione.

Cataldi, Matteo e Vincenzo Emanuele (2019) "Voto sul territorio e competizione nei college: una geografia elettorale rivoluzionata," in Alessandro Chiaramonte e Lorenzo De Sio a cura di, *Il voto del cambiamento. Le elezioni politiche del 2018*, Il Mulino, 261-264.

Dalle Mulle, Emmanuel (2018) *The Nationalism of the Rich: Discourses and Strategies of Separatist Parties in Catalonia, Flanders, Northern Italy and Scotland*, Taylor and Francis.

Fella, Stefano and Carlo Ruzza (2009) *Re-inventing the Italian Right: Territorial Politics, Populism and 'Post-fascism*,' Routledge.

Gómez-Reino Cachafeiro, Margarita (2016) *Ethnicity and Nationalism in Italian Politics: Inventing the Padania: Lega Nord and the Northern Question*, Taylor and Francis.

Itanes (2018) *Vox populi. Il voto ad alta voce del 2018*, Il Mulino.

Kitschelt, Herbert (2006) "Movement Parties," in Richard S. Katz and William Crotty eds., *Handbook of Party Politics*, SAGE, 278-290.

Krause, Werner and Aiko Wagner (2019) "Becoming Part of the Gang? Established and Nonestablished Populist Parties and the Role of External Efficacy," *Party Politics*, 1-13. https://doi.org/10.1177/1354068819839210

Mudde, Cas (2017) "Populism: An Ideational Approach," in Cristóbal Rovira Kaltwasser, Paul Taggart, Paulina Ochoa Espejo, and Pierre Ostiguy eds., *The Oxford Handbook of Populism*, Oxford University Press, 27-47.

Passarelli, Gianluca e Dario Tuorto (2012) *Lega & Padania: Storie e luoghi delle camicie verdi*, Il Mulino.

Passarelli, Gianluca e Dario Tuorto (2018) *Lega di Salvini: Estrema destra di governo*, Il Mulino.

Stefanini, Paolo (2010) *Avanti Po: La Lega Nord allaricossa nelle regioni rosse*, Il Saggiatore.

Tambini, Damian (2001) *Nationalism in Italian Politics: The Stories of the Northern League, 1980-2000*, Routledge.

Tarchi, Marco (2018) *Italia populista: Dal qualunquismo a Beppe Grillo*, Il Mulino.

Vampa, Davide (2018) "Il centrodestra a guida leghista," in Istituto Carlo Cattaneo, *Il vicolo cieco. Le elezioni del 4 marzo 2018*, Il Mulino.

第7章　オーストリアにおけるクルツ政権の誕生
――主流政党のポピュリズム化とポピュリスト政党の主流化――

古賀光生

はじめに

二〇一七年一二月、オーストリアで、セバスティアン・クルツが新首相に就任した。三一歳での首相就任は、同国史上最年少であった。クルツが率いる国民党[1]は、同年一〇月に実施された国民議会選挙において、三一・五％の得票率で第一党の地位を得た。連立相手は、第三党の自由党である。自由党は、二六・〇％の得票率で五一議席を獲得し、一九九九年選挙の五二議席に迫る結果を残した。もっとも、事前の世論調査で二年近く第一党を維持していたことを踏まえれば、五月に党首に就任して一挙に国民党を押し上げたクルツに主役の座を奪われた感も否めない。

クルツ政権の誕生は、戦後オーストリア政治における画期とも評しうる。第二共和制、すなわち、戦後の憲法体制においては、国民党と社民党の二大政党制、および、その両党による「大連立政権」が基調となった。この政治スタイルが、幾度かの転機を経て、改めて変容を迫られている。

本章は、二〇一七年のクルツ政権成立の背景をなす政治状況を概観する。オーストリアでは、周辺諸国にも先駆けて、周辺的であった右翼ポピュリスト政党の自由党が主流的な立場を獲得しつつある。また、主流に位置した国民党がポピュリスト的な手法を積極的に採用している。

以下では、まず、国民党が「ポピュリスト的」姿勢を示した、二〇一七年の国民議会選挙について振り返る。次いで、選挙に至る過程を確認し、最後にその背景にある、構造的な変化を検討する。

一　主要政党の「ポピュリズム化」？――二〇一七年国民議会選挙とクルツ現象

クルツ国民党の「ポピュリスト」的転換

クルツ新首相は、その若さのみならず、手法においても衆目を集めた。具体的には、二大政党の一角として戦後政治を主導してきた国民党の党名とシンボルカラーを変更し、組織構造を変革すると宣言したためである。いくつかの点で、その手法は「ポピュリスト的」とも評価できる。

クルツは、二〇一七年五月に党首の座を手に入れると、ただちに党組織の刷新を要求した。具体的には選挙に登録する名義を「セバスティアン・クルツのリスト－新しい国民党」に変更し、比例名簿のうち、第三層にあたる連邦レベルの名簿と党の事務局長、後の組閣の決定権を求めた(2)(Horaczek und Tóth 2017: 23)。候補者は女性と男性の候補を同数として、交互に名簿に記載した。党のイメージ・カラーも「黒」から「碧青色(türkis)」に変更された。西欧の諸政党を表す色は、例外もあるものの、社会民主主義政党の「赤」や自由主義政党の「青」、農民政党や環境保護政党の「緑」など、国を超えて同じ政党類型で共有されることが多い。ドイツのキリスト教民主同盟と同じく、国民党にとっても「黒」はキリスト教民主主義政党の伝統を継承する色であり、結党以来採用されてきた。

これほどまでにクルツが強気に出たのは、世論調査で人気の高さが示されていたためである。例えば、二〇一七年一月に実施された「もし、連邦首相を直接投票で選出するとすれば、誰に投票しますか?」という調査に対して、当時の国民党ラインホルト・ミッターレーナー党首の支持率は一二%で、社民党クリスティアン・ケルン首相の四一%、自由党ハインツ＝クリスティアン・ストラッヘ党首の二一%にも及ばなかった。しかし、「国民党の党首をクルツに替えた場合には、誰に投票しますか?」とすると、四七%の有権者が彼に投票すると回答している(ケルン二八%、ストラッヘ一〇%)(Plasser und Sommer 2018: 73)。実際に、クルツが党首に就任する直前には、国民党の支持率は自由党、社民党の後塵を拝していたが、党首就任後、第一党の座を奪っている(Plasser und Sommer 2018: 72)。

こうした情勢を受けて、国民党は党を挙げて、クルツを前面に打ち出す選挙宣伝に全力を挙げることとなった。例えば、国民党のホームページには、クルツの記者会見動画のみが掲載され、彼に直接電子メールを送る書式が用意された(Horaczek und Tóth 2017: 24)。クルツ自身も、党首就任以前から、少数の選挙戦略チームを組織して、ソーシャルメディア等を活用した広報活動を計画した。例えば、インターネット等を通じて少額の寄付を募る手法も採用され、党の選挙費用の九割が、少額寄付を通じて集められた(Horaczek und Tóth 2017: 33)。

選挙戦略は、争点にも及んだ。クルツが党首になるのに先立って用意された「連邦首相プロジェクト」において、選挙の勝利のためには、「礼儀正しいストラッヘ」、すなわち、「自由党のテーマを、未来に焦点を置いて」提示することの重要性が指摘された(Horaczek und Tóth 2017: 31-32)。具体的には、選挙戦において、「反移民」と「行財政改革」という、伝統的に自由党が得意とした論点が前面に打ち出された[3]。まず、イスラム系住民の統合問題に対して、「適法でない」イスラム系の幼稚園の閉鎖を公約に掲げ、「並行社会の阻止」を重要争点として掲げるなど、「同化」志向ともとれる姿勢を鮮明にした。また、所得税の最高税率を引き下げるとともにフラットな税率を導入することを訴えたが、その財源は、行財政改革を徹底することで確保すると主張した。

クルツの選挙戦略は、国民党の組織改革を志向するものでもあった。国民党は、伝統的に、党組織の分権性と意思決定過程の不透明さが指摘されてきた(例えば、梶原二〇一七)。各州組織と職能的な団体等の持つ高い自律性により、党執行部は州組織や団体の均衡に配慮せざるを得なかった。そのため、指導者の自律性は制約された。クルツはトップダウンでの意思決定が可能な組織への改編を目指した。

二〇一七年の国民議会選挙において、「クルツのリスト」に投票した人の四二％が「最大の投票動機」として、「党の筆頭候補」すなわち、クルツを挙げ、一一％が「筆頭候補を首相にするため」に投票したと回答している。つまり、投票者の過半数がクルツの存在に惹きつけられて投票しているといえる(SORA/ISA 2017)。

なぜ、これほど短期間のうちにクルツは新たな支持を惹きつけることができたのか。その背景を理解するために、まず、二〇一七年の国民議会選挙の過程を確認する。

二〇一七年国民議会選挙――経過と結果

二〇一七年五月、オーストリアでは、任期を約一年残して、国民議会が解散された。解散の理由は、直接的には、連立与党の一角を占める国民党の党首交代によって新党首に就任したクルツが、副首相への就任を拒んだことにある。ただし、根本的には、二〇〇七年以来連立を組んできた社民党と国民党の間で、とりわけ二〇一三年以降、税制改革や教育制度改革等をめぐる不一致が繰り返し表面化していた(Bodlos and Plescia 2018)。

選挙の過程で最も主要な争点として論じられたのは、難民問題であった。後述するように、二〇一六年にEUとトルコの協定が結ばれて急激な難民の増加には歯止めがかかったものの、その社会的な統合は、なお、重要な争点であり続けた。「とても頻繁に議論した争点(五段階評価で最も頻繁なもので、複数回答可)」として、有権者の五八%が難民とその統合問題を挙げた(以下は、SORA/ISA 2017)。社会給付(四九%)、治安(四〇%)、雇用(三七%)などが続いている。自由党のみならず、国民党が、これらの問題を難民の社会統合と意識的に結びつけて論じた。

どの争点をより重視するかは、支持政党ごとに異なった。国民党への投票者は有権者の平均に近いが、経済(三四%)と税金(三一%)が平均よりやや高い。社民党では、社会給付(五七%)、雇用(四五%)、健康と介護(四〇%)、教育(三〇%)などの項目が平均よりも高く、社会問題をより重視する傾向が見受けられる。他方、難民争点は、四八%と多くの関心が寄せられているものの、平均をやや下回る。自由党では、八八%もの投票者が、難民問題を挙げている。治安(六九%)、社会給付(六〇%)、雇用(四九%)と続く。選挙前の世論調査では、「イスラム過激派への準備」「社会給付の濫用」「経済難民の急増」「犯罪の増加」「テロリストの攻撃の危険」などの争点に関心を持つ有権者の間で、自由党は最も支持された(Plasser und Sommer 2018: 92)。

支持者の関心は、党の主張とも密接に結びつく。先述の通り、クルツは減税と統合政策を柱に据えた。これに対して、社民党は、政権与党として政権運営の実績を訴えつつ、失業率の上昇への対策を政策の柱とした。雇用と社会保障の維持のために、国民党の減税案には同調しなかった。自由党は、移民受け入れ停止、偽装難民の送還を主張した。しかし、従来の「社会的な」姿勢については、最低賃金の導入など、一部にとどめ、クルツに同調するように減税を掲げた。

こうした争点への関心と結びついて、各党の支持層には一定の傾向が見られた。まずは、支持者の年齢層については、ばらつきが見られる(以下は、SORA/ISA 2017)。社民党は、相対的に高齢の有権者から支持を多く集めた。六〇歳以上の有権者のうち、教会との結びつきから伝統的に高齢者層に強い国民党が三六％の支持を得たが、社民党も三四％を獲得して、互角である。年金生活者の間では、三九％の支持で、社民党が第一党の地位を確保した。他方、自由党は、伝統的に若者の党である。一九九〇年代のイェルク・ハイダー指導下で獲得した支持層が中高年となった今もなお、若者の間での支持が厚い。具体的には、三〇歳未満の有権者の間では、国民党(二九％)を僅差で制して、自由党(三〇％)が第一党となった。オーストリアでは投票年齢は一六歳に引き下げられたが、自由党には有利に働いているとも推測されている。もっとも、若者の間では多党化が進んでおり、緑の党(七％)、NEOS(九％)も健闘している。国民党は、相対的にどの年代からも万遍なく支持を得ている。

職業や学歴、現状や未来への態度においては、自由党とそれ以外の政党で、顕著な違いが見られる。自由党は、一九九〇年代以降、労働者層からの支持を積み上げてきた。この選挙では、過半数(五七％)の労働者が自由党に投票したと回答している。さらに、教育程度では、大学入学資格(Mature)を持たない男性の間では、自由党への投票率は三六％で、最も多くの支持を集めている。義務教育、実習的な職業教育で教育を終えた人々の間では、それぞれ、三三％、三七％と高い支持率を誇る一方で、大学卒業者からの支持は七％と極端に少ない。前回の選挙から今日まで、世の中が悪い方向に向かっていると考える人の四九％は自由党に投票し、良い方向に向かっていると考える人の五六％は社民党に投票した。また、若い世代の生活はより悪くなると考える人の四二％、オーストリアは非常に不平等な社会であると考える人の五三％は、自由党に投票している(いずれも、SORA/ISA 2017)。

最後に、今回の選挙の帰趨にとって、浮動票の動きも無視できない。二〇一七年の選挙では、前回の二〇一三年の選挙で五・三％の得票率を獲得した「チーム・ストロナッハ」が候補者擁立を見送った。前回の選挙直前に大富豪により設立された新自由主義的な傾向の強いこの政党から、国民党に最も多くの票が流れた。他方、緑の党の分裂により、同党支持層から社民党への支持の流出も見られた(SORA/ISA 2017)。

政権枠組みの選択とクルツ現象

選挙戦では、難民問題と並んで、現政権の業績への評価と政権の枠組みをめぐる議論が大きな争点となった。連立政権の支持率は、二〇一七年五月には、二五％と極めて低い水準にあった(Plasser und Soomer 2018: 36)。さらに、選挙に際して、大連立の継続を望む有権者はわずかに一五％であった(Plasser und Sommer 2018: 39)。他の選択肢を見ると、国民党と自由党の連立を望む有権者が三八％、次いで、社民党と緑の党にＮＥＯＳを加えた連立を望む有権者が二〇％と、社会・文化的な争点において立場の近い政党による連立を望む有権者が過半数を占めていた(Plasser und Sommer 2018: 127)。政権を支持する有権者の多くは社民党に投票し、政権に批判的な有権者の支持は、野党自由党のみならず、連立与党の一角を占めていた国民党にも傾いた。

社民党と国民党は、戦後憲法体制の下でオーストリア政治を主導した二大政党である。両党による連立は、オーストリアでは「大連立」と呼ばれる。しかし、一九八六年の連立構築の際には合わせて国民議会の九割近くを占めた二大政党の議席も、組織的基盤の弱体化や多党化の流れを受けて、二〇一三年の選挙の結果では、わずかに過半数を上回るに過ぎなかった。「大連立」の語が、しばしば、議会におけるほぼすべての勢力を結集させた連立を意味して用いられてきたことを想定すれば、オーストリア国内でも、これが「大連立」と呼ぶにふさわしい政権であるのかについて疑問の声があるのも当然である。代替策がないゆえの、消極的な選択肢として大連立が選択された。

大連立に否定的な有権者の多くが、この選挙を政権枠組みの選択の機会として意識したはずである。このことは、クルツに大きく味方した。なぜならば、まず、二大政党のうち、大連立に代わる政権枠組みが示せたのは国民党のみであったためである。クルツの党首就任によって政策的に両者が接近したこともあり、最も多くの有権者が支持した政権枠組みが、国民党と自由党の連立であった。

他方、社民党は、大連立以外の政権展望を示せなかった。なぜならば、選挙を前にして緑の党が分裂していたこともあり、社民党には、現実的な提携相手が存在しなかったためである。緑の党は、大統領選挙に勝利したことで、現実主義的な路線と理想主義的な路線をめぐって党内抗争に陥った挙句、難民問題への態度と個人的なスキャンダルも相まって党有力者のピルツが党を割った(Buzogány and

Scherhaufer 2018)。最終的には、阻止条項（議席獲得のための最低得票率）の四％にすら到達しない惨敗であった。自由党やＮＥＯＳなど、他の野党との連立も取りざたされたものの、自由党とは難民問題で乖離があり、新自由主義的な傾向を持つＮＥＯＳとは、経済問題で乖離が見られた。

政権枠組みが争点となったことで、クルツは、前政権において外相という要職にありながら、政権批判票の受け皿となりうるという、稀有な立場を獲得した。ポピュリスト的な立ち位置を確保するために、彼は、自身の若さと、後述する政権内での振る舞いを根拠とする「部外者」性を強調した。

二　二〇一七年国民議会選挙に至る過程
――難民危機、大統領選挙、自由党の復権――

難民危機と大連立への不信

本書で扱われる西欧各国と同様に、オーストリアでも、二〇一五年にピークを迎えた「難民危機」が政治に大きな影響を及ぼしている。オーストリアでは、二〇一四年頃からシリアやアフガニスタンからの難民が急増した。例えば、陸路での難民が増加する秋頃を見ると、二〇一四年九月には、前年同月の二倍を超える三二九八人が難民申請を行った。そのほかにも、オーストリアを通過してスウェーデンなどを目指す人々も多かった。二〇一五年五月には、国際的には「地中海ルート」でのイタリアなどへの難民の流入が注目されていたが、オーストリアへの難民申請も前年同月比の三倍以上である六四〇六人、翌六月も、前年同月の四倍を超える七六九六人と、難民申請者数は日増しに増大した

（ＵＲＬ②）。

難民問題が政治の中心的な争点となるのは、二〇一五年九月以降、いわゆる「バルカン・ルート」を通じた難民の到来が急増して以降である。八月にアンゲラ・メルケル首相がシリア人難民の全面的な受け入れを表明したことで、陸路でドイツを目指す難民数は急増した。八月末には密航業者による難民の遺体遺棄事件、翌月にはギリシア沖でのアラン・クルディ君の海難事件が報じられ、国内世論にも大きな影響を及ぼした。九月のオーストリアへの難民申請数は一万人を超えた。

この問題をめぐり国論は二分した。当初政府は、ヴェルナー・ファイマン首相を筆頭に、メルケル首相に同調した。国民党は、与党としてファイマン首相と歩調を合わせたものの、党内には異論も少なくなかった。全面的に難民の受け入れに反対したのは、自由党である。同党は、長年、移民排斥を主張していた。受け入れ反対派は、ハンガリーに倣って、国境沿いにフェンスを建設することを主張した（Rheindorf and Wodak 2018）。

難民の増大と歩調を合わせるかのように、二〇一五年の夏頃から、自由党の支持率は上昇した。世論調査では同年一月に国民党、社民党に次ぐ第三位の支持率（二四％）であった自由党は、六月に第一党（二六％）となる。それと並行して、五月と一〇月に実施された各地の州議会選挙で、自由党は、大きく議席を伸ばした。特に、五月のシュタイアーマルク州、一〇月のオーバーエスタライヒ州では、得票率を前回の二倍以上に伸ばした。一〇月のウィーン州議会選挙では、既に第二党の地位を獲得していた自由党が、第一党を窺う勢いすら見せた。結果は二位に甘んじたが、同党史上最大の得票率であった。この後も、自由党は支持率をさらに上げ、大統領選挙の一回目投票の時期の二〇一六年四月には、支持率三三％と、二二％の社民党、二〇％の国民党を引き離す勢いであった(支持率は、Plasser und Sommer 2018)。

州議会選挙における自由党の議席拡大は、連立与党内の不協和音に結びついた。国民党内では、「バルカン・ルート」の閉鎖を主張するクルツ外相を筆頭に、難民受け入れに否定的な声が高まった。二〇一五年の大晦日にドイツのケルンで難民申請中の者が暴行事件にかかわったと報じられると、オーストリアでも「歓迎の文化」は大きく後退した。この結果、国民党内部で難民受け入れ反対派の影響力が拡大したのみならず、社民党内部でも、「EUレベルでの問題の解決」を唱えるなど、受け入れの抑制を求める声が高まった(Rheindorf and Wodak 2018)。二〇一五年一〇月には、より多くの難民の受け入れに賛成する人が四五％、懐疑的な人が五〇％と拮抗していたが、二〇一六年一月にそれが三八％と六〇％に差が開いた(Plasser und Sommer 2018)。

こうした経緯もあり、二〇一六年の年頭には政府の方針は「歓迎」から転換していた。ファイマン首相は、従来の無条件の難民受け入れを撤回し、受け入れ数に上限を設定することを表明した。外相のクルツは、国際会議を主催して西バルカン諸国と歩調を合わせ、「バルカン・ルート」を封鎖した。結局、EUはトルコと協定を結び、経済支援と引き換えにシリアなどからの難民をトルコが引き受けることを要請した。ファイマン首相の指導力への疑念が既成政党の幻滅へとつながり、後述する大統領選挙の結果に結びついたと目されている(Gavenda and Umit 2016)。

二〇一五年の難民危機に際して、八万人の難民を受け入れたオーストリアは、人口比では西欧でも屈指の難民受け入れ国の一つであった。しかし、対応が一貫しなかったことで、こうした姿勢は国際的には十分に評価されないどころか、上限の設定とともに「バルカン・ルート」封鎖の主導国としての国際的な非難の対象にすらなった。

二〇一六年大統領選挙における二大政党の惨敗

さらに、国民党が党首交代や連立解消へ踏み切った事情を考察するうえでは、国民議会選挙の前年である二〇一六年に実施された大統領選挙を踏まえる必要がある。

二〇一六年の大統領選挙は、第二共和制の下では異例の展開と結果に終わった。二大政党の候補者以外から大統領が誕生したこと自体が第二共和制史上初めてであったが、この選挙では、二大政党の候補者いずれもが、そもそも第二回投票に進めなかった。オーストリアの大統領選挙は、第一回投票で過半数を獲得する候補者がいなければ、第二回投票で大統領を選出する。戦後のすべての大統領選挙では、第一回投票で二大政党の候補者のいずれかが当選するか、二大政党の候補者同士による第二回投票で大統領が決まっていた。

具体的には、第一回投票では、自由党の候補者であったノルベルト・ホーファーが三五・一％の得票で一位となった。五月に実施された第二回投票では、ホーファーは得票率四九・七％、二三万票の獲得で、わずか三万票差で緑の党出身のアレクサンダー・ファン゠デル゠ベレンに敗れた。後にこの選挙は、憲法裁判所によって無効とされ、一二月に再選挙が実施された。この選挙から導入された郵便投票の開票の不備が理由であった。再選挙でもファン゠デル゠ベレンが五三％の得票率で勝利して、大統領に就任した。ファン゠デル゠ベレンは形式的には無所属の候補であったが、長年緑の党の党首を務めた人物で、同党が選挙を全面的に支えた(Buzogány and Scherhaufer 2018)。

オーストリアでは、国民の直接選挙で選出される大統領は、憲法上、議会の解散権や首相指名権を持つ。たしかに、実態に即して、大統領は「儀礼的な存在」と目され、同国は議院内閣制の国にも分類される(東原二〇一八)。しかし、それは第二次大戦後、二大政党が議会に強固な基盤を持ち、両党の党首が大統領ではなく首相を目指したことから、二大政党の支持の下で選挙に勝利した歴代の大統領が憲法上の権限を放棄した結果に過ぎない。もし憲法を文字通りに読み、その解釈の下で運用を図ろうとすれば、半大統領制としての運用も可能である。実際に、ホーファーのみならず、ファン＝デル＝ベレンも選挙の過程で大統領の解散権や首相指名権に言及していた(Gavenda and Umit 2016)。

歴代の大統領は、出身の会派を問わず、儀礼的な存在と目されながらも、唯一の政治的な役割として、自由党の連立参加に否定的な立場を表明してきた。自由党が大統領ポストを獲得すれば、当然ながら、こうした慣行は除かれる。各国のポピュリスト的な指導者が「暗黙の了解」を軽視する傾向を踏まえれば、もしホーファーが大統領に就任していたならば、オーストリア政治に及ぼした影響は少なくなかったであろう。

この大統領選挙の第二回投票における投票行動は、「極右政党対緑の党」という、西欧で進展する構造変動を象徴する図式となった。そのため、オーストリア国内政治をめぐる象徴的な分断線を示す。具体的には、性別に加えて、学歴と居住地域で、投票行動が大きく分かれたのである(例えば、東原二〇一八、Gavenda and Umit 2016)。ファン＝デル＝ベレンは、女性、高学歴な人々、人口密度の高い地域に住んでいる人々から、ホーファーは、男性、中程度の学歴の人々、郊外に住んでいる人々から、それぞれ多く票を集めた。後述するように、これらの要素は相互に結びつきながら、就業機会や文化的な価値観を左右すると目されている。クルツ現象も、こうした構造の中に位置付ける必要がある。結局、ファイマン首相は、大統領選挙の第一回投票の結果を受けて五月に辞任し、社民党党首はケルンに交代した。他方、国民党でも、副首相で党首であったミッターレーナーが辞任して、後継としてクルツが党首に就任した。大統領選挙は、二大政党とその連立を拒絶し、国民議会選挙の序章となったのである。

自由党の変容?

クルツ政権の特徴の一つに、西欧でも最も極右的な政党とも呼べる自由党の政権参加がある。自由党の政権参加は、ハイダー指導の下で国民党との連立政権に参加した、二〇〇〇年以来である。その際には、世論の激しい反発と大統領の否定的な反応を押し切って、当時の国民党党首ヴォルフガング・シュッセル(Wolfgang Schüssel)が政権を発足させた。そのため、首都ウィーンをはじめ、各地で街頭における激しい抗議が展開された。これに対して、今回は、既に選挙の過程で四割近い有権者がこの政権枠組みを支持したこともあり、街頭における抗議は前回に比して小規模であったとされる(例えば、Ronzheimer 2018: 143–144)。

しかし、有権者が連立参加を受容していることで、自由党が穏健化していると判断するのは早計である。元々、オーストリアの自由党は、オランダの自由党やデンマーク、ノルウェーなどの急進右派政党とは異なり、はっきりと、両大戦間期のナチス勢力を人的に継承する、文字通りの「極右」政党であった（例えば、古賀二〇一二）。そのうえで、例えば類似の歴史的背景を持つフランスの国民連合がマリーヌ・ルペン党首の下で「脱悪魔化」を図っている（例えば、本書第5章参照）のと比べれば、自由党は、むしろ、ストラッヘが党首に就任して以降、人脈や争点、用語法の観点などから、急進化を図っているとも懸念されている（例えば、Scharsach 2012）。

連立政権が成立したのは、むしろ、国民党が自由党に接近したためである。典型的には難民問題や移民の社会的統合に関して、前述の国民党の戦略もあり、自由党のアイデアがコピーされたと指摘されるほど（Bodlos and Plescia 2018）、国民党と自由党の立場は近かった。さらに、国民党の「ポピュリスト的」手法は、ほぼ自由党の模倣と言ってよい。争点のみならず、集権的な組織形態の追求や選挙キャンペーンにおける指導者への関心の集中などは、かつてのハイダーの手法と酷似している。

むしろ、今日の自由党こそ、ハイダー時代の自由党とは異質と言ってよい。ハイダーは、党首就任直後には野党として支持を広げるために、党内の急進的な民族主義者らの支持を得つつ、排外的で歴史修正主義的な姿勢を隠さなかった。しかし、一〇年単位での政権展望を掲げ、支持基盤を広げることを目的に、後に党内の急進派を排除した。政権参加後も、特に二〇〇二年の国民議会選挙の敗北以降は、与党の座を維持するために急進的な立場を退けた。彼の離党と未来同盟の設立は、ややもすれば原則論に基づいて急進性を強める党活動家の影響から自由になることを目指し、議員団を中心とした政党組織を再構築するために実施されたとも目されている（Luther 2015）。

ハイダーの離党にも影響を及ぼしたのが、彼の離党後に党首に就任したストラッヘである。彼は、一九九一年にウィーンで区議に当選して以降、州組織内で党の支持基盤を固めた。ストラッヘは、当初ハイダーと近い立場にあった。しかし、党の州代表に就任した二〇〇四年以降、党の穏健化を図るハイダーとの対立が表面化した。かつて急進的なドイツ民族主義的立場ゆえにハイダーに遠ざけられたアンドレアス・メルツァーを欧州議会議員に擁立したことを原因の一つとして、翌年、ハイダーは離党して新党である未来同盟を結成することとなる(Horaczek und Reiterer 2009)。

ハイダーが離党した後に自由党が支持を回復した背景には、既に一九九〇年代後半から現れていた「労働者の党」としての性格をより一層鮮明にしたことがある。一九九九年の国民議会選挙では、自由党は労働者層の四七%もの支持を獲得した(Plasser und Ulram 2000)。しかし政権参加後には、シュッセル政権の緊縮財政に賛成したこともあり、労働者層は一時離反した。野党路線に回帰すると同時に、「社会的な」党として、全国的な最低賃金の設定や子供手当の増額、公共住宅の増設などを主張することで、当初は都市部の労働者層への浸透を図った(Luther 2015)。

こうした主張を展開した背景には、他党との競合もあった。ハイダー時代の自由党は、緑の党を除けば唯一の政権批判の受け皿であり、減税と社会保障の増額を同時に主張する、という立場でも支持が集められた。しかし、二〇〇〇年代以降は、新自由主義的な新興政党が次々と登場して、大連立批判の受け皿となった。そのため、これらの党との差別化の必要性も迫られていた。

二〇一〇年以降の金融危機によって、従来のＥＵ批判の姿勢が、緊縮財政批判や福祉排外主義の議論とかみ合ったことで、同党の支持は着実に伸長した。緊縮財政で国内の社会保障が削られると危惧する有権者に、「我々のお金が、ＥＵに吸い上げられている」との危機感を煽る手法を展開したのである。二〇一七年の国民議会選挙においても、ＥＵへの態度が否定的な有権者ほど、自由党に投票する割合が高い(Plasser und Sommer 2018: 110)。

自由党の支持層の性格は、かつてと比べて、より明確になっている。職業教育を受け、高等教育は受けていない層、非熟練を中心として労働組合に参加していない労働者、男性、ウィーンを除けば郊外を中心とした地域の居住者などが、支持者のプロフィールである。より詳細な実証が求められるものの、こうした層を中心とする支持は、後述する「就業環境の二極化」の議論と相まって、自由党が、「グローバル化の敗者」の党としての性質を強めているという傾向を窺わせる。

このような支持層の動向を踏まえると、党の急進化についても、支持獲得という動機との結びつきも推察される。ストラッヘ指導下の自由党は、伝統的な家族像の擁護や同性婚への否定的な態度などに見られるような、保守的で懐古的な姿勢を強化しつつある。比較研究において、こうした価値を支持する人々の持つ社会的な属性についての傾向は、自由党の支持層と一致する。

一九九九年の自由党は、「労働者の第一党」としての地位を獲得したのと同時に、一九八〇年代から同党を支持しつづけた、経済的な自由化や民営化を求める都市部の新中間層、閉鎖的な政治体制に否定的な高学歴の有権者層など、多様な支持者に支えられていた。そのことが、政権参加後の行動を困難なものとしたことは疑いない。他方、今回は、改革を期待する層の支持の多くはクルツ国民党に流れたものと予想されるが、それでもなお、一九九九年と同程度の支持を固めたことは、労働者層の過半を超える支持や、低学歴層における支持率の高さと相まって、自由党が、「護民官」的地位を確固たるものとしたことを示唆する。

二〇一七年選挙における自由党の支持理由を見ても、もはや、同党が特定の「カリスマ的指導者」

への人気に依存していないことが窺える。同党への投票者のうち、投票理由として筆頭候補（ストラッへ）を挙げた人の割合はわずか五％で、クルツを挙げた国民党支持者のみならず、ケルン党首を投票理由に挙げた社民党投票者よりも少ない。むしろ、伝統的な同党の看板争点である「難民問題」における主導権をクルツに奪われたにもかかわらず、自由党が、一九九九年と劣らない規模の支持を集めたことに、党支持基盤の変容が窺われる。

三　構造的な背景

社会構造の変容と有権者の二極化？

クルツ政権の誕生に伴う政治的配置の変化は、オーストリアで進行中の社会構造変化と無縁ではない。グローバル化や脱工業化、知識基盤社会の到来は、いわゆる先進諸国に共通の現象である。ただし、それらが政治にどのような作用をもたらすかは、教育や雇用、社会保障制度などの違いから、一様とは言えない。以下では、オーストリアの文脈を踏まえつつ、高学歴化と就業の「高度化」あるいは「二極化」、都市部への人口の再集中、それらに伴う政治的な価値対立の先鋭化の三点を確認する。

まず、高学歴化である。オーストリアでは、教育システムが複線化し、中等教育段階での職業教育が充実しているため、高等教育を受ける人々の割合は相対的に低かった。しかし、近年は、大学卒業者も急速に増加している。一九八六年の調査では、二七歳から四六歳の回答者のうち、高等教育を修了した人の割合は三・八％に過ぎなかったのに対して、二〇〇三年には一一・六％、二〇一六年の調査では一九・八％に上昇している(Bacher und Moosbrugger 2019)。

このことは、先行研究が指摘する就業形態の「高度化(upgrading)」(Oesch 2013)と密接に結びついている。すなわち、先進諸国では、工場の海外移転や事務作業のＯＡ化・ＩＴ化などに伴って、所得の面で「中間的」と目された製造業や事務職の従事者が大きく減少している。オーストリアでも、例えば工業を見ると、一九八五年において鉱工業に従事した人の割合は就業者の二九・〇％であったのに対して、二〇一六年には一六・三％である(Fritsch et al. 2019)。その中で、新たに労働市場に参入する若者の多くは、研究・開発や管理など高度な知的技能を要求される職に就くか、あるいは、対人サービスやケア労働の職に就いている[(4)]。高学歴化に伴う、就業の「高度化」とされる。

他方、これらの技能を持たない者や移民層などは、機械に代替されにくい非熟練労働に就くことが多い。アメリカ合衆国では中間的な就業の減少の一方で、こうした非熟練労働の機会が増加しており、所得の高い仕事と低い仕事の就業機会の増大は、雇用環境の「二極化(polarization)」と呼ばれている(Autor 2010)。二〇〇八年までのデータを分析したエッシュによれば、ドイツなどの西欧諸国では、若者の高学歴化や少子化などの影響で非熟練労働への参入が限られ、「二極化」の傾向は見られない(Oesch 2013)。

エッシュの直接の分析対象ではないものの、オーストリアも、上述のデータと合わせて、職業訓練等の制度面での類似性などを踏まえると、ドイツと似た傾向にあると考えられる。ただし、近年の移民・難民数の増大に伴う人口増を視野に入れると、この議論が今なお維持できるかは、改めて検証の必要があろう。

次に、都市への人口の再度の集中である。情報産業や製薬など研究・開発職を中心に、高度な専門性を要求される雇用においては、当該領域における専門の細分化と相まって、マッチングには十分な大きさの労働市場が求められ、企業と労働者の双方が、特定の産業集積地に集中する傾向が指摘される(Moretti 2012＝二〇一四)。これらの人口の集中地域では、対人サービスの需要も大きい。この結果、所得の恵まれた雇用が集中する地域の地価高騰と相まって、居住地域と所得、学歴の相関関係が強まるとともに、政党支持の地域間格差に結びつくことが予想される。

オーストリアでも、ウィーンやインスブルックなどの都市とその近郊で、全国的な平均を上回る人口増加の傾向を示している。また、ドイツやスイスと隣接する北西部で人口が増加している一方で、南東部での人口増加の勢いが弱い[5]。例えば二〇一六年の大統領選挙における投票行動では、地域の格差が政党支持に結びついていることが指摘されている。今後、こうした人口動態との関連について検討が待たれる。もっとも、自由党はウィーンでも支持を伸ばしており、大都市内部での格差も議論の対象となろう。

これらの社会対立は、人々の価値観にも影響を及ぼしていると考えられている。具体的には、高度な教育を受け、専門的な知識に基づき自律的な就業に従事する人々の多く、とりわけ若い人々は、自己決定を重視し、「脱物質的な価値」を尊重すると想定される。こうした人々の割合は、一九六〇年代以降徐々に増大したが、ノリスとイングルハートによれば、近年、伝統的な価値を尊重する人々との割合が逆転し、多数派に転じたという(Norris and Inglehart 2019)。このことは、少数派への転落の恐怖から、伝統的な、あるいは権威主義的な価値観を持つ人々の政治的な活動を活発化したとも考えられ、政治において、ますます、価値をめぐる対立が先鋭する要因の一つとも指摘されている。オーストリアでも、こうした価値対立とストラッへの下での自由党の極右的な傾向への回帰が、相互に影響しあっていると見込まれる。こうした傾向は、二大政党を中心とした中道的な連立が依って立つ基盤が失われつつある可能性を示唆している。

政党支持の「脱編成」と「再編成」？

社会変容と並行して、オーストリアでは、政党支持をめぐる構図が変化し、新たな構成が登場しつつあると考えられている。これまで、右翼ポピュリスト政党の登場は、政党支持の「脱編成(dealignment)」――すなわち、既成政党が伝統的な支持層をつなぎとめることができなくなったことによる浮動票の増大――と結びつけて理解された。ポピュリズムという概念に、「特定の階層や組織からの支持に依存しない」という含意を持たせる論者も少なくないが、こうした語感と「脱編成」の議論は相性がよい。

しかし、近年、より踏み込んで、特定の社会階層からの支持が固定化し、新しい政党支持の構図が固まりつつある――すなわち、政党支持の「再編成(realignment)」――が進展しつつある、との指摘もある(例えば、Kitschelt and Rehm 2015)。自由党の支持層の固定化も、その一環と見ることができる。

オーストリアにおける二大政党の支持の揺らぎ――すなわち「脱編成」――は、早くには一九七〇年代頃から、遅くとも九〇年代初頭までには、指摘されてきた(例えば、Plasser et al. 1992)。特に国民党は伝統的な支持層である農業従事者や自営業者数の減少によって一九七〇年に政権を失った。

さらに、一九九〇年代以降、今日に至るまでも、「脱編成」は続いている。国民党の「最後の砦」であった、熱心に教会に通う人々は、その絶対数が減少している。他方、社民党も、一九九〇年には六二万人を誇った党員数は、二〇一七年には一八万人にまで減少している。特定の政党に所属していた有権者は一九八六年に二三％であったが、二〇一六年には一〇％まで低下している(Plasser und Sommer 2018)。

他方、「再編成」の動きは、未だ萌芽的である。大統領選挙で見られたような、若い高学歴者の支持を集める緑の党と、低学歴の非熟練労働者から支持される自由党という対立図式は、クルツの登場により、やや攪拌されている。自由党の支持がどの程度固定化されるかも含めて、今後の趨勢を見守るべきであろう。

おわりに――オーストリア政治が示唆するもの

オーストリアは、目下、激動の最中にある。直近では、本章執筆中の二〇一九年五月に、自由党のストラッヘ党首がスキャンダルで副首相を辞任した。これを機に自由党が下野したことから、後に第二共和制で初めて、首相の不信任案が可決された。同年九月には国民議会選挙が実施され、改めて、前回からさらに得票を伸ばしたクルツの国民党が第一党となった。また、緑の党が議会に復帰し、社民党と自由党が大きく後退した。

今後の趨勢は十分に予期できるものではない。スキャンダルがなかったとしても、減税を進めるクルッと自由党の間で、不一致が生じる可能性は十分にあった。他方、移民の社会的統合に見られるように、自由党と国民党が一致できる争点もある。例えばデンマーク国民党のように、固定的な支持層に支えられた自由党が自らの重要争点にのみ専念することができれば、国民党との連立が機能する見込みもある。

伝統的には、オーストリアでは階級・宗派・都市と農村の対立軸が重視され、その分断線が三重に重複して強力な二大勢力が登場して、戦間期には内戦を経験するほどの政治対立をもたらした。教育歴と所得の格差と価値観、居住地域をめぐる分断線が幾重にも重複することが何を意味するのかは、こうした経験を有するオーストリアでは、より切実に検討されるであろう。

クルツ新政権がどのような争点を軸に連立を構築するかは本章執筆時点では明らかではない。戦後の階級間和解に際して蓄積された知見が、大いに活用されることが望まれる。

付記　本章脱稿後の二〇二〇年一月七日に、国民党と緑の党の連立からなる、第二次クルツ政権が成立した。その詳細は、別稿を期したい。

注

（1）Österreichische Volkspartei の邦訳については、専門家の間で「国民党」と「人民党」のいずれもが採用されている。ここでは、クルツによる新たな「国民政党」運動の観点から、前者を採用した。

（2）オーストリアの国民議会選挙は、比例代表制で実施され、比例区は三層式になっている。順に、地域（州をいくつかに分割したもので、全国三九区）、州（全国に九州）、連邦（全国区）で、連邦レベルでは、各選挙区での余剰票が集計され、余剰議席が配分される。

（３） 選挙における主張は、各党の公式サイトから選挙公約を参照した。

（４） 就業者に占める割合については、「研究・教育」が四・五％から六・九％に、「健康と社会的就業」が五・三％から一〇・四％に、それぞれ上昇している（Fritsch et al. 2019）。

（５） 具体的には、二〇〇八年から一八年までの間、全国で六％程の人口が増加したが（八三四万人から八八五万人）、州別に見ると、突出するウィーン都市州（一二％増）を除けば、ティロル（州都はインスブルック）とフォアアールベルクで全国平均を超える人口増が見られる一方で、ブルゲンラント、シュタイアーマルクは全国平均を下回り、ケルンテンは、この一〇年で人口はほぼ横ばいである（ＵＲＬ③）。

参考文献

梶原克彦（二〇一七）「シュッセル内閣期のＯＶＰ——オーストリアにおける保守政党の「復権」をめぐる一考察」『愛媛大学法文学部論集　社会科学編』第四二号、二三—四〇頁。

古賀光生（二〇一二）「オーストリア自由党の組織編成と政策転換」『立教法学』第八六号、二一四—二四九頁。

東原正明（二〇一八）「二〇一六年大統領選挙とオーストリアの極右政党——難民危機が与えた影響」『福岡大學法學論叢』第六二巻四号、九五九—一〇一〇頁。

Autor, David (2010) "The Polarization of Job Opportunities in the US Labor Market," *Center for American Progress and The Hamilton Project*, 6, 1-48.

Bacher, Jahann und Robert Moosbrugger (2019) „Bildungsabschlüsse, Bildungsmobilität und Buildungsrendtien: Entwicklungen," in Jahann Bacher et al. Hrsg., *Sozialstrukture und Wertewandel in Österreich*, Springer, 131-157.

Bodlos, Anita and Carolina Plescia (2018) "The 2017 Austrian Snap Election: A Shift Rightward," *West European Politics*, 41(6), 1354-1363.

Buzogány, Aron and Patrick Scherhaufer (2018) "Austrian Greens: From Pyrrhic Presidential Victory to Parliamentary Exit," *Environmental Politics*, 27(3), 566–571.

Fritsch, Nina-Sophie et al. (2019) „Arbeit und Berufe in Österreich. Veränderte Einstellungsmnster im Kotext des Struturwandels am Arbeitmarkt," in Jahann Bacher et al. Hrsg., *Sozialstrukture und Wertewandel in Österreich*, Springer, 333–385.

Gavenda, Mario and Resul Umit (2016) "The 2016 Austrian Presidential Election: A Tale of Three Divides," *Regional & Federal Studies*, 26(3), 419–432.

Horaczek, Nina und Claudia Reiterer (2009) *HC Starache*, Ueberreuter.

Horaczek, Nina und Barbara Tóth (2017) *Sebastian Kurz: Österreichs neues Wunderkind?* Residenz Verlag.

Kitschelt, Herbert and Philipp Rehm (2015) "Party Alignment: Change and Continuity," in Pablo Beramendi et al. eds., *The Politics of Advanced Capitalism*, Cambridge University Press, 179–201.

Luther, Kurt Richard (2015) "The Primacy of Politics: Austrian Populism and the Not-so-great Recession," in Hans-peter Kriesi and Takis S. Pappas eds., *European Populism in the Shadow of the Great Recession*, ECPR Press, 141–159.

Moretti, Enrico (2012) *The New Geography of Jobs*, Houghton Mifflin Harcourt（池村千秋訳『年収は「住むところ」で決まる――雇用とイノベーションの都市経済学』プレジデント社、二〇一四年）.

Norris, Pippa and Ronald Inglehart (2019) *Cultural Backlash*, Cambridge University Press.

Oesch, Daniel (2013) *Occupational Change in Europe: How Technology and Education Transform the Job Structure*, Oxford University Press.

Plasser, Fritz et al. (1992) "The Decline of 'Lager mentality' and the New Model of Electoral Competition in Austria," *West European Politics*, 15(1), 16–44.

Plasser, Fritz und Peter Ulram (2000) „Rechtpopulistische Resonanzen: Die Wählerscaft der FPÖ," in Fritz Plasser,

Peter Ulram, und Franz Sommer Hrgs., *Das österreichische Wahlverhalten*, Signun Verlag, 225-241.
Plasser, Fritz und Franz Sommer (2018) *Wahlen im Schatten der Flüchtlingskirse*, Facultas Verlag.
Rheindorf, Markus and Ruth Wodak (2018) "Borders, Fences, and Limits—Protecting Austria from Refugees: Metadiscursive Negotiation of Meaning in the Current Refugee Crisis," *Journal of Immigrant and Refugee Studies*, 16(1-2), 15-38.
Ronzheimer, Paul (2018) *Sebastian Kurz: Die Biografie*, Herder.
Scharsach, Hans-Henning (2012) *Strache*, Kremayr and Scheriau.
SORA/ISA (2017) „Wahlanalyse Nationalratswahl 2017" (ＵＲＬ①).

ＵＲＬ

①https://www.sora.at/themen/wahlverhalten/wahlanalysen/nrw17.html　二〇一九年一〇月二七日最終閲覧。
②オーストリア政府内務省(https://www.bmi.gv.at/301/Statistiken/start.aspx#pk_2019)　二〇一九年一〇月二五日最終閲覧。
③オーストリア政府統計局(http://www.statistik.at)　二〇一九年一〇月二五日最終閲覧。

III

民主主義への挑戦
——ローカルからグローバルへ

支持者の集会で演説するドナルド・トランプ
（フロリダ州タンパ，2018 年）写真提供：123RF

第8章　地方選挙での苦悩
――二〇一八年オランダ自治体議会選挙で自由党はなぜ負けたのか――

作内由子

はじめに

本章では、オランダにおける自治体(gemeente)レベルのポピュリスト政党票の動向に着目しよう。一般に、ヨーロッパのポピュリスト政党については、全国レベルの政党に注目が集まる傾向にある。これに対して、本章で検討するのは自治体レベルでその票がどこへ向かうかである。

ポピュリズムが主流化するということは、単に国政レベルでポピュリスト政党が躍進し、政党システムの中で無視しえない存在になるというだけではない。EUレベル、州レベル、自治体レベルといったそれぞれの政党システムでも、ポピュリスト政党がプレゼンスを持つようになるはずである。ところが、本章で扱うオランダでは、自治体議会議員選挙において国政レベルで最大の新右翼ポピュリスト政党である自由党は実のところほとんど議席を獲得していない。その理由は、その票を地方政党(lokale partijen)が獲得しているためである。地方政党は既成政党に対する批判票を吸収し、しばしば自治体政府に食い込んで政策形成に参与している。

以下では、まず第一節でオランダの自治体レベルで票が地方政党に向かっていることをデータに基づいて確認した上で、第二節では近年の地方政党の躍進とポピュリズムとの関係について示し、第三節で二〇一八年自治体議会選挙の結果に基づいて、自治体レベルでの政党システムでポピュリズムがどのように表れているかを検討しよう。

一　オランダ自治体レベルにおける新右翼ポピュリズム政党票のゆくえ

ポピュリスト政党に組織はいらないのか？

オランダのポピュリスト政党自由党が地方政党から票を奪えない理由の一つは、組織が小さいためである。ポピュリスト政党と言えば、ともすればカリスマ的な党首が大衆扇動的な手法で人々の熱狂的な支持を獲得する、組織とは無縁な政党と考えられがちである。また、党首の指導という観点から見れば、単に不要なだけでなく党リーダーにとって組織が不都合なこともある。たとえば、詳細な規約を作って組織化を行えば党首の裁量の幅は狭められかねない上に、地方議会に議席を持てばその地域の政党間関係の中で会派が党の指導から自律化していく恐れもある。また、得票を拡大するためには市井の不満をキャッチして党の立ち位置を柔軟に動かす必要があることを考えれば、指導者を拘束するような組織は党の存続そのものすら左右しうるのである(古賀二〇一三)。

しかし、実際に党首のカリスマのみで党勢を維持するのは容易なことではない。それゆえポピュリスト政党といえども多くの場合、組織を拡大していくのである(Heinisch and Mazzoleni 2016)。

全国レベルのポピュリスト政党は地方議会でも議席を伸ばしている。たとえば、ノルウェーでは新右翼ポピュリスト政党の進歩党が、全国各地の支部を基盤として自治体議会議員選挙で約八〇%の自治体に候補者を擁立している(Jupskås 2016)。二〇〇〇年代以降、一〇%超の票を獲得し、議員数も一〇〇〇人を超えていた。支持率が低下した直近の一九年の選挙でも七・九%の票を獲得し、自治体議会議員の総数は七〇五人であった。

このようにポピュリスト政党も組織化するのが通例である。ところがオランダでは、最大の新右翼ポピュリスト政党である自由党が組織拡大に著しく消極的なのである(水島二〇一六b)。まず公式の「党員」は党首であるウィルデルスしかいない。議員や活動家も正式には党員ではない。党員はおろか「サポーター」のような立場も用意されていない。ビラ貼りなどの活動が必要な際には、ボランティアがインターネット上で逐次募集されるにとどまる。少なくとも近年まで、選挙後も恒常的なつながりを維持しようという努力を党はしていなかった。元候補者の証言によれば、ボランティアに対するお礼の手紙すら送らなかったという(Vossen 2013: 189)。

また、地方議会についても、州議会にはすでにすべての州で進出しているものの、自治体議会については、四〇〇近い自治体のうち候補者を出し議席を持っているのは三〇自治体にとどまる。二〇一八年の統一地方選挙において獲得した票は一・三九%に過ぎなかった。これは二〇一七年下院選挙での得票が一三%であったことを考えれば、非常に低い数字であると言えよう。

ウィルデルスが組織化をあえて避けた理由は、自由党に先立つ新右翼ポピュリスト政党ピム・フォルタイン・リストが念頭にあったためである。二〇〇二年に彗星のように現れた同党は、下院選挙での躍進と政権参加で一気に勢力を拡大した。形式的には党の中央組織を整備し、青年部やシンクタンクも持ち、下院選挙後に続いた州議選、欧州議会議員選挙などに候補者を立て、選挙運動を行うための地方支部も設置していった。しかし、この党に参加した人々はフォルタインという人を支持して集まったのであり、特定の目的や綱領を共有していたわけではなかった(De Lange and Art 2011)。その後、党首フォルタインの死で求心力を失ったピム・フォルタイン・リストは内部分裂と解体の憂き目を見た。また当時同党に参加した多くの活動家の中に人種主義者も含まれており、それが混乱の火種にもなったのである(Vossen 2013: 181)。この先例を教訓として、党勢の拡大は慎重であるべきとウィルデルスは考えた。

このようなウィルデルスの党運営は、国政レベルでは一定の成功を収めた。フォルタイン党の失敗の後、多くの同種の政党が政党システムへ参入しようと試みたが、自由党以外は失敗に終わったのである。自由党は唯一生き残った新右翼ポピュリスト政党であった(水島二〇一六b)。

しかし、組織拡大に慎重であるあまり、自由党は自治体議会への進出に出遅れることになった。フォルタイン党の登場以来、国政も地方も政党システムは流動化していたが、自由党が自治体議会選挙に参加しなかったために国政選挙で自由党に投じられた票の行き場がなくなり、自治体レベルの政党システムにぽっかりと空間が生まれたのである。その隙間を埋めたのが地方政党であった。地方政党とは、ここではその自治体でのみ活動し、その領域を超えた組織を持たない政党を指す。二〇一八年の統一地方選挙では、各地の地方政党が合わせて三〇%近く得票した。国政政党の中で最大の得票をした自由民主人民党が一三・五%であったので、その倍以上ということである。

地方政党の特徴および自由党との競合

地方政党にはどのような特徴があるのだろうか。地方政党とひとくくりに言っても、党ごとに違いがあるためその実態は千差万別である。もっとも全体的には、地方政党は自治体内部の党派的対立を否定ないし無視したり、自治体政府と市民との距離を縮めるべきという主張をしたりする傾向にある。これは、地方政党が（主として既成の）国政政党に対するアンチとして形成されるためである。世界観に基づく国政政党の分立を否定し、これらの政党が担ってきた自治体政治に抗議して、より「市民に近い政治」の実現を求めるのである（Boogers, Lucardie, and Voerman 2007）。多元性に目をつぶり、一枚岩の人民ないし市民を想定し、既存エリートをその敵として位置づけるというこのような態度はポピュリズムの定義と一致する（水島二〇一六a）。ただし、自由党と異なる点として、ウィルデルスがイスラームをヨーロッパ的価値と対置して価値観の対立を演出するのに対し、地方政党のポピュリズムはむしろ自分たちの生活を中心とした素朴な地域感情から来ることが挙げられよう。

さて地方政党の支持者はどのような特徴を持っているだろうか（Jansen and Boogers 2018）。アンケート調査の結果によれば、地方政党へ投票する人々は概して比較的学歴が低く、全国政治に対する興味と信頼が低い。政策に関しては防犯カメラの設置など治安政策を重視しており、難民の受け入れにも反対する傾向にある。芸術や文化については支出を削減すべきと考えている。このような特徴は、自由党に投票する人々の特徴と重なっている。なお、年齢層では地方政党が高齢者に支持されているのに対して、自由党は若い人に支持されているという違いがある。

地方政党に投票する理由としては、有権者の支持傾向とは異なる要因も挙げられる(Otjes 2019)。それは、支持している国政政党が出馬していないことである。後述のとおり、自治体議会選挙において国政政党はしばしば出馬を見合わせる。投票したくても投票できず、仕方なく地方政党に投票している人も多い。

他方、地方政党を支持する理由として、自治体での課題が国政とは異なっているからなのではない。実際に地方政党はみな、自治体独自の課題を強調している。また地方政党に投票した有権者の二〇%は自治体に独自の争点があることを投票の理由に挙げている。しかしオチェスの研究(Otjes 2018)によれば、国政とは異なるその自治体独自の争点を地方政党が掲げているということは、地方政党へ投票する動機としてアンケート調査の分析からは支持されないという。

地方政党の得票している理由が、競合する国政政党が選挙に出ていないことにあり、地方の独自色を出しているからではないとするならば、自由党が自治体議会に足場を持たないのは単に候補者を立てていないからで、候補者を出せば党勢は拡大すると言えそうである。

しかし、実際にはそうなっていない。候補者を出していても議席を獲得できていないのである。何が欠けているのだろうか。アートの急進右翼政党組織の研究によれば(Art 2011)、議員職を担う人材がいなければ、一般に政党が選挙で勝つのは難しい。仮に一回の選挙でそれなりの票を獲得することはあっても、継続的に議席を維持するためには、その職を全うするだけの人物をリクルートする必要がある。

では自由党はどのように候補者を選んでいるのだろうか。自由党に限らずオランダで自治体議会議員の候補者を擁立するのは近年容易ではない（Voerman and Boogers 2014）。市町村合併によって自治体議会の総議席数は減少してきているものの、さまざまな理由でなり手が少なくなっているためである。

まず、そもそも国政政党の党員数が減少していることが挙げられる。自治体議会議員の候補者は、もともとは党の地方支部の活動家が主な供給源であった。しかし、肝心の党員は減少傾向にあり、近年、国政政党の党員数（ＵＲＬ①）は全国で三〇万人程度である。二〇〇〇年ごろに三〇万人を割って底を打った後、やや持ちなおした。もっとも、これは新しく設立された国政政党が党員を増やしているためであり、政党支部ごとの党員数が安定しているからとは言えない。

また議員職はあまり魅力がない。本職があることを前提とした給与であるにもかかわらず、週一五時間程度議会の仕事に従事する必要があり、兼職が困難なためである（Voerman and Boogers 2014: 5）。

このようにそもそもすでにある支部の運営および自治体議会議員選挙への参加が難しくなっている状況下で、さらにそれ以外の自治体に立てる候補者を探すのは容易ではない。

すべての政党を取り巻く以上の環境の中で、自由党はさらに候補者獲得が困難な状況に陥っている。まず長年組織拡大に消極的であったため、地方支部の党員というプールがなく候補者を探すのが他政党に比べて輪をかけて難しい。さらに自治体議会選挙に参加するのを躊躇しているうちに、政策的な観点から自由党の候補になりえたであろう人材を地方政党に奪われることになった。自由党は選挙のたびに党のホームページで募集したり、別の議会の自由党議員に兼職させたりという方法で候補者を集めている。しかし前者では人材が集まらず、スクリーニングも不十分で、候補者を公表した後に問題が生じて候補者リストから降りるケースも起きた。後者では党内の実績という点で評価はしやすいが、自治体議会に候補者を立てるのには人数が少なすぎる。

さて、ここまで自由党を中心に国政政党がなぜ自治体選挙の参加に消極的だったのかを検討してきた。しかし地方政党には独自の発展過程があり、国政政党の行動に単に左右されるだけの存在ではない。そこで次節では自由党から視点を移し、オランダにおける地方政党および自治体レベルの政党システムの歴史的な展開を概観しよう。地方政党の果たす役割はこの六〇年間で大きく変化してきた。現在の地方政党の隆盛が始まったのは一九九〇年代のことである。この流れは二〇〇二年以降勢いを増した。

二　地方政党の趨勢

戦後の地方政党の展開

オランダの自治体議会における地方政党の歴史は古い。最低得票率等の制約がなく、議席獲得のハードルが非常に低い比例代表制であることがその一因である。

一九四六年に実施された戦後初の自治体議会選挙では、地方政党が二〇％以上の議席を獲得していた。この事実からもわかるように、地方政党は決して現在になって初めて出てきたものではない。しかし、その様相は近年とはかなり異なる。

一九五〇年代から六〇年代にかけての地方政党はおおまかに言って二つに分類される。一つはカトリックが人口の圧倒的多数を占める南部のそれであり、もう一つは非常に小さい自治体のそれである。オランダ南部のリンブルフ州や北ブラバント州は、プロテスタント国のオランダにおいてカトリックが多数を占めていた。多くの自治体では人口のほとんどがカトリック教徒であった。下院選挙において、この地域はカトリック政党の堅固な地盤であった。それゆえ自治体議会議員選挙ではほかの国政政党は候補者を立てることがほとんどなかった。また地域特有の対立構造を党内に持ち込まれないように、カトリック政党は自治体議会選挙に候補者リストを出さなかった。その結果として、この地域では地方政党が圧倒したのである。一九五〇―六〇年代を通じて、リンブルフ州の自治体の約八〇%で国政政党が自治体議会議員選挙に候補者を立てなかったという(Kuiper 1994: 39)。

戦後の地方政党のもう一つの類型は、小規模自治体のそれである。オランダの自治体数は合併によって現在三八〇程度にまで減少しているが、戦後のオランダには一〇〇〇以上存在した。小規模自治体においては国政政党が支部を持たず、候補者を擁立できなかったために、地方政党がその空隙を埋めたのである。

一九七〇年代に入ると、地方政党の数は減少する。その第一の理由は政党の大衆組織が溶解してきたことである。一九世紀末から一九六〇年代までのオランダ社会は、イデオロギー別に分断され、カトリック、カルヴァン派、社会民主主義、自由主義の四つのサブカルチャーが存在していた。教会、学校、メディア、労働組合、余暇組織などさまざまな団体がこれらのサブカルチャーに分立され、その内部は稠密なネットワークを形成しており、「柱(zuil)」と呼ばれた。政党もこのサブカルチャーの一角をなしていたのである。

しかし、このサブカルチャーは一九六〇年代に入って崩壊する。イデオロギー対立が弱まり、政党の求心力も弱まっていった。なかでもカトリック政党こそがその影響を如実に受けたのである。オランダ南部のカトリックが多数を占める自治体において、カトリック政党の優位性は低下した。その結果、他の国政政党が自治体議会議員選挙に参入するようになった。それまで自治体内部の対立からは距離を置いていたカトリック政党は、自ら候補者リストを出すようになり、地方政党の参加の余地がなくなっていったのである。

また、戦後は自治体同士の合併が進んで、小規模な自治体は減少していった。そのため、国政政党はその組織力を低下させていったにもかかわらず、支部を持たない自治体が減り、地方政党が出馬する機会は失われていった。

以上の変化を背景として、一九七〇年代と八〇年代は地方政党の得票率が低くなっていった。地方政治においては国政政党の堅固な組織力がむしろ地方政党を生み、組織力が弱体化していくことで地域の独自性が薄れて地方政治にも全国政治化(nationalisering)が生じたという逆説をここに見出すことができる(Koole and Van Holsteyn 2000)。

この傾向は、一九九四年の自治体議会議員選挙で底を打ち、地方政党の得票率は上昇に転じる。それは、すでに一九七〇年代に現れていたサブカルチャーの崩壊がさらに進んだことによる。国政政党は党員を失っていき、各地に持っていた足場が掘り崩されていったのである。自治体議員候補者のリクルートが困難になったのは先に見たとおりである。

二〇〇二年以降の地方政党と自由党

オランダのポピュリズムの隆盛が二〇〇二年に始まることはしばしば指摘される。

そのフォルタインを政治の場に押し上げたのはほかならぬ地方政党の指導者たちであった。一九九〇年代から地方政党が増加に転じるが、その先鞭をつけたのは中規模都市に作られていった「すみよい(Leefbaar)」を冠する諸政党だった。デン・ハーグ中心の既成政党によるエリート政治を打破することを掲げ、自治体独自の争点を強調するこれらの政党は、自治体選挙のたびに勢力を拡大した。そして二〇〇二年の自治体選挙を前にして、多くの自治体で類似の地方政党が作られた。これらの政党同士は組織的なつながりはなかったが、この勢いを見た「すみよいヒルフェルスム」のヤン・ナーへルらは地方政党の「すみよい」政党とは別に全国政党の「すみよいオランダ」を設立した。この「すみよいオランダ」の筆頭候補者として白羽の矢が立ったのがフォルタインである。その後、選挙前にフォルタインのイスラーム批判を問題視した「すみよいオランダ」は彼を筆頭候補者から降ろしたものの、フォルタインは先述のピム・フォルタイン・リストを結成し、同党は下院選挙に臨んでいきなり第二党となった。またその数カ月前の自治体議会選挙でフォルタインは「すみよいロッテルダム」の筆頭候補者にもなっており、同党はこの選挙で三四・七%の票を獲得した。フォルタインは下院選挙前に暗殺されたものの、選挙運動と選挙結果がオランダ政治に与えたインパクトは著しく、彼の反移民的な態度は既成政党にまで波及したのである(水島二〇一九[二〇一二]：第三章)。

二〇〇二年の自治体議会選挙では、ほかの「すみよい」政党も勢いに乗り、地方政党は合わせて三〇%近く得票した。ブームが去り、有象無象の地方政党が淘汰された四年後の選挙では二二%まで得票を落としたものの、その後は再び得票増に転じた。

自由党が下院選挙に初めて参加したのは二〇〇六年である。しかし自治体選挙については二〇一〇年からで、しかもデン・ハーグとアルメーレの二つのみであった。自由党が自治体政治への参加を怠っている間に地方政党は着実に勢力を伸ばしていった。その一つの方法が自治体政府への参加である。

オランダの自治体政府（自治体執行部(college)）は首長と助役(burgemeester en wethouder)で構成されている。首長は自治体議会の要望に基づく国王任命である。助役は国政で大臣にあたる職で、助役を送る政党が自治体議会の与党を構成する。一つの党が議会多数派を占めることはまずないため、選挙の後には連立交渉がなされる（金井二〇一一）。政党にとって助役を出すか否かは自治体運営における影響力の是非を左右するため重要な問題である。

地方政党が一回自治体議会選挙である程度の票をとっても自治体執行部に参加することは多くない。しかし、複数回の選挙でコンスタントに票を獲得すれば、その蓋然性は高まる。初めて参加した選挙で一〇%以上の票を獲得した地方政党のうち、連立入りするのは四分の一程度である。しかし、たとえば自治体議会選挙のあった二〇〇二年と二〇〇六年のデータで見れば、両方の選挙で一〇%以上票を獲得した党は、だいたい三分の二が自治体執行部に参加しているのである(Van Ostaaijen 2012: 202)。このように地方政党は複数回の選挙を生き残り、自治体執行部に参加して実績を作ることで、自治体の政党システムに定着していったのである。自由党はこの競争に入りそびれた。

二〇一八年の自治体議会選挙で自由党が手痛い敗北をしたのは冒頭で確認したとおりである。この選挙は自由党にとって組織形成の上で一つの画期と位置づけられていた。二〇一七年の下院選挙の結果を受けて、「オランダの第二党としての義務」の一つとして自治体議会にさらに大規模に進出することを決め、六〇の自治体に候補者を出すことが計画されたのである。これはウィルデルスにとって単に自治体議会議員が増加するというだけではなく、候補者選定や選挙後の監督を行う自由党州議の議員団長の裁量が実質的に増えることを意味する（*NRC Handelsblad* 二〇一七年四月五日）。自由党州議は州政府での連立入りを視野に入れて、近年、党の指導部から距離を置く傾向にあり（*NRC Handelsblad* 二〇一九年三月一一日）、自治体に手足を持てばさらに党組織の遠心化が進む可能性もある。

それだけのリスクを負って取り組んだ自治体議会選挙であったが、結局人材を確保することができず、候補者を擁立できたのは三〇の自治体にとどまった。しかも出馬したすべての自治体で議席こそ獲得したものの、前年の下院選挙での得票率の半分にも満たない自治体が三分の二を超えたのである。他方で二〇一〇年から自治体議会選挙に参加しているアルメーレでは、得票率の下げ幅が下院選挙での一五％から一八年の自治体議会選挙では一三％と低い水準で収まり、第三党の位置につけた。

むろんウィルデルスが早く競争に参入すれば地方政党に必ず勝てたということではない。二〇一〇年選挙で自由党が参加したもう一つの自治体、デン・ハーグでは元自由党自治体議員のリシャルト・デ・モスが離党し、デ・モス・グループという地方政党を作った。この党は二〇一四年選挙では三議席獲得し、さらに一八年には八議席を得て最大政党になったのである。これに対し、自由党は二〇一八年選挙では一四年の七議席から一気に二議席に凋落した。これは自由党が早くから政党システムに参入しても、票をとれる政治家が地方政党に流れうることを示している。

デ・モスに投票したという魚屋の主人によれば、「リシャルトは俺たちの仲間だよ」「やつの秀でたところはすぐにつかまることだ。自治体がこの広場でにしん屋台の許可を出そうとしたんだ。それでやつにメールしたらリシャルトは見てみるって返事して、そのあと許可が撤回されたんだ。そういうことさ。やつは真の代表さ。こんなこと自由党のやつでやっているのを見たことがない」(*NRC Handelsblad* 二〇一八年三月一八日)。

逆はないのだろうか。つまり、地方政党の議員が自由党に鞍替えする可能性である。結論から言えば、自由党が地方政党から人材をリクルートするのは容易ではない。なぜなら、自由党の政治家になると社会的制裁を受けやすいという要因があるためである(Vossen 2019)。仮に政治的野心があったとしても、すでに地方政党で地位を得ていれば、あえてそこから自由党に移るのはリスクが高い。とりわけ自治体議会の議員の給与が、本職についていることを前提とした低い水準であることを考え合わせればなおさらである。

三　自治体レベルの政党システムにおける自由党

このようにサブカルチャーの崩壊とフォルタインの衝撃によって生じた政党システムの隙間を埋めたのは、国政では自由党であり、自治体レベルでは地方政党であった。ウィルデルスは地方での競争に乗り遅れたのである。

それでは自由党が自治体選挙に参加した場合、それは自治体の政治に影響を与えないのだろうか。

以下でロッテルダムの事例を挙げて、検討していきたい。

二〇〇二年選挙で登場した「すみよいロッテルダム」は、〇六年以降三回の選挙でコンスタントに一四議席を取り、自治体議会の政党システムに定着した。二〇〇二年に自治体執行部に参加したのち、〇六年と一〇年では野党にとどまったものの、一四年にはふたたび自治体執行部に返り咲いた。

「すみよいロッテルダム」にとって議席減の危機が訪れたのは二〇一八年選挙においてであった。この選挙の約一年前に、ウィルデルスはロッテルダムにおいても自由党の候補者を立てると表明した。彼は「すみよいロッテルダム」を「しおれた中道政党」と呼び、自治体執行部に入って他党と妥協したことをやり玉に挙げたのである（*NRC Handelsblad* 二〇一七年四月七日）。反移民争点を掲げるなど政策が近く、それまで自治体議会選挙の際には「すみよいロッテルダム」に投票することを呼びかけていた同党の参戦は大きな打撃になると思われた。現に、前年に行われた下院議員選挙において、自由党は一五％の票を獲得していた。

その約二カ月後、同じくロッテルダムで候補を立てようとしていた民主主義フォーラムは、それをとりやめて「すみよいロッテルダム」を推薦することにした（*NRC Handelsblad* 二〇一七年六月一四日）。この政党は二〇一七年下院選挙において初めて候補者を出し、二議席を獲得した政党である。その後、次第に世論調査では支持を伸ばし、自由党から支持を奪っていた。「すみよいロッテルダム」としては、この申し出に乗らない手はなかった。

三月二一日に行われた選挙の結果、「すみよいロッテルダム」は二〇・五％得票し、一一議席獲得して最大政党となった。これに続いたのは五議席獲得した自由民主人民党など四政党で、警戒していた自由党は結局得票率三・五％、一議席に終わった。恐れていた自由党の伸長もなく、長年第一党の座を争っていた労働党に勝利したことを考えれば、思いのほかよい結果であったと言えよう。

しかし、それは決して諸手を挙げて喜ぶべきものではなかった。まず、第一党になったとはいえ、議席数は前回選挙から三減らした。過去三回の選挙は一四議席で安定していたが、この選挙で得票が落ち込んだのである。

また、第一党になったにもかかわらず、「すみよいロッテルダム」は今回自治体執行部に入ることが適わなかった。それは、民主66、労働党、グリーンレフトの三党が民主主義フォーラムからの支持を問題視し、連立形成を拒否したためである（*NRC Handelsblad* 二〇一八年四月一五日）。

民主主義フォーラムとはいかなる政党だろうか（ＵＲＬ②）。この政党の起源は、ＥＵとウクライナとの連合協定締結について国民投票を求めた運動にさかのぼる。この欧州懐疑主義的な運動は二〇一五年にボーデによってシンクタンクとして組織化され、翌年政党となった。党の主張は主に政治の「民主化」である。社会のさまざまな領域に広がるという「政党カルテル」を突破するために、拘束的レファレンダムや市長公選制の導入を求めている。民主化を主張しながら、その組織運営は中央集権的である。積極的な組織化をすすめた結果、現在では三万七〇〇〇人程度の党員がいるが、党支部に自律性はなく、ボーデともう一人で構成される党執行部が決定をする構造になっている。

この党が問題視されたのは、その非欧州系移民に対する態度である。二〇一八年三月に民主主義フォーラムのアムステルダム自治体議会選挙の候補者が人種とＩＱには関係があると発言し、問題となって候補者から降りた。この候補者はそれ以外にも、ホモセクシュアルの権利を認めたために社会が馬鹿になったなど発言していた。これに対し、党首であるボーデはこの発言を容認したのである（*NRC Handelsblad* 二〇一八年三月三日）。このことが、同党と提携する「すみよいロッテルダム」に対する連立拒否につながった。

以上のとおり、確かに「すみよいロッテルダム」は、ロッテルダムの政党システムに定着した。二〇一八年選挙では自由党に大量に票を奪われると恐れていた事態も杞憂に終わった。当時自由党は支持を落としていたとはいえ、ＩＰＳＯＳの調査では全国で一〇％程度の支持率を獲得しており（そしてロッテルダムでの支持率はおそらく全国レベルより高いであろう）、「すみよいロッテルダム」は自由党支持者からも票を獲得したと言えよう。やはり国政政党は、一度政党システムに定着した地方政党にとって代わるのは難しいのである。けれどもそれは、自由党という国政政党の参加が地方政党にとってまったく影響がなかったことを意味しない。「すみよいロッテルダム」はもう一つの国政政党である民主主義フォーラムと提携する必要に迫られ、右傾化せざるを得なかった。その結果、最大政党になったにもかかわらず、再び「防疫線」の外に追いやられ、他党との連立が妨げられたのである。

おわりに

オランダの自治体政治の中で近年勢力を伸ばしてきた地方政党は、自治体内部の党派対立を否定し、市民の一体性を強調して既成の国政政党に敵対していくという点でポピュリスト的傾向を帯びている。反移民を掲げ、新右翼ポピュリズムに位置づけられる国政政党の自由党はこの地方政党と支持層が重なり、自治体議会での議席拡大を阻まれている。

地方政党は、イスラームとの原理的な対立をあおるわけではないという意味では自由党より穏健な勢力と言えるが、穏健であるだけに有権者や既成政党の忌避感も少なく、自治体政府への参加など影響力を増大させている。

地方政党の勢力拡大は、自治体の政党システムに大きな影響を与えた。選挙に参加する政党の数が増え、また政党システムも遠心化する傾向にある。そのため自治体執行部のための多数派形成が困難になっている。「組閣」期間が長期化し、自治体執行部発足後も連立内の対立で辞任する助役が増えている。しばしば長い政策協定を結んで連立政党を拘束し、発足後の対立を緩和させようという工夫もなされている。

地方政党ブームは今のところ去りそうにはない。もっとも、近年の急速な分権化で自治体の処理すべき課題が増加し、判断に必要となる専門性もより高度なものとなる中で、中央とのパイプを持たない地方政党が実績を上げるための壁は高い。ここをどう乗り越えるかが今後の課題となるだろう。

勢力が拡大している地方政党と競合する自由党は、二〇一八年自治体議会選挙に三〇自治体で参加したものの、あまり成果はなかった。しかし、自由党の参加は政党システムをさらに遠心化させる効果を持ち、多党化によって合意形成が困難になる自治体にさらなる不安定要素をもたらした。

分権化によって重要性を増す自治体政治が今後どうなっていくのかという問題も、ポピュリズム研究で分析されるべき課題となっていくだろう。

参考文献

金井利之（二〇一一）「オランダの自治制度」佐藤竺監修、金井利之・財団法人日本都市センター編著『オランダ・ベルギーの自治体改革』第一法規、一三―二八頁。
古賀光生（二〇一三）「戦略、組織、動員――右翼ポピュリスト政党の政策転換と党組織（一）」『国家学会雑誌』第一二六巻五・六号、三七一―四三七頁。
水島治郎（二〇一六ａ）『ポピュリズムとは何か――民主主義の敵か、改革の希望か』中公新書。
水島治郎（二〇一六ｂ）「「自由」をめぐる闘争――オランダにおける保守政治とポピュリズム」同編『保守の比較政治学――欧州・日本の保守政党とポピュリズム』岩波書店、一三五―一五九頁。
水島治郎（二〇一九［二〇一二］）『反転する福祉国家――オランダモデルの光と影』岩波現代文庫。
Art, David (2011) *Inside the Radical Right: The Development of Anti-Immigrant Parties in Western Europe*, Cambridge University Press.
Boogers, Marcel, Paul Lucardie, and Gerrit Voerman (2007) *Lokale Politieke Groeperingen*, Rijksuniversiteit Groningen/Universiteit van Tilburg. Groningen/Tilburg.
De Lange, Sarah L. and David Art (2011) "Fortuyn versus Wilders: An Agency-Based Approach to Radical Right Party Building," *West European Politics*, 34(6), 1229–1249.
Heinisch, Reinhard and Oscar Mazzoleni (2016) "Comparing Populist Organizations," in Reinhard Heinisch and Oscar Mazzoleni eds., *Understanding Populist Party Organisation*, Palgrave Macmillan UK, 221–246.
Jansen, Giedo and Marcel Boogers (2018) "Opkomst En Stemgedrag," in Giedo Jansen and Bas Denters eds., *Democratie Dichterbij. Lokaal Kiezersonderzoek 2018*, 7–17.
Jupskås, Anders Ravik (2016) "The Norwegian Progress Party: Between a Business Firm and a Mass Party," in Reinhard Heinisch and Oscar Mazzoleni eds., *Understanding Populist Party Organisation*, Palgrave Macmillan UK, 159–187.

Koole, R. and J. J. M. Van Holsteyn (2000) "Partijleden in Perspectief," *Jaarboek Documentatiecentrum Nederlandse Politieke Partijen 1999*, 93–124.

Kuiper, Wim (1994) *Lokaal En Landelijk in Limburg. Veranderingen in de Limburgse Lokale Politiek*, Universitaire Pers Maastricht.

Otjes, Simon (2018) "Pushed by National Politics or Pulled by Localism? Voting for Independent Local Parties in the Netherlands," *Local Government Studies*, 44(3), 305–328.

Otjes, Simon (2019) "Going Local. Voting for Independent Local Parties in the Netherlands 1986–2010," *Local Government Studies*, May, 1–25.

Van Ostaaijen, Julien (2012) "Ondertussen in de Lokale Politiek. De Ontwikkeling van Lokale Politieke Partijen, de Leefbaar-Beweging En Pim Fortuyn," *Beleid En Maatschappij*, 39(2), 194–212.

Voerman, G. and Marcel Boogers (2014) *Rekrutering van Kandidaten Voor de Gemeenteraadsverkiezingen in 2006, 2010 En 2014: Kandidaatstellingsproblemen Vergeleken En Verklaard*, Groningen/Enschede.

Vossen, Koen (2013) *Rondom Wilders*, Boom.

Vossen, Koen (2019) "Een Uniek Experiment. De PVV Als Partijorganisatie," in G. Voerman ed., *Wilders Gewogen*, Boom.

URL

①Ledentallen Nederlandse politieke partijen per 1 januari 2016, 2017 en 2018 (https://dnpprepo.ub.rug.nl/11137/1/lt_per01012018.pdf) 二〇一九年七月二三日閲覧。

②Paul Lucardie, "Forum voor Democratie partijgeschiedenis" (https://dnpp.nl/node/1914) 二〇一九年七月二三日閲覧。

第9章　直接民主主義（国民投票）とポピュリズム
――スイスの事例で考える――

田口　晃

はじめに

二〇世紀末からポピュリズムという言葉が政治の現場でも政治学の世界でも使われるようになった。しかし、その使い方はかなり曖昧である。狭義には二〇世紀末からのナショナリズムを扇動する右派的ポピュリズムを限定的にさすし、広くとると一九世紀ロシアのナロードニキから二〇世紀ヴェネズエラのチャベスまでを含み、いわゆる左右、進歩・反動の別を問わない。実際ポピュリズムには民主主義の推進という側面もある。また二〇世紀末から現在に及ぶ右派ポピュリズムも、在来の政治運営の仕方を「エリート」支配として非難し、既成政治に代わって民衆の意思を直接提示する「直接民主主義」を推奨することも珍しくない。

国民投票、直接民主主義は、民主主義の一層進んだ形態とみなされる一方、ポピュリズムを呼び起こし、助長するという懸念の声もよく聞かれる。多くの人が胸中にしても声にできなかった判断を公にできる、という性質を持つ一方、普段余り考えていない二者択一を無理やり迫られる、つまり複雑な問題をあれかこれかに単純化する性質があって、そこでは理性的な判断より、感情的判断が強くなる、という批判である。はたして実際にはどうなのだろうか。本章では直接民主主義を早くから実践し、今も続けているスイスの場合を検討してみたい[1]。スイスの国民投票には政府や議会の決定を事後的にチェックするレフェレンダムと、一定数の有権者が新たな問題を提起し国民投票にかけるイニシアティヴとがある。ポピュリズムとの関連で注目されるのは主として後者、国民発案(イニシアティヴ)の方なので、本章もそちらにより強く光をあてることにする。ただ日本のジャーナリズムは極端な結果が出た場合だけスイスの国民投票をニュースに取り上げるので、読者は相当ゆがんだイメージしか持てないのではないか。その点を是正し、どれだけ多様なテーマが国民投票で取り上げられてきたかを読者に知っていただくことも本章の狙いとしてあるので、これまでの主要な国民投票を歴史的に検討する方法を採用したい。

一　直接民主主義の誕生

現在あるような連邦スイスが統一近代国家として成立したのは、一八四七年の内戦を経て一八四八年のことである。それ以前は、カントンと呼ばれる小さな国家が結んだ同盟・国家連合であった。さらにこの国は言語・文化と宗教など種々の性質の異なる対立軸を抱えてきた(田口二〇一一：一九一―一九二)。

一八四七年の内戦では、福音派中心の統一派諸州がカトリックの統一反対勢力を破った。けれども、成立したのは統一勢力内の急進派が望んだような中央集権国家ではなく、二院制議会（男子普通選挙）とそこから選出される七名の大臣の会議制で構成される中央政府を樹立し、そこに各州が限られた権限のみを譲って行使させるという代議制にのっとった分権的な連邦国家であった。財政も各州からの拠出金で賄い、様々な政策立案に関しても各州の智慧を借りる「事前聴取制」に頼るなど、連邦政府はまだ各州に大幅に依存した形で出発したのである。ただし、七人の政府メンバーは、一人ずつ両院総会で多数決によって選出する制度にしたから、両議会合計で多数を占めた統一派＝自由主義・急進派が独占した（田口一九九五：二八二―二八五）。

また四八年憲法で、憲法改正には義務的国民投票が必要と定められ、国民投票が初めて導入された。投票者の多数に加えて、賛成州が過半数を超える州多数を得た二重の多数が条件とされており、小州の比重が高いものになっている。ただし、この時の国民投票の考え方は個人主義的自然権というフランス革命とその影響下にあったスイスの自由主義・急進派の思想に立脚したもので、スイス伝統の共同体的・地方的な住民集会という直接民主主義の発想とは異なっていた。その後、一八五〇―六〇年代に、多くの州で「民主化」が進められ、州民直接投票の制度が導入される。伝統的な共同体主義とフランス革命の個人主義的自然権に基づく直接民主主義の融合体制がうまれたのである。そうして州の直接民主主義の延長上に連邦の直接民主主義も構想されるようになる（Graber 2008: 13-14）。

政府メンバーを独占した自由主義・急進派は中央政府の権限強化を目指すが、内戦の敗者で連邦政府から排除されたカトリック保守派諸州とドイツ語圏の勢力増大をおそれるフランス語圏諸州が反対派を形成し、集権化を目指す一八七二年の「憲法全面改正」の国民投票で改正に待ったをかけた。そこでフランス語圏の分権派に譲歩した改正案に変え、一八七四年「憲法全面改正の国民投票」で賛成六三・二%を得て、改正に成功する。一方で統一法典の整備や軍隊の全国整備など集権化を進めるとともに、直接民主主義関連では連邦法と重要な政府決定に対する任意レフェレンダム(以後レフェレンダムは原則としてレフと略記)を導入した。法または政府決定が議会の承認を受けた後、九〇日以内に三万人の署名が集まれば国民投票にかけなければならない制度である(田口一九九五：三〇六―三〇七)。

内戦敗北の後、幾つかの州で失地回復に成功しつつあったカトリック保守派の場合、連邦議会での議席はまだ少なかったけれども、新たに導入された任意レフが少数野党にとって格好の武器となった。そして無視できる野党ではなくなってゆく。議会で成立した法律が次々と任意レフにかけられ、否決されたのである。法律を成立させるためには野党の抱き込みが不可欠になる。そこで、与党側の自発的譲歩による野党の政府参加という現象が生じ、連邦次元での宗教的経済的対立の乗り越えが可能な状況がうまれた(Neidhart 1970: 139-141)。

この間多くの州で州民発案制度も実現していた。連邦レベルでも(Delley 1978: 24-27)、一八八四年六月二四日カトリック保守派の三議員が国民議会に提出した「憲法改正案」に国民発案制が含まれていた。従来直接民主主義に反対してきた保守党も、任意レフの有効性と有権者の多くが保守的であることを、身をもって知ったのである(Sigg 1978: 32)。その後長い間、改革を求める側から「ブレーキばかりでモーターがない」と揶揄されることになる直接民主主義体制の一つの特徴に、有力政治家が既に気付いていたことが分かる。一八九一年七月五日「国民発案」に関する義務国民投票が行われた。投票率は四九・九%、うち賛成が六〇・三%を占めて、憲法の部分改正という形式でイニシアティヴを提起する制度が導入されることに決まった。七万人の署名を集めれば発議として成立する。条文を予め準備するのでも、条文の中身は政府と議会に任せる一般的発議でもよい。議会は対抗案を作成して原発議と並べて投票にかけることもできるし、あるいは憲法としてではなく法律として同じ趣旨のものを作成することもできる。その場合、もとの発議は屋上屋を架することになるので、提案者が引っ込めるか、あるいは有権者は発議を無駄と判断して国民投票では否決することになる。政府と議会は賛否の勧告を付すのが通例である(Linder 2005: 264-270)。

一九世紀後半、直接民主主義の諸制度が導入されたのは、全ての国民が自分の判断で理性を行使できる、という一八世紀啓蒙主義以来の人間に対する信頼がまだ豊かに残っていたからであろうか(Linder 2005: 242)。ところが、最初の発案は一八九二年秋から署名活動が開始された「動物犠牲の禁止」という奇妙なものであった。一八九三年八月二〇日の国民投票で「事前麻酔なしの屠畜の禁止」発案が四九・二％の投票率、賛成六〇・一％で成立し、後に憲法二五条に書き込まれる。奇妙なイニシアティヴの背景には反ユダヤ主義があった。一八七四年改正憲法でユダヤ人にも市民権が平等に(兵役も)認められたのだが、それに対する反発として「反ユダヤ主義」が登場してきた。動物愛護精神の発露と思われる提言の背後に、ユダヤ人の宗教儀式に対する露骨な嫌がらせが潜んでいたのである(Vatter 2011: 70-91)。連邦政府メンバーで自由主義者のヌマ・ドローズは、スイス政治が「議員の時代(一八四八―一八七三)と民主主義の時代(一八七四―一八九一)に続いてデマゴギーの時代に入った」と述べ(Chollet 2011: 52)、ポピュリズム的大衆民主主義誕生に対する、財産と教養を前提とする自由主義政治家の危機感を表明している。

分権的で保守的な少数派の武器となるだけでなく、一九世紀後半の産業化の進展で、スイスが小規模とはいえ「世界の工場」に変わる中で、新たに誕生しながら政治から排除された労働者階級も国民投票を武器として利用するようになる。大不況後の一八八八年に創設の社会民主党と一八九七年に成立した労働総同盟が中心となって、幾つかイニシアティヴ(以後原則としてイニシアと略記)に挑戦した。けれども、一八九四年の「労働の権利」イニシア、一九〇〇年の「国民議会を比例代表で選出」イニシア、同年の「連邦政府メンバーの増員と直接選挙制」イニシア、さらには一九一〇年の二度目の「国民議会を比例代表で選出」イニシアと全敗した(Sigg 1978: 92-112)。

一九一四年、第一次大戦が勃発するとスイスは中立を宣言し、戦時体制を敷いた。しかし戦争が長引くと、兵士留守家族を含め、労働者層の不満が増大する。亡命中のスイスからロシアに戻ったレーニンたちが一九一七年に権力を握り、第三インターを通じてヨーロッパの労働者に革命への呼びかけを行うと、およそ革命の条件のないスイスでも一九一九年一一月に「ゼネスト」が決行される(Tanner 2015: 145-149)。ストライキ自体は簡単に潰されるが、要求の多くが制度としてその間に実現した。まず、一九一八年一〇月一三日「国民議会を比例代表で選出」イニシアが国民投票にかけられ、投票率四九・五%のうち賛成六六・八%となり、三度目の正直で可決された(Linder et al. 2010: 122-124)。

一九一九年一〇月、新しい選挙法による議会選挙が行われると、自由民主党の単独過半数割れ、農民党の分離、社会民主党の飛躍という大きな変化が見られ、スイス議会はカトリック保守党を加えた四大政党が議会で肩を並べることとなった。これ以後スイス政治は議席の過半数を超える政党のない、多党制に移る。政府は自民党、カトリック保守党、それに農民党で構成された(田口一九九五：三三六

—三二八)。

二　直接民主主義の展開

第一次大戦終了後、戦争に対する反省から、アメリカの音頭のもとでヨーロッパ諸国は「国際連盟」を設立した。スイス政府もこれに関心を示し、本部をジュネーヴに置くことを認めた上に、連盟加入を国民に問うた。一九二〇年五月一六日の国民投票では、七七・五%という高い投票率で五六・三%が賛成し、連盟加入が決まった。連盟の初総会で外相モッタが演説し、その中で「スイスは世界最古の民主主義」と主張し、「中立」も含めてスイスが特別な存在であることを強調している(Ruffieux 1974: 96–97)。

一九二一年一月三日、「条約の義務レフ化」イニシアが六三・一%の投票率のもと、賛成七一・四%で可決した。従来外交は政府と議会の専権事項だという態度をとってきた連邦政府が大戦中から態度を和らげ、「一五年以上有効な外交条約も任意レフの対象にする」という憲法改正に踏み切った(Linder et al. 2010: 134–136)。

国内では、一九二二年九月二四日の任意レフで所謂「ヘバーリン法」が六五・四%の反対を受けて否決された事件が興味を引く(投票率七〇・三%)。実は、ゼネストに対する反動として不審人物を簡単に検束できる「保護検束イニシア」が一九一九年に成立していた。しかし、内務大臣のヘバーリンは内容・形式ともに不十分と判断して、議会を通じた「刑法」改正を目指した。その改正案が「ヘバーリン法」であって、これが成立すれば、「検束イニシアア」は無効になると判断したのである。ところが、議会での成立後、社民党と共産党などが行動委員会を立ち上げて一五万人の署名を集め、任意レフとして国民投票にかけさせ、その結果、否決された。その後で元来の「保護検束イニシアア」は翌一九二三年二月に国民投票にかけられ、これも八九・〇%の圧倒的多数(投票率五三・二%)で否決された(Linder et al. 2010: 141–143, 144–145)。

戦間期には左右の国内対立が激しかったので関心も高く、投票率は引き上げられる傾向にあった。そのことを端的に示したのが一九二二年一二月三日「財産収容に関する」国民発案である。戦時財政支出の補塡と初期の福祉政策に向けて、新税の検討が始まっていた中、社民党が国民の〇・六%の富裕層に課税する「財産税」イニシアを立ち上げ、一九二一年九月に成立させた。一九二二年の国民投票に向けての活動は例を見ない程激しく、互いにデマゴギー的で「階級戦争」を彷彿させるものであった。過去最高の投票率(八六・三%)のもと賛成一三・〇%、反対八七・〇%という圧倒的な差で発案は否決された(Linder et al. 2010: 143–144; Sigg 1978: 138–144)。

厚生労働大臣シュルトヘスが一九二一年に議会に提出した「工場法改正」は、労働時間を戦後の成果である四八時間から以前の五四時間に戻す内容で、労組等が任意レフに持ち込んだ。一九二四年二月一七日の国民投票では七七・〇%の投票率のもと五七・六%の反対で否決された(Neidhart 1970: 194–198; Linder et al. 2010: 149–150)。

一九二五年五月二四日の「老人遺族年金法」イニシアは否決されたけれども(投票率六八・二%、賛成四二・〇%)、シュルトヘス厚労大臣が作成した対抗案「老人遺族年金法(ＡＨＶ)」の方は一九二五年一二月六日義務レフにおいて、六三・一%の投票率で、うち賛成六五・四%で可決された(Sigg 1978: 133–136; Linder et al. 2010: 151–152)。

左右対立に関わらない一般的倫理的なイニシア「カジノ禁止」イニシアや個別利益の擁護を求める農民連盟の「穀物保障」イニシア(これは政府の出した対抗案が承認された)がこの間直接投票で承認されている(Delley 1978: 33)。

自由民主主義内での紛争調整の制度ができかかっているときに、それを大きく揺るがすような経済的・社会的危機が発生した。世界恐慌にはじまる一九三〇年代の危機と危機克服を目指す様々な政治運動が国民発案制度を利用して自分たちの主張を打ち出してゆく。一九三三年から三九年の七年間で、イニシアティヴが二〇も提出され、六件が国民投票にかけられている[(2)]。それに対して政府は国民投票を当面回避できる緊急法を頻発して混乱の回避に努めた(Ruffieux 1974: 216)。

さらに左右の反体制勢力台頭を懸念したヘバーリンの「公共秩序維持法」が一九三三年五月議会を通過した。だが、社民党が表現の自由を大幅に制限する悪法として反対し、一一万の署名を集めて国民投票に持ち込む。言論界ジャーナリズムがこぞってこの任意レフを支持し、一九三四年三月一一日の国民投票では投票率七九・〇%、反対五三・八%で法律は否決され、ヘバーリンは辞任した(Tanner 2015: 222)。

政府は自由主義的な緊縮デフレ政策の立場だったから、経済は好転せず、危機は長引く。その中で左派が最初に動いた。労組総同盟が中心になって、一九三四年に入ると「危機特別税」イニシア、失業保険イニシア、雇用創出イニシアの三つを社民党と提携して続けざまに提起した上でそれとは別に経済体制の改革に向けた「危機」イニシアも構想した。中でも「危機」イニシア（政府介入による反循環的経済政策）は五月から一一月末までに三三万筆を超える多数の署名を集めて成立していた。政府と議会は「危機」イニシアのみを取り上げ、異例に早い一九三五年六月二日に国民投票に付した。八四・四％という史上最高の投票率のもと、四二・八％の支持で惜しくも可決されなかった（Sigg 1978: 184-188; Linder et al. 2010: 178-180）。

にもかかわらず、社民党と労働総同盟の試みはスイス社会に衝撃を与え、反動として種々の右派運動を呼び起こした。ゼネストへの憎悪に始まり、ユダヤ人・フリーメーソン・共産主義を非難しつつドイツとイタリアをモデルに、あるいはアクション・フランセーズを引照して、様々な右派グループが台頭した一九三〇年代半ばの時期は史上「諸戦線の春」と呼ばれる。彼らはいずれも少数派だったからイニシアティヴを武器に自分たちの主張を展開した。さらに一九三四年三月末、右派諸グループが憲法全面改正イニシアティヴに取り組むことに決定し、「国民的行動共同体」を結成した。従来の憲法部分改正イニシアに対し、初めての全面改正の国民発案であった。国民投票なら既存の政治諸潮流の中の保守派や青年層の支持も得られると踏んだのである。実際、それぞれの政治潮流がイニシア賛成派と反対派に割れ、スイスの国論が二分されたように見え、緊張は高まった。しかし、ドイツの六月事件とオーストリアのドルフス暗殺を見て国民戦線内部が割れ、農民と労働者に不信感も広がった。署名は九月五日までに七万八〇五〇筆に留まり、大騒ぎした割には少なかった。「憲法全面改正」イニシアの取り扱いについて、議会は国民投票にかける決定を行い、政府は投票日を総選挙直前の一九三五年九月八日と定める。当日の投票率は六〇・九％、賛成二七・七％、反対七二・三％で戦線側の完敗であった。一〇月の国会選挙でも右派政党は全滅した(Ruffieux 1974: 243-247; Linder et al. 2010: 180-181)。

右派戦線の「全面改正」イニシアに反対する過程でブルジョワ主流派と社民・労組の対立も緩み、まず社民党が一九三五年ルツェルン党大会で軍隊と国防を是認する新綱領を採択する。そうして労組と経営者団体間にも、「労使間平和」が一九三七年に成立する。一九四四年選挙で社民党が第一党になると、戦中に必要な挙国政府を作るため、与党側が社民党の政府加入を自発的譲歩の形で認め、全党政府が成立した(田口一九八八)。

三　呪文体制(協調民主主義)と直接民主主義

第二次大戦終了直後の時期は、「洪水」と呼ばれるほど国民投票が活発に行われた。これは戦中に進められた連邦政府への権限集中を撤廃し、州や各種企業・団体の活動の自由を再び認めるものが主で、一九四五―五一年の六年間に四〇件もあった。ただし、多くがレフェレンダムであって、発案は一二件に留まった。投票に付されたのは一九四七年七月六日の「経済・社会政策の基本路線」イニシア(投票率七九・七%、賛成五三・〇%)で、戦中の規制を緩和し自由な経済活動を復活すると同時に、事前聴取過程を通じて政府の決定に経済諸団体が参加可能になった。また、同日に「老齢・遺族年金法」が義務レフに付され七九・七%の投票率、八〇%が賛成して成立した(Linder et al. 2010: 210-213)。

その後、一九五三年から五九年まで社民党が下野したため、社会党の任意レフとイニシアが増加し、抵抗の武器として使われている。一九五九年の選挙で社民党が第一党になると、政府メンバーの選出にあたっては、社民党に二ポストが割り当てられることで主要政党間に妥協が成立した。スイスに特有の自発的譲歩による比例制である。ただ、両院総会で政府メンバーを選出してみると、社民党の正式候補ブリンゴルフではなく、穏健派のテューディが大臣に選出された。他党議員がブリンゴルフを避けたためである。ここで成立した自民、キリスト教民主、社民、国民の四党で2：2：2：1の比率で政府ポストを配分する方法は、この後「呪文(魔法の公式)」体制と呼ばれ、四〇年以上続くことになる(田口一九九五：三五七―三五九)。

そこで、改めてスイス連邦における政治的意思決定と執行のメカニズム、多数決原理によるウェストミンスター型民主主義に対して多極共存型(consociational)と呼ばれたり(田口一九七七)、あるいはオーストリアとともに協調民主主義(Konkordansnzdemokratie)と呼ばれたりする(田口二〇一二)スイスの政治運営の特色を整理しておこう。まず、間接民主主義として二院制の議会がある。比例制で選ばれる二〇〇名の国民議会と、各州から二名、計五二名の全州議会とで、権限は全く同じだから法案審議は両院が一致するまで続けられる。四年に一度総選挙の後に両院総会で、七名の政府メンバーを一人ずつ多数決で選ぶ。七名は七つの省の最高責任者であり、全員対等な資格で大臣会議に臨む。四党政府で形の上では連立政権だが、連立協定はない。政府の決定は全会一致が建前であり、個別政策ごとに種々の多数決が生じても、政府内不一致を公然化させることはない。政府決定に不満があれば国民投票に訴えることができるから、反対する与党内少数派も下野はしないのが通例である。政策の中身で見ると少数派社民党大臣と多数派ブルジョワ・ブロック三党という形で分かれることが多いので、与党の中では社民党が国民投票に訴えることが多くなる。実際の決定の中心は依然議会と政府という間接民主主義であって、直接民主主義は有権者の反対を制度化したものに過ぎない。しかし、任意レフ等を配慮すれば、政府と議会はできるだけ広い合意の調達に努めざるを得ない(Bolliger 2007: 42-54)。

そこから出てくるのが、意思決定過程で忘れることのできないもう一つの経路、「事前聴取制」と呼ばれるスイス型コーポラティズムである。もともと連邦政府は小規模で、立法の際に各州政府の力を借りる必要があり、そこから「事前聴取制」という制度がうまれた。その後資本主義が発展して利益集団が叢生すると、「事前聴取制」を経済団体にも適用し、経済政策、社会政策の立案から、時には執行までを委ねるようになった。「スイス商工業連盟」「スイス営業連盟」「スイス農民同盟」「労働総同盟」の四大団体が中心だが、利益集団やカルテルは業種別、地域別に網の目のように張り巡らされ、その数一二〇〇と言われる。多くの法案は州と利益集団に対する口頭と紙面による二回の事前聴取と利益集団の代表も含む専門家委員会の検討を経て大臣会議の決定として議会に上程される(Papadopoulos 1997: 69-78; 田口二〇一一：一九九―二〇一)。二〇世紀後半の「呪文体制」のもとで、「事前聴取制」は外交政策も対象にされるようになった(Blaser 2003: 235-238)。

「呪文体制」の成立後、国民投票を通じた法・政府決定の否決は半減する(Werder 1978: 21)。一九五九年から七七年までの間、主要政党の中でイニシアティヴを最も多く提起したのは、与党内野党の社民党であり(一〇回)、他の与党ブルジョワ三党は一回しかない(Delley 1978: 51-52)。その他のイニシアティヴは少数政党や特定グループの手で行われた。一つは消費生活協同組合ミグロスの創設者ドゥットヴァイラーがスイス経済の風通しを良くするため立ち上げた「無所属全国連盟」という小政党である。小党なので議会でも議会前の「事前聴取」でも自分たちの考えが反映されないから、国民投票が最重要の影響力行使手段になる。同党は保護主義的で業界団体優遇の経済政策に一貫して反対し、たとえば一九五五年(議会選挙の年)、カルテル禁止イニシアおよび労働時間短縮イニシアを提起した。しかし、一九六〇年代に入ると「無所属全国連盟」も「事前聴取」の対象になり、野党としての迫力を失ってゆく。国民投票で可決されたのは一九六三年の「アルコール中毒撲滅」イニシアのみであった(Delley 1978: 55–56)。

もう一つ目を引くのは平和主義者のグループの活躍である。まずジュネーヴのジャーナリストが始めた軍事支出の一時的削減イニシア(シュヴァリエ・イニシア)が一九五六年一〇月発案として成立したが、議会が国民投票に付すことに反対したため、失敗に終わった(Epple-Gass 1986: 25–30)。次いで、一九五八年五月、ベルンでの平和会議をきっかけにスイスの核武装に反対する一九五九年五月「核兵器禁止」イニシアが成立した。だが、社民党の地方支部と共産党を除く全政治勢力が反対し、六二年四月一日の国民投票では投票率五五・六%、反対六五・二%で否決された(Linder et al. 2010: 278–279)。党内分裂を回避するために社民党が独自案として出した「核武装の決定は議会で」イニシアも翌年否決されている。武装中立に関わる問題は核兵器もふくめ、冷戦時代にはタブーだったのである。

四　世紀転換期の直接民主主義

一九六〇年代末から七〇年代は「イニシアティヴの洪水」とされた時期である。とりわけ新たに生まれた少数政党が各種の国民発案を提起した。その代表的事例が「国民行動党」の提出したシュヴァルツェンバッハ・イニシアティヴである。一九五〇年代から、労働力不足でイタリアからの出稼ぎ労働者が増加していた。それに対し、スイス政府は期限限定で家族同伴を認めなかった。一九六四年にイタリア政府との間で協定が結ばれ、イタリア人労働者の地位が改善された。それと同時に「過剰外国化」「外国人過剰」という表現が聞かれるようになる。政府の報告書でも「同化が困難」という指摘がなされ、外国人労働者の扱いは経済問題から文化的アイデンティティー問題に変わっていった(Bucher 2010: 14-15)。住民に占める外国人の比率はヨーロッパで最も高く、スイスの独自性が失われるという不安が広がりつつあった。

「国民と故郷の過剰外国化に反対する国民行動(NA)」の代表ジェームズ・シュヴァルツェンバッハは一九六八年五月二五日、「過剰外国化に反対する」国民発案を提起した。外国人を各州人口の一〇%以内に抑える(ジュネーヴのみ二五%)、という内容であり、一九六八年内に七万二九二筆の署名を集めて成立させた。主張の仕方やその後の宣伝活動でも、経済効果を強調して外国人排斥の匂いをできるだけ消したけれども、国民議会は一三六対一で、全州議会は全会一致で反対したし、政党や利益集団の主立ったところも全て反対の意思を示した。そうして一九七〇年六月七日国民投票にかけられたのである。いわゆるシュヴァルツェンバッハ・イニシアティヴは賛成四六・〇%対反対五四・〇%で否決されたけれども、投票率が七四・七%と戦後最高を記録しており、国民の関心の高さがうかがわれる。地域的には中部の農村州、社会的には高齢、男性、低学歴、低所得層で支持が多かった。特徴的なのは、かえって外国人居住者の多い地域で反対が強かったことで、「過剰外国化」が文化的認知問題であることを示している（Buomberger 2004: 81–83）。「国民行動党」は一九七二年にふたたび「過剰外国化」反対の国民発案を成立させるが、七四年に国民投票で大差で否決された。七〇・三％と投票率は今度も高かった（Linder et al. 2010: 330–331, 355–356）。

一九七〇年代には、一九世紀の残務整理といった趣の国民投票が幾つか行われている。一九七一年二月七日には女性選挙権を認める改正選挙法が義務レフに付され、賛成六五・七％、反対三四・三％で承認された。投票率は五七・七％（Linder et al. 2010: 308–310）。次いで一九七三年一二月二日には、犠牲獣に関する憲法の規定を廃止する政府決定が国民投票を通過した。代わって「動物愛護法」の策定が始められ、一九七八年一二月三日、「動物愛護法」の任意レフが四三・三％の投票率で行われ、賛成八一・七％で成立した（Linder et al. 2010: 384–386）。

この間、外国人排斥の風潮がイニシアティヴの制度を利用してきたことに対する懸念もあって、「直接民主主義の利用に枠をはめよ」という議論が起こっていた。また女性参政権の制度化で有権者が二倍になったという事情もあり、一九七七年九月二五日の義務レフでは、必要署名数の引き上げが図られた（投票率五一・六％、賛成五七・八％）。任意レフでは三万筆を五万筆に、イニシアティヴには五万筆を一〇万筆に切り上げるというものであった（Delley 1978: 30–31）。

一九七〇―八〇年代に入ってからの国民投票の特色は、「新しい社会運動」が様々な新しい問題を提起した点であろう。一九六八年の学生運動から一九七一年に登場した「スイス進歩派組織（ＰＯＣＨ）」は、当初のマルクス・レーニン主義の立場から「スイス化」「多元主義化」を進め、一九八〇年代に入ると女性の社会的地位向上、次いで環境問題に焦点を移し、八〇年代後半には緑の連合に吸収される(HLS 10: 5)。ＰＯＣＨは最大時でも国民議会で三議席しか取れなかったけれども、イニシアティヴを活発に進めた。一九七六年一二月五日「週四〇時間労働」イニシアア(投票率四五・二%、賛成二二・〇%)、一九七八年二月二六日「自動車道路建設に連邦政府の監督を」イニシアア(投票率四八・二%、賛成三八・七%)、同「年金支給年齢引き下げ」イニシアア(投票率四八・三%、賛成二〇・六%)などで、否決されるケースが圧倒的に多いけれども、新たな問題提起の役割は果たした。さらに自動車道路建設反対や環境保護の住民運動に加わり、州民投票を各地で展開した(HLS 10: 5)。これらは保守派穏健派から見れば左派ポピュリズムと映じたけれども、彼ら彼女らは新しい政治的価値、環境問題と男女平等等を表現し、さらには平和運動でも新たな展開を見せたのである。

様々な環境保護運動の中で、ひと際目を引いたのが「カイゼル・アウクスト原発」問題だった。一九六二年からアールガウ州のカイゼル・アウクスト村で原発建設が始まる。反対運動は一九六八年から始まり、一九七五年に反対派の敷地占拠(州警察の強制排除案を連邦議会議員が反対)で全国課題化する。州裁判所と連邦裁判所を通した裁判闘争と並行しつつ、反対派はバーゼル二州と提携して一九七六年に「原子力施設建設の際の安全と住民による直接決定を守るための」発案を成立させた。国民投票に向けての賛否の議論は一九七〇年代では最も激しいもので、政府教書の中立性が疑われ、電力会社が使った巨額の宣伝費も批判を受けた。投票は一九七九年二月一八日に行われ、四九・六%の投票率のもと五一・二%という僅差の反対で否決された。その後、州政府と中央政府、電力会社と反対派市民の複雑な関係で推移する中で、一九八四年九月二三日に環境関連五〇団体が提出した二つのイニシアティヴ「原発なき未来に向けて」と「安全で環境に優しいエネルギー政策を」が同時に国民投票にかけられ、四一・六%の投票率のもと、それぞれ五五・〇%、五四・二%の反対で否決されている。ところが一九八六年にチェルノブイリ原発事故が起きると、原発に対する警戒心が国民の間に一挙にたかまり、連邦政府は「カイゼル・アウクスト原発」建設中止を決定し、会社に三億五〇〇〇万フランの賠償を支払った(原発問題のその後については田口(二〇一二)を参照)。

それ以外に環境保護派の人たちが提起した発案としては、一九七八年五月二八日の「月に一度自動車なしの日曜日を」が四九・一%の投票率、反対六三・七%で否決されたり、八四年二月二六日の義務レフ「重量トラックの道路使用料引き上げ」が五二・八%の投票率、賛成五八・七%で可決されたり、あるいは八四年二月二六日には「乗用車の自動車道路通行券」イニシアが国民投票にかけられ、五二・八%の投票率、反対五三・〇%で否決されている。一九九〇年代に入っても環境問題をめぐる国民投票は続く。代表的なものは一九八九年に成立し九四年に国民投票に付されたアルペン・イニシアである。投票率は四〇・八%、五一・九%の賛成でアルプスの自然を破壊しない交通網整備が決められた(Linder et al. 2010: 381–382, 414–415, 519–520)。

こうした環境保護派の動きに対し、一九八五年チューリヒで「自動車党」が発足する。「自動車に乗る自由を認めよ」あるいは「自動車利用に余計な制限を課すな」という「自由主義」を主張し、連邦政府による環境保護政策と経済介入政策に強く反対した。一九九一年国民議会で八議席を獲得し、一九九三年一二月ガソリン税値上げに反対する任意レフを提起したが、投票率五一・三%のもと、過半数の賛成(値上げ支持)五四・五%で敗れている。「自動車党」は一九九四年に「スイス自由党」に改名した(HLS 4: 776)。

男女平等という価値について見ると、「男女平等を憲法に」というスイス女性会議の一九七五年の発案に対し、一九八一年に漸く連邦政府が対抗案を出した。発案委員会が発案を引き下げたので対抗案だけが一九八一年六月一四日国民投票にかけられ、三三・九％の投票率ながら賛成六〇・三％で憲法に男女平等が書き込まれることになった(Linder et al. 2010: 401-402)。

ついでに男女平等の個人年金の成立にも触れておこう。老齢年金を含むスイスの福祉政策は数次にわたる老齢障害年金法(ＡＨＶ)改正という形で進められてきた。一九九五年、第一〇次改正に向けて作られた政府案が議会を通過する際、超党派の女性議員の提携で男女平等の個人年金制度が導入され、九五年六月二五日の義務的国民投票にかけられたのである。四〇・四％の投票率のもと、六〇・七％の賛成と、二一州の賛成で成立した。五州(フランス語圏四、イタリア語圏一)で反対が賛成を上まわった(田口一九九九)。

武装中立はスイス人にとって建国以来の伝統であり、しかも軍隊は多様な対立軸をはらむスイスを一つの国民に統合する重要な制度と考えられてきた。反軍隊の思想と運動は極めて弱く、軍隊の批判はむしろタブーであった。安全保障と軍に関する国民投票は一九六〇年から八〇年までに六回行われているが、いずれも圧倒的に現状維持若しくは軍備増強の方向で決着してきた。たとえば良心的兵役拒否に代わる非軍事的役務の制度を目指すイニシアティヴが過去二回、一九七七年と八四年に国民投票にかけられたが、いずれも大差で否決されたし(Epple-Gass 1986: 69-98)、一九八七年社民党提案の軍事費を任意レフの対象にするイニシアティヴも国民投票で退けられていた(Linder et al. 2010: 448-449)。「軍隊なきスイス」を目指す市民団体が一九八五年に起こした「軍隊なきスイス」イニシアは、一〇年以内にスイスを非軍事化するという提案で、政府と議会の反対勧告(国民議会は一七二対一三、保留七で、全州議会は全会一致)を付されて、一九八九年一一月二六日国民投票にかけられた。主要与党は反対、社民党は割れた。イニシアティヴ側はTシャツやワイン瓶のレッテル、あるいはベルンで「コンサート」を企画するなどこれまでとは違う宣伝方法を考え、注目を集めた。結果は六九・二%と高い投票率のもと、六四・四%の反対を受けて否決された。けれども、三五・六%という予想を超える支持を得た上に、ジュネーヴ州とジュラ州では過半数に達したのである(Linder et al. 2010: 62–64)。スイス国民の防衛意識上での大きな変化がうかがえる。同時期、ソ連邦の消滅という国際情勢の変化を受けて、スイスの国防政策も大きく方針転換を遂げることとなる。その結果、一九九〇年代から二〇〇〇年初頭には国防分野の国民投票が相次いだ。列挙すれば、一九九一年六月二日「軍事刑法」改正の義務レフ、一九九二年五月一七日「良心的兵役拒否者に非軍事的役務を」イニシア(賛成八二・五%)、一九九三年六月六日「野外演習場削減」イニシア、同日「新戦闘機なしのスイス」(第二軍隊なきスイス)イニシア(賛成四二・八%)、一九九四年六月一二日「PKO派遣」任意レフ(否決で平和維持軍不可能に、投票率四六・八%、反対五七・二%)、一九九七年六月八日「武器輸出禁止」イニシアなどである(Linder et al. 2010: 480–481, 490–491, 504–506, 524–525, 553–554)。

一九九〇年一〇月、連邦政府のまとめた「報告二〇〇〇」は、従来の一国平和主義に対して国際的平和維持がスイスの安全にも重要であるという認識を示した上で多国間の外交こそが安全保障の中心だとし、他国、国際機関、非政府組織との協力を重視している。いわば、対症療法から予防へ、軍事から非軍事重視へと大きく方針転換したのである。そうして、二〇〇一年六月一〇日武装と教育に関する二本の軍隊法改正、が義務レフで可決され、二〇〇三年五月一八日に「軍隊および軍事組織法改正」＝二一世紀の軍隊⑴任意レフ（投票率四九・六％、賛成七六・〇％）、「国民および民間保護法」＝二一世紀の軍隊⑵任意レフ（投票率四九・六％、賛成八〇・六％）と続いた。こうしてスイス軍は五〇万人体制から二〇万人体制へと切り替えられた（Borchert und Eggenberger 2011: 243-263）。

一方「軍隊のないスイス」グループの二〇〇〇年「軍備と国防での節約」イニシア、二〇〇一年の「信頼できる安全保障政策と軍隊なきスイス」イニシア、同時に行われた「非軍事的役務の自由な選択を」イニシアはいずれも否決されている（Linder et al. 2010: 597-598, 609-611）。とはいえ、国民の国防意識の変化は覆いがたく、たとえば自宅に戦闘用の銃を備えている家は二〇〇四年にはまだ四〇％も存在していたが、二〇〇五年には二九％、二〇〇六年には二五％に激減した（Garçon 2010: 104）。

二〇世紀末になると、グローバル化の中でスイスも経済変動、社会変動、文化変容を経験し、政治の世界でも「呪文体制」に対する不満が鬱積し、「代表制の危機」（Papadopoulos 1997: 42）が言われるまでになった。その間を縫って力を伸ばしたのがスイス国民党である。党内でクリストフ・ブロッハーの率いるチューリヒ派が主導権を握り、従来の中道路線から新自由主義とナショナリズムを核にする新右派路線へと方向を転じ支持を広げてゆく。その際、直接民主主義を党勢拡大の手段として巧みに利用した。(3) 一九九二年一一月のＥＥＡ加入国民投票がはずみとなり、従来の政治指導者に対する不信不満が、国民党の提起するスイス人の不安と誇りをめぐる様々な発案に対する熱烈な支持となって現れた。スイスの独自性とプライドを訴えるアイデンティティー・ポリティックスは国民投票と親和的だった。既存支配層の複雑なつながりを「フェルト」と呼んで非難し、それに「スイス国民」を対峙させるポピュリスト的問題提示にも国民投票は有効だった。一九九九年選挙では「自由党」のような右派の小政党を吸収し、支持基盤を右側に広げて国民議会の第一党に躍り出る。そうしてキリスト教民主党の二大臣ポストのうち一ポストを奪って政府の構成を五〇年ぶりに変えた。四大政党による政権は代わらなかったけれども、協調民主主義の運営法はかなり様変わりし、とりわけ政治の世界での動きが攻撃的になった(田口二〇一六)。

五　二一世紀の直接民主主義

二一世紀に入り、改めて国民投票ラッシュが出現する。二〇〇三年には一一件、五月一八日だけで九件を国民投票にかけた。その後も数は減らず、二〇〇八―一一年に二六回の国民投票が行われている。特にイニシアティヴの増加が著しい。過去二一六件のイニシアティヴの中で、三分の一強が直近の一〇年間のものであり、投票で可決されたものはわずか二二件に過ぎないのに、そのうち一〇件が二一世紀に入ってからのものである(Gross 2016: 36-38, 166)。イニシアティヴの突出ぶりと、以前はガス抜きでしかないと言われた性格が変わっていることが分かる。さらにその背後には、一八カ月で一〇万筆を集めることができなかった、挫折したイニシアの試みが多数あるという[4]。

ここで改めて国民発案＝イニシアティヴが完成するまでの過程を整理してみよう。問題に気付いた個人、グループ、団体(政党を含む)が声を上げ、「委員会」を立ち上げて連邦政府事務局に届け出て、公報に掲載されると署名活動が開始される。イニシアティヴの内容は一般的で漠然とした形でもよいし（その場合は文言を政府と議会に委ねる形になる）、自ら細部まで文言を詰めたものを掲げてもよい。署名期間は一八カ月、必要署名数は一〇万筆である。資金力と動員力を持つ既成団体の方が有利であるが、時宜を得れば少数でも成功する。期限内に署名が集まると連邦政府事務局に提出する。事務局は有効署名数を確認し、イニシアティヴとしての成否を確定する。成立したイニシアティヴは問題を扱う省に送られ、あらゆる角度から検討され、判断される。政府は問題を検討し、国民投票にかけるべきか、推奨するべきか反対を勧めるべきか、あるいは対抗案を出すべきかをほぼ一年かけて検討し、政府教書の形で議会に提示する。

さらに議会での審議が一年以上行われる。国民議会と全州議会はそれぞれの委員会と総会で通例一〇時間以上イニシアティヴの内容について議論する。その際、イニシアティヴを立ち上げた「委員会」のメンバーや、関連のある利益集団、学術専門家に対する聞き取りが行われる。重要なのは、憲法修正を目指すイニシアティヴについて議会が最終決定を行うことはできないことである。議会は有権者に対し公開された再考の機会を提供し、勧告するに留まる。議会は対抗案（趣旨は同じでもっと適切な表現に変える場合と、趣旨に反対で全く異なる対抗案を出す場合がある）を出したり、関連する法律をイニシアティヴの趣旨に沿う形で変えることもある（間接的対抗案）。議会の対応次第ではイニシアティヴの提案者たちが原案を撤回することも少なくない。対抗案を作った場合は元のイニシアティヴ案と並べて国民投票にかけられる。その場合有権者は三つの選択肢を持つことになる。つまり、現状維持か本来のイニシアティヴかそれとも議会多数派による対抗案か、である。一九八〇年までに国民投票にかけられた一八〇のイニシアのうち、四〇回議会から対抗案が出され、うち二六回は元のイニシアテイヴが撤回された。つまり発案者が議会の出す対抗案で満足したということである[5](Gross 2016: 36-40)。

二一世紀の直接民主主義の動きは、「左右」両極化による協調民主主義の危機と警戒されるほど(Hermann 2011)、二つの異なる方向が鮮明である。一つの傾向はスイスの文化的アイデンティティーに関わるテーマの重視である。スイス人のアイデンティティー三本柱(武装中立、連邦制、直接民主主義)のうち、二〇〇二年の調査では直接民主主義が最も重要だとされたが、スイスの特殊性を守る立場から外国との関係に消極的な投票や外国人排除の国民発案が提起されている。

その代表例としてミナレット禁止イニシアを見よう。二〇〇五年秋、トゥールガウ州ヴァンゲンのトルコ系宗教団体が自分たちの集会所にミナレットを建設する許可を州政府に申請した。当時、スイスにはミナレットを備えたモスクが三つ存在していたのに加え、幾つかの地域で建設の希望が出されていた。それに対して地域住民と教会、それに「スイス国民党」が各地で反対し始めており、チューリヒ市のように議会イニシアティヴを検討したところもあった。そうした中、二〇〇七年五月一日からスイス国民党と福音派の小政党が「憲法七二条に新たに第三項〈ミナレットの建設は禁止される〉を追加する」という内容のイニシアティヴに向けた署名活動を開始した。国民党メンバー中心に構成された行動委員会は、二〇〇八年一一月一日の終了期限を待たずに、二〇〇八年七月八日、署名簿を提出する。連邦政府官房が審査し、七月二八日有効署名数一一万三五四〇筆(無効五九七筆)で有効確認がなされた(Vatter 2011: 144)。

行動委員会の主張は、「宗教が国家よりも上にあるイスラム教はスイスの憲法体制にそぐわない教えである。宗教的政治的権力の象徴であるミナレットは宗教的寛容を拒否するもので、それを禁止することによって、全ての人の信教の自由を維持してゆきたい。イスラムは排他的で攻撃的な独自性を本質として持っており、それゆえ同化不可能である。ロンドンのテロからパリ郊外の若者の暴動まで、いずれもこうした本質の発現である。シャリーアはヨーロッパの民主的に作られた法と真逆の存在である」、といったものだった(Behloul 2009: 106-107)。

イニシアティヴの成立を受けて八月二七日連邦政府は否決を勧告し、詳細な教書を議会に提出する。当該イニシアティヴは信教の自由と差別禁止との二つの点で憲法違反であること。建築規制は連邦政府の権限ではないこと。採択はスイスにおける様々な人々の平和共存を脅かし、外国から批判され、対抗措置をひきだす恐れすらあること。したがって連邦政府は否決を勧告する、という内容であった(URL②)。

政府教書を受けた議会は検討に入り、二〇〇九年六月一二日、国民党の反対を押し切って政府勧告を受け入れる。国民党と若干の小党以外の全政党が否決を主張し、主要利益集団・経済団体も、農民連盟が自由投票とした以外は全て否決を支持した。一一月二九日の国民投票に向けてかなり激しいキャンペーンが行われた。ロケットのようなミナレットがスイス国旗の上に乱立し、ベールをかぶった女性も登場するポスターが刺激的で(図参照)、実際、ミナレットがミサイルを連想させるという発言もあった(Behloul 2009: 118-120)。九・一一以後のヨーロッパ世界では、それは間違いなく理性よりは劣化した感情に訴えかける手法として有効だったと考えてよい。それに対し、反対派のポスターはほとんど見られなかったという。二〇〇六年の国会選挙戦の際、反対派はこのイニシアティヴについて、ミナレット建設反対は象徴的な意味しか持たないし、イスラムと他宗教との対話を妨害し、かつ信教の自由を侵犯するものであって、「ポピュリスト的選挙戦術だ」と批判していた(Garçon 2015: 17-18)。
二〇〇九年一一月二九日に投票が行われた。投票率五三・四%で賛成五七・五%、都市バーゼル、ジュネーヴ、ヴォー、ヌシャテル以外の全ての州で過半数を得た。世論調査に基づく予測と違っており、予想外の結果だった。投票結果を見ると、まず予想以上に高かった投票率が目につく。国民的アイデンティティーが問われる単純なテーマであり、分かりやすく刺激的だった。年齢で見ると、元来高かった高齢者の比率がミナレット・イニシアでは一層高くなっている。また一般的には男性に比べ四%程低い女性の投票率が今回は男性より五%高いという結果が出ている。都市と農村の落差一一・七%、ドイツ語圏の方がフランス語圏より一一・四%高支持。いずれも国民党の支持基盤であり、「エリート」に対決する「国民」を演出する国民党に共鳴する人々に訴えかけたと思われる(Vatter 2011: 174-178)。

図　ミナレット禁止イニシアティヴのポスター(出典：URL③)

一連の外国人排除の国民投票はさらに二〇一〇年一一月二八日「外国人犯罪者の国外追放」イニシアの成立となって現れた(投票率五二・六%、賛成五二・九%)。政府が立法化に五年を費やす必要を主張すると、「徹底化」イニシアを立ち上げたが、こちらは二〇一六年二月の投票で否決されている(URL④)。

さらに二〇一四年二月九日には「大量移民

反対」イニシアが国民党以外の全政党が反対したにもかかわらず、五六・六％の投票率で五三・三％の賛成で可決された。シェンゲン協定以後ＥＵ諸国、中でもドイツからの高学歴者を含む移住者が増え、大都市圏に住むスイス国民にも職を奪われる不安が増加していたことが背景にある(同じくＵＲＬ④)。

二一世紀スイスの直接民主主義に現れた第二の傾向は、グローバル化による資本主義の変容と労働の変質を見据えて、それに対処しようとする動きである。二〇一二年三月一一日「全ての人に六週間の有給休暇を」イニシア(否決)、二〇一三年三月三日「搾取反対」イニシア(可決)、二〇一四年五月一八日「最低賃金イニシア」(否決)、二〇一五年六月一四日「奨学金」イニシア(否決)と続いた後、二〇一六年に「基礎所得イニシア」の国民投票が登場する。この間、富の集中はスイスでも進み、アメリカに次ぐ格差社会となっていた。ＩＣＴ化による経済構造の変化の中、一定の失業が恒常化し有業者の中では対人サービスの評価が下落した。それに対し、全ての国民に最低限所得を保障する制度であって、前世紀末から世界中で議論されている課題である。

基礎所得イニシアは二〇〇六年から人智学系と環境保護系の二つのグループの手で準備が行われていた。人智学系の人々を中心に進められた運動は二〇一二年から署名集めが始まり、二〇一三年四月までに一二万九〇〇〇筆の署名が集まった(もう一つのイニシアは署名数不足、Port 2016: 17–36)。

その内容は次の通りである(Häni und Kovce 2015: 166–168)。

①連邦政府は無条件の基礎所得の導入に配慮する。

②基礎所得は全ての住民に人間の尊厳に値する生活と公共生活への参加を可能にさせなければならない。

③基礎所得の財源と額は法律によって定める。

これは財源を全て消費税でまかなうというドイツのG・ヴェルナーたちの主張するタイプの基礎所得であった。一人ひとりに尊厳ある生活と公的世界への参画を可能にさせる基礎所得を、人智学でいう「文化的刺激」として提示したもので、直ちに実現させることはあまり重視していない(Port 2016: 38)。二〇一四年八月二七日、政府の議会向け教書が出された。スイスの経済秩序に悪影響を及ぼすから否決を勧めるという趣旨であった。議会は審議の上否決し、二〇一六年六月五日に国民投票にかけた。投票率は四六・四%、七六・九%の反対で大差の否決となった。保守的な一般のスイス国民からすれば、無責任な誇大妄想、つまりはポピュリズムと映じた筈である。しかし、新たな問題提起になったことは疑い得ない(Porlezza 2016: 6–7)。

おわりに

二一世紀に入って、政治が複雑に拡散しつつ政党民主主義から世論調査民主主義やポピュリズム的見世物(劇場)政治とへ変わり、民主主義の行方がますます不確かになる中で、直接民主主義、国民投票がどのような役割を果たし得るのか。

スイスの例を見ると、国民投票は、確かに単純な二択として分断を進める道具になる傾向を持つが、「事前聴取」と全党政府の合意、それに議会での慎重な審議によって複雑な妥協が生み出され、分断に対する有効な歯止めとなっている。準備に二、三年かけ、国民投票の結果が出た後も様々な妥協が生み出されるし、司法による修正もある(Borner und Rentsch 1997: 20-23)。他方で「事前聴取」と議会での対立軸は既存の利益集団や政党をめぐる既成のものに留まりがちなのに対し、国民発案は、少数派の立場から頻繁に新しい対立軸を生み出し、政治の新たな課題を提示する役割を果たしている。頻繁な国民投票はむしろ政治的危機を細分化し、拡散させる効果(Papadopoulos 1998: 48)を持つし、直接民主主義が日常化していると、択一的思考と決断に慣れてあまり極端には振れないということもある(Chollet 2011: 73-76)。実はスイス国民は基礎自治体や州でも直接投票制度があり、年間一〇〇以上の問題について選択しつつ投票を行っているので、多数の有権者が感情的に一方に流れるという現象はほとんどないのである(Garçon 2015: 162-166)。

国民投票は、単独で使われるとプレビスィットとして独裁者の正統化装置として機能したり、イニシアティヴとして有権者の感情に訴える民意操作の道具として有効であったりするけれども、慎重な審議や熟議の行える場、たとえば機能する二院制議会やコーポラティズムとセットにすれば、つまりリンダーの言う「半直接民主主義」の一部として使われるならば、有権者の「教育」と「市民」意識の培養に有効だということである。

注

(1)　スイスの場合、基礎自治体から州、そして国全体でも有権者による直接投票の制度があり、全て同じVolksabstimmungという言葉で呼ばれている。「市民投票」とか「有権者直接投票」といった日本語の方が正確になるが、本章では全国レベルの投票しか扱わないこともあるので、日本での通例の用語である「国民投票」を使うことにしたい。また、従来は直接民主主義という用語は住民大会をさし、住民(国民)投票は半直接民主主義と呼ぶ慣わしだった。それに代わってリンダーは、間接民主主義と直接民主主義を組み合わせているスイスの政治運営を「半直接民主主義」と呼んでいる（Linder 2005: 241-247）。

（２）　中でも一九三四―三五年には九つの発案が必要署名数を超えて成立している（Neidhart 1970: 228）。

（３）　一九九五年以前には、国民党が仕掛けたイニシアティヴは一度だけだった（Papadopoulos 1998: 55）。

（４）　因みに二〇一九年八月段階で国民投票にかける準備に入っているものが一件、国会で審議中のものが七件、政府が検討中のものが五件、目下署名活動中のものが一五件も後に控えている（ＵＲＬ①）。

（５）　発案から国民投票までの資金は全て寄付に拠っている。二一世紀初めの三九の国民投票について、一回の広告支出は二九〇万フラン。安全保障分野と外国人問題分野で賛否双方の非対称性が大きく、それぞれ八九％対一一％、八五％対一五％となっている（Hermann 2012: 10）。

参考文献

田口晃（一九七七）「多極共存型（コンソシェイショナル）デモクラシーの可能性――最近のヨーロッパ小国研究から」『思想』第六三二号、二六二―二七四頁。

田口晃（一九八八）「戦間期スイスにおける分裂と統合――スイス社会民主党の方針転換をめぐって」ヨーロッパ現代史研究会編『国民国家の分裂と統合――戦間期ヨーロッパの経験』北樹出版、二二九―二五九頁。

田口晃（一九九三）「スイスは何故ヨーロッパ統合に消極的か――一九九二年一二月六日の国民投票をめぐって」『年報政治学一九九三　ＥＣ統合とヨーロッパ政治』岩波書店、一三七―一五二頁。

田口晃（一九九五）「スイス」矢田俊隆・田口晃『オーストリア・スイス現代史　第二版』山川出版社、二五一―三八二頁。

田口晃（一九九九）「スイスの年金制度――第一〇次改正を中心に」『海外社会保障研究』第一二六号、七二―八一頁。

田口晃（二〇一一）「スイス　分散と集中、多様性の中の民主主義」津田由美子・吉武信彦編著『北欧・南欧・ベネルクス』ミネルヴァ書房、一九一―二〇七頁。

田口晃(二〇一三)「スイスの脱原発史──カイザーアウグスト原発問題を中心に」若尾祐司・本田宏編『反核から脱原発へ──ドイツとヨーロッパ諸国の選択』昭和堂、三八一─三九〇頁。

田口晃(二〇一六)「国民党の興隆とスイスの民主政」水島治郎編『保守の比較政治学──欧州・日本の保守政党とポピュリズム』岩波書店、八一─一一〇頁。

Behloul, Samuel (2009) „Minarett-Initive," in Mathias Tanner, Felix Müller, Frank Mathwig, und Wolfgang Lienemann Hrsg., *Streit um das Minarett. Zusammenleben in der religiös pluralistischen Gesellschaft*, TVZ, 103-122.

Blaser, Jeremias (2003) *Das Vernehmlassungsverfahren in der Schweiz*, Leske + Budrich.

Bolliger, Christian (2007) *Konkordanz und Konfliktlinien in der Schweiz, 1945 bis 2003. Parteienkooperation, Konfliktdimensionen und gesellschaftliche Polarisierungen bei den eidgenössenschaftlicen Volksabstimmungen*, Haupt.

Borchert, Heiko und Rene Eggenberger (2011) „Gesellschaftliche Akzeptanz oder Einsatz- orientierung? Ueberlegungen zur Zukunftfähigkeit der Streitkräftetransformation in der Schweiz," in Th. Jäger und R. Thiele Hrsg., *Transformation der Sicherheitspolitik. Deutswchland, Oesterreich, Schweiz im Vergleich*, VS, 243-263.

Borner, Silvio und Hans Rentsch Hsrg. (1997) *Wieviel direkte Demokratie verträgt die Schweiz?* Ruegger.

Bucher, Mike (2010) *Von Schwarzenbach nach Egerkingen—Die Minaretteninitiative im Kontext der Üeberfremdungsbewegung der 60er-Jahre*, GRIN.

Buomberger, Thomas (2004) *Kampf gegen unerwünschte Fremde: von James Schwarzenbach bis Christoph Blocher*, Orell Füssli.

Chollet, Antoine (2011) *Défendre la démocratie directe*, PPUR.

Delley, Jean-Daniel (1978) *L'initiative popuraire en Suisse. Mythe et réalité de la démo cratie directe*, l'Age d'Homme.

Demarmels, Sascha (2009) *Ja. Nein. Schweiz. Schweizer Abstimmungsplakate im 20. Jahrhundert*, UVK.

Epple-Gass. Rudolf (1986) *Friedensbewegung und direkte Demokratie in der schweiz*, Haag u. Herchen.

Garçon, François (2010) *Le modele suisse*, Perrin.

Garçon, François (2015) *La Suisse. Pays le plus heureux du monde*, Tallandier.

Graber, Rolf Hrsg. (2008) *Demokratisierungsprozesse in der Schweiz im späten 18. und 19. Jahrhundert*, Peter Lang.

Gross, Andreas (2016) *Die unvollendete direkte Demokratie. 1984–2015*, Werd Verlag.

Häni, Daniel und Philip Kovce (2015) *Was fehlt, wenn alles da ist?: Warum das bedingungslose Grundeinkommen die richtigen Fragen stellt*, Orell Füssli.

Hermann, Michael (2011) *Konkordannz in der Krise, Ideen für Revitalisierung*, Neue Zürcher Zeitung.

Hermann, Michael (2012) *Das politische Profil des Geldes. Wahl-und Abstimmungswerbung in der Schweiz*, Sotomo.

HLS = *Historisches Lexikon der Schweiz*, Schwabe (2002).

Kreis, Georg Hrsg. (2016) *Reformbedürftige Volksinitiative. Verbesserungsvorschläge und Gegenargumente*, Neue Zürcher Zeitung.

Linder, Rolf (2005) *Schweizerische Demokratie. Institutionen, Prozesse, Perspektiven*, Haupt.

Linder, Rolf, Ch. Bolliger, und Y. Rielle (2010) *Handbuch der eidgenössischen Volksabstimmungen 1948–2007*, Haupt.

Milic, Thomas et al. (2014) *Handbuch der Abstimmungforschung*, Neue Zürcher Zeitung.

Neidhart, Leonhard (1970) *Plebiszit und pluralitäre Demokratie. Eine Analyse der Funktion des schweizerischen Gesetzesreferendum*, Haupt.

Papadopoulos, Yannis (1997) *Les processus de décision fédéraux en Suisse*, L'Harmattan.

Papadopoulos, Yannis (1998) *Démcratie directe*, Economica.

Porlezza, Gioia (2016) *Weshalb wurde die Initiative für ein bedingungsloses Grundeinkommen in der Schweiz abge-*

lehnt? GRIN.
Port, Michael (2016) *Bedingungsloses Grundeinkommen. Eine Analyse anhand der Initiativen in Finland und der Schweiz*, GRIN.
Ruffieux, Roland (1974) *La Suisse de l'entre-deux guerres*, Payot.
Sigg, Oswald (1978) *Die eidgenössischen Volksinitiativen 1892-1939*, Haupt.
Tanner, Jakob (2015) *Geschichte der Schweiz im 20. Jahrhundert*, C. H. Beck.
Tanner, Mathias et al. (2009) *Streit um das Minarett. Zusammenleben in der religiösisch pluralistischen Gesellschaft*, TVZ.
Vatter, Adrian Hrsg. (2011) *Vom Schächt zum Minarettverbot*, Neue Zürcher Zeitung.
Werder, Hans (1978) *Die Bedeutung der Volksinitiative in der Nachkriegszeit*, Haupt.

ＵＲＬ

①http://www.admin.ch.　二〇一九年一二月二七日閲覧。
②http://www.admini.ch.ch>dokumentation<abstimmungen/Botschaft zur Volksinitiative „Gegen den Bau von Minaretten"　二〇一九年一二月二七日閲覧。
③https://www.swissinfo.ch/jpn/%E3%83%9F%E3%83%8A%E3%83%AC%E3%83%83%E3%83%88%E7%A6%81%E6%AD%A2/755172　二〇一九年一二月二七日閲覧。
④http://www.admini.ch.ch>dokumentation<abstimmungen/„Chronologie der Volksabstimmungen"　二〇一九年一二月二七日閲覧。

第10章　革命と焦土
――二〇一七年フランス大統領・下院選挙の衝撃――

中山洋平

はじめに――なぜ「革命」なのか？

二〇一七年春の衝撃的な選挙から既に二年半以上が経った。この間に発表された多くの論文・研究書を踏まえて、二〇一九年に『二〇一五―二〇一八年――選挙革命の歴史』と題する論文集が刊行された(Cautrès et Muxel 2019)。しかし、大統領選挙に次いで下院選挙でも勝利を収めたのは、極右・国民戦線(二〇一八年に「国民連合」に改称したが、当分の間、この歴史的党名を用いる)の二代目マリーヌ・ルペンではなく、前任のオランド大統領の下で大統領府側近や閣僚を務めたマクロンである。当然、政策的な連続性も高い。一体何が「革命」なのか、訝しく思う読者も少なくないだろう。

しかしマクロンは社会党に属しておらず、後で触れる左派の予備選挙にも参加せず、中道政党を創設して本選挙に出馬した。結果は、交互に政権を担ってきた左右両陣営を代表する候補者がどちらも大統領選挙の第二回投票に進めないという、かつてない事態だった。しかも、惨敗した左右の二大政党、社会党と共和党はともに選挙後、散り散りに解体した。過去半世紀の間、既成政党を束ねた左右の陣営がフランスの民主制にどれだけ貢献をしてきたかを考えれば、その陣営が雲散霧消した二〇一七年はまさに劇的な変動の年だったと言える。

一九七〇年代初め、社会党を乗っ取ったミッテランがこれまで排除されていた共産党との連合を選択して以来、フランスの主要政党は、左右二つの陣営に分かれるようになった。左右の両陣営は大統領選挙と下院選挙を通じて政権を争い、極めて頻繁に政権交代が起こった。一九六二年にフランス第五共和制が今の姿で確立されて以来、大統領選挙も下院選挙も定数一（小選挙区）で二回投票制をとる。常に片手に余る主要政党が相争いつつも、（国民戦線などを除いて）それらが左右どちらかの陣営に属して、規律の堅い選挙連合を形成していた。そのため、少なくとも一九九〇年代前半までは、第二回投票では、大統領選挙（上位二名の決選投票）でも下院選挙（登録有権者の一二・五％以上の票を獲得すれば第二回投票進出の権利を得る）でも、左右の二大陣営の推す候補者どちらかを選ぶという、いわば「疑似二大政党制」として機能し、有権者・国民に選挙の度に政権選択の機会を保証してきた。

さすがは先進民主主義国フランス、さもありなん。そう思うのは早合点である。一八七〇年代に男子普通選挙に基づく議院内閣制が確立され、制度の上では標準的な民主制を早期に実現していたにも拘らず、一九世紀末から二〇世紀半ば過ぎまでの長い間、フランスは「人民なき民主主義」（戦後を代表する憲法・政治学者デュヴェルジェの言葉）に留まっていた。小党乱立の上に、最左派の社会党、共産党以外のほとんどの中道・右派政党の組織や党規律が極めて弱かったため、政権は短命・不安定だった。何より、選挙の後も議会内で合従連衡が繰り返されるうちに、政権多数派の構成が選挙で示された有権者の民意と逆になることも珍しくなかった。戦後日本同様、議会が国家の最高権力機関と固く信じられていた反面、その議会は世論の動向に鈍感な「窓のない家」であり、議会制民主主義は「代議士の共和国」に過ぎなかった。これを漸く克服したのが半世紀前だ。第五共和制を創設したド・ゴールが右側に一枚岩の政権党を生み出した後を受けて、ミッテランは一九七〇年代半ば以降、社共連合の選択と党規律の徹底によって左右両陣営への分割を実現し（詳しくは二五一頁参照）、フランス政治史上初めて、有権者が政権を直接選択できる「市民の共和国」（デュヴェルジェ）を実現したのである。

ただ逆に言えば、ミッテランが作り出したのは、左右両陣営の政権政党に権力を独占させるカラクリだったという側面もある。もっとも、社会党やド・ゴール派などの主要政党が国民の間の意見対立を集約し、ミッテランやシラクのような歴史的指導者に恵まれているうちは、「独占」が苦にされることは多くなかった。しかし、近年は、後で述べるように、左右両陣営への分割がむしろ、最も重要な争点を隠蔽する機能を果たすまでになっていた。そうした既成政党を打ち破ったマクロンの当選は、国民にとって「革命」と称賛できる部分もあったのだろう。しかし今回、左右両陣営の解体によって、明快な選択肢の提示や候補者の養成・選抜という民主制の基礎を提供するインフラが瓦解したことは、フランスの民主制の将来に暗い影を投げ掛けている。「革命」はなぜ起こったのか。今後のフランス政治はどうなるのか。少しだけ距離をとったこの時点で見えているところをまとめておきたい。

一　事故か構造変化か？

左右の二大政党のうち、現職大統領の与党であった社会党の大敗は十二分に予見されていた。「金持ちの大統領」と嫌悪された前任者サルコジを批判し、富裕層への課税強化(所得税の最高税率を七五%に)などを掲げて当選したオランドが実際に行った政策は、労働市場の規制緩和や、企業の税・社会保障負担の軽減を更に進めるなど、経済・社会の市場化の流れに棹差すものだったからだ。一九八〇年代半ば以降、ヨーロッパ市場統合やグローバル化の中で、平等や公正を重視する左派的な政策路線が実施できなくなって以降、民衆の期待を裏切った社会党政権が与党の大敗で終わるのはもはや定例となっている(例えば一九九三年の下院選挙)。大統領選挙の第二回投票に国民戦線が進むことも二〇〇二年に前例がある。したがって二〇一七年が「革命」となったのは、①本来当選すべきだった右派陣営の代表フィヨンが、候補者指名を受けた後にいわゆる「ペネロペ・スキャンダル」(勤務実態のない妻らに議員秘書などの給与を受給させていたことが政治週刊紙に暴露された)によって失速し、にも拘らず党は候補者を差し替えられなかった、②社会党政権に属していたはずのマクロンが社会党を含む左派の予備選の枠外での立候補に成功した、という二つの想定外の事態が前提となっていた。

フィヨンと予備選Ⅰ――出馬辞退拒否

①のうち、公金流用スキャンダルは、清廉さ、正直さなどを看板としていたフィヨンには致命的なものとなった。しかし事案自体は、一定の確率で生じる「事故」と言ってもいいだろう。問題は共和党が問題を起こした候補者の差し替えに失敗したことにあり、その原因は、フィヨンが公開予備選挙で右派陣営の候補者に指名されていたことにある。

大統領選挙の公開予備選は、二〇一一年に社会党が初めて採用に踏み切った。一九九〇年代初めまでの社会党では、党大会の投票で大統領候補が決められていたため、派閥間の合従連衡が全てだった。しかし有権者の既成政党不信が進み、指導者間の泥沼の内紛にも見舞われた。社会からの乖離がますます懸念される中で、一九九五年に導入された一般党員による党内予備選では持ち堪えられなくなり、一般有権者に大統領候補者指名を開く決断が下されたのである。その結果、二〇一一年の公開予備選では二〇〇万を超える市民が投票を行い、指名を得たオランドが本選でも勝利する推進力となった（Treille 2017; Lefebvre et Treille 2016: Ch. 1）。

右派・共和党も有権者の不信には苦しんでおり、予備選という革新の果実を左派に独占させておくわけにはいかない。そもそも右派は下院選挙については一九九〇年代から一部の選挙区で予備選挙を導入していた。当時の右派はド・ゴール派と中道右派の連合体であり、元々は各党が候補者を出し第一回投票で上位に着けた方に一本化するという方式を取っていた。しかし第一回投票の選挙戦で右派候補が互いに攻撃しあうと第二回投票に悪影響を与えるため、できる限り第一回から一本化するようになったのだった。大統領選挙も変わるところはないと考えれば、大統領選挙への公開予備選挙の導入は、苦境の主要政党が選挙動員戦略上の構造的問題を解決しようとすれば、少なくとも一度は通らねばならない道だったと言える（Lefebvre et Treille 2016: Ch. 2）。二〇一六年一一月に行われた右派の公開予備選は、二〇一一年の社会党の倍近い四〇〇万を超える市民を動員する大成功となり、ルーティーンに従った右派の政権奪回に追い風になるかと思われた。しかし、二〇一七年一月、ひとたびフィヨンがスキャンダルに見舞われると、この成功は一転して共和党の軛となった。司法当局の追及を受けて、メディアから猛烈な攻撃に晒されたにも拘らず、フィヨンとその陣営は、予備選で示された民意を盾に出馬辞退を断固として拒否したからである(Perrineau 2017: Ch. 1)。

フィヨンと予備選Ⅱ——極端な右傾

フィヨンが意固地になったのにはメディアとの確執の縺れもあるが、最有力と言われながら予備選で次点に留まったジュペとの政策・イデオロギー的な溝の深さも影響したと考えられる。実際、フィヨンが予備選挙で掲げた政策は、これまでの右派政権政党の綱領の中では段違いに右寄りのものだった(但し、予備選ではサルコジらが更に右寄りの立場を取っていた)。極端な市場自由主義を掲げ、二〇二二年までに公務員を五〇万人削減するなどと公約して衝撃を走らせた。文化面でもカトリックやフランスの伝統を前面に出し、多文化主義による移民統合を排斥した。フィヨンが共和党の中でも右寄りの路線を取ること自体は不思議ではない。首相として仕えたサルコジ大統領は、国民戦線に奪われた票を取り返すために、移民や移民系住民に対してより厳しい態度を取ったからだ。フィヨンはその流れを引き継いで、従来の中道的な立場を守るジュペに対峙していたのである。

しかし、フィヨンが選挙戦を通じて極端な立場に傾斜していったのには、予備選挙の影響も大きい。一般に、党員、特に党組織運営を担う活動家(ミリタン)は、支持者(一般有権者)はもちろん、国会議員ら党の幹部よりも左右に極端な立場を取っているため、党員投票で候補者指名などを行うと、予期したより左右に偏った者が選出されやすい。今回、投票資格を党員に限らない、公開予備選挙の形を取ったにも拘らず、この「メイの曲線的不均衡」と呼ばれる現象が顕著に現れたのである。本選挙ですら棄権する者が過半に迫る場合もある中、わざわざ政党の予備選会場に赴き、少額とはいえ参加料を払って投票するのは、党員でなくとも固い信念・信条を持っている熱心な支持者が多かったからだと考えられる。実際、右派の予備選でフィヨンを最も強く支持したのは、年金生活者・高齢者と実践カトリック（教会のミサに出席するなどの習慣のある者）であり、右派の有権者全体と比べると右派の予備選の投票者ではこのグループが過大代表されていた（Perrineau 2017: Ch. 1）。

この事情は左派の予備選挙でも同様であり、オランドの首相として党右派を代表し、本命と見られていたヴァルスではなく、党左派でオランド大統領に盾突く「造反派（frondeurs）」の頭目の一人であるアモンが指名を獲得した。左右の政権政党が予備選挙で左右に極端な候補者を選んだ結果、中道に大きな空間が開けた。これこそ、マクロンが「革命」を起こす前提となった。

権力復帰の順番を迎えた右派陣営の代表として、本選で大本命となるはずだったフィヨンがスキャンダルで躓いたことを重視すれば、「革命」は「事故」だったと言えるのかもしれない。しかし、候補者差し替えに失敗した事情などを仔細に検討すれば、実際には、ただの偶発的な事故ではなく、予備選挙に頼らざるを得ない、左右の政権政党の動員力の低下という構造的な問題に深く根差した、「事故」だったことが分かる。

中道戦略と分極化

次に②のマクロン出馬については、出馬に至る経緯（Treille 2019）は省くが、左右の政権政党の内部事情を越えて政党制全体に視野を広げれば、中道に開けた空間をめがけてマクロンのようなアウトサイダーが飛び込んでくるのはむしろ半ば必然的だったことが分かる。

実は、左右両陣営の間で独立した中道の位置を占める戦略を試みたのは、左右両陣営体制が確立された一九七〇年代後半以降に限っても、マクロンが初めてではない。中道の小政党ＭＯＤＥＭを率いるベイルーは、二〇〇七年の大統領選挙で左右の有力候補（当選したサルコジと社会党のロワイヤル）を相手に予想外の大健闘を展開した。結局、三位に終わったものの、平時の支持率は五％前後に過ぎないフランスのキリスト教民主主義勢力の指導者としては、一八・六％の得票率は極めて印象的だった。二〇一二年の大統領選挙では振るわなかったものの、二〇〇二年の大統領選挙以来一貫して左右両陣営に対して中道の旗を守り抜いてきた。

実は、ベイルーやマクロンのような中道の候補は、第一回投票で左右の二大政党の候補者の少なくともどちらか一方を上回り、二位までに入って決選（第二回）投票に進みさえすれば、極めて有利な立場に立つ。中道の候補は、第一回投票で倒した左右どちらかの陣営の候補者の票を全て手にできるからだ。二〇〇七年の大統領選挙で言えば、第一回二位のロワイヤル（得票率二五・九％）とベイルーの差は七％余り。中道候補の得票を左右する要因は多岐にわたるが、二〇一七年大統領選挙では、国民戦線やメランション派（二〇〇八年社会党を離党、共産党などを巻き込んで反政権の急進左翼を形成）など左右両極が勢力を増大させた。サルコジ大統領の下での右派政権政党の右傾化が極右・国民戦線の躍進に対抗するためだったとすれば、今回、フィヨンが政策路線を急進化させたのも、社会党がアモンを指名したのも、実は左右のポピュリスト政党の台頭の産物と見ることができる。左右両陣営が予備選挙を導入したことによって、この圧力が大統領選挙に直接流れ込み、「遠心的競合」を引き起こして政権政党を左右の極へと強力に吸引したのだ。中道マクロンの第一回投票突破はその帰結であった。

二　国家の撤退と格差の地理的表出

その左右のポピュリスト政党の台頭の背後には、オランド政権の下でも労働市場や税制、「公共サーヴィス」など各分野で、格差を拡大する「市場化」の改革が容赦なく続けられたことがあるとされる。しかしグローバル化や市場統合による格差の拡大は西欧のどの国でも起きている。なぜフランスでだけ、左右の政権党を同時に瓦解させるようなインパクトを持ったのだろうか。選挙制度の違い（小選挙区二回投票制の増幅効果）を考えても、二〇一七年のフランス政党制の変動は、例えば隣国のドイツなどと比べても劇的に過ぎる。

この謎を解くには、戦後高度成長期までのフランスには、国家が幅広く社会・経済に介入することで市民間の平等や公正を確保するシステムが根付いていたことを思い起こさねばならない。戦後のフランスを特徴付ける国家主導型（ディリジスム）の経済運営は、主要産業の大企業の国有化や、高級官僚の「天下り」による官民一体の産業政策などでよく知られているが、その最大の受益者は実は民衆層だった。フランスの民衆は、国家介入や政府の規制によって経営者や大企業など市場の強者から守られ、平等と安定した生活基盤を享受していた。しかし一九八〇年代以降に国家が「撤退」していくと他に守ってくれるアクター（労組など）はおらず、市場の力に蹂躙される一方となった（Margairaz et Tartakowsky 2018）。民衆層にとって国家が「撤退」し、剰え（あまつさ）「市場化」を推進するのは市民に対する義務の放棄に他ならず、政治に対する怒りが爆発する。二つだけ典型的な事例を挙げておこう。

労働市場規制からの撤退

少なくとも一九八〇年代までは、フランスの労使間にまともな交渉や対話はほとんど成立せず、労働協約はストなどの労使紛争の「休戦協定」に過ぎないと言われた。労組の組織率が際立って低い（通常は一〇％以下）上に、労組は政治的傾向別に分立していたため、経営側に相手にしてもらえないのが実情だった。余りにも弱い労組を後ろから支えて労使間の均衡を辛うじて維持していたのが国家である。労働協約について言えば、一九三六年以来、代表的な労組が経営側と結んだ協約を、政府（労相）が政令によって当該産業部門全体に適用を拡張するのが通例となった（水町二〇〇一：八八）。

しかし、一九八〇年代以降、労働市場に対する規制緩和が段階的に進められ、解雇規制の緩和、非正規雇用の拡大など、この二〇年余りで労働者保護は大幅に弱められた。そしてオランド政権下では、エル・コームリ労相によって、協約に関しても抜本的な改革が行われた。政府の介入によって産業部門毎の協約を企業レベルの合意に優越させていたこれまでの制度を改め、企業レベルの労使交渉による自律的な決定に全てを委ねようと試みた。マクロン政権はその後を引き継いで、国家介入で雁字搦めだったフランスの労働市場をグローバル化に適合させるための規制緩和を完成させる役割を果たした。既に一九九〇年代半ば以降、企業毎の労使交渉の受け皿として、経営側が従業員代表制度などを活用し、企業レベルの組織が非常に弱い既存の労組をバイパスしつつある（Howell 2009）。他の西ヨーロッパ諸国では、労組がなお一定の組織力を残しているため、グローバル化対応のための労働市場の柔軟化に際しても、労使の力関係が一方的になることを防いできた。他方、元々労組が弱体だったフランスでは、国家が撤退すれば、労働者を守るアクターはいなくなる。

地方分権化と「公共サーヴィス」の空洞化

職場のみならず、消費者・生活者としても市民間の平等を担保していたのは、フランス独自の「公共サーヴィス」だった。フランスでは、国土のどこに住んでいようと平等（ないし公平）な条件で遍くアクセスを保証するよう国家が義務を負わされている。法的には公共サーヴィスの供給主体はコミュン（市町村）だったが、フランスには三万を超えるコミュンがある。大半を占める中小コミュンでは、電化や上水道敷設などの大規模事業を自前で遂行することは到底できないため、事業は実質的に資金・技術の両面で中央政府の「丸抱え」だった。資金面では、所管省庁の手厚い補助金を公的金融機関・CDC（預金供託金庫）による長期低利融資が補い、自己資金がなくても事業を遂行できた。僻地に手厚い資金援助のシステム（「平衡化」）も導入されたため、電気や水道の料金は大都市と変わらない水準に抑えられた。専門知識・技術の面では、農業省、公共事業省など各所管官庁の出先機関の技官が計画立案から施工までを引き受けた。厳格な中央集権的統制は、この手厚い支援によって国土の隅々まで平等と公正が保証されていることの裏面だった（中山二〇一七）。

集権的な中央官僚制の統制の恩恵はそれだけにとどまらない。フランスでは電力やガスだけでなく、上水道や都市交通なども含め、多くの公共サーヴィスは、コミュンが直接運営するのではなく、専門特化した民間企業に委託することが増えていく。こうした企業は第二次大戦後、国際的な寡占企業（後のヴェオリア・グループやスエズ・グループ）となったため、市場における素の力関係では、顧客であるフランスの零細コミュンは到底太刀打ちできず、条件の悪い僻地ほど過酷な条件をのまざるを得なくなるだろう。しかしここでも中央官庁が強力に介入し、公共サーヴィスの平等と公正を確保した。許認可権限を盾に巨大な民間企業を抑え込み、中小コミュンを保護していたのである（中山二〇〇八）。

反面、パリやリヨンに限らず、大都市コミュンが一定の資金力と専門能力を備えると、こうした中央官僚制による「保護」は軛以外の何物でもなくなる。ミッテランはこうした地方大都市の首長や市官僚制の憤懣を吸い上げて、一九八一年の左翼の政権獲得の原動力の一つとした。選挙勝利の見返りとして、一九八二年、抜本的な分権化の改革が実施された（中山二〇一七：序章、終章）。大都市コミュンなど、自立できる体力を持つ地方自治体にとって、この改革は自律をもたらす福音だったが、大多数を占める中小コミュンにとっては、公共サーヴィスに関する国家の手厚い保護を失って市場の荒波の中に放り出されるに等しかった（中山二〇〇八）。まして、二〇一〇年代に入る前後から、フランスの分権化改革は、日本同様、合併を嫌がるコミュン（市町村）に広域のコミュン連合体への結集を促して規模の経済を追求しつつ、権限の委譲によって財政支出削減の責任を地方に押し付ける、緊縮政策の一環という性格が強くなった（Hastings-Marchadier et Faure 2015: Ch. 2）。

中央官僚制の統制が緩和されるや、公共サーヴィス事業を受託する寡占的な民間企業は立場の弱い田舎の自治体に対してより厳しい契約条件を押し付けるようになる。例えば水道料金は早くも二〇〇〇年代初めの時点で地域間に四倍もの格差を見るようになっていた（中山二〇〇八）。地方財政に持続的な緊縮が要求され、ヨーロッパ大の都市間競争に打ち勝つべく公共サーヴィスに市場原理の注入が求められる近年、田舎ではサーヴィスの供給自体が停止してしまう例が目立つ（Barczak et Hilal 2017）。

民間事業者に頼る都市交通（バスなど）が減便や廃止の憂き目にあったのはもちろん、国鉄や郵便など、かつては国営の事業体が担ったサーヴィスまでが窓口の廃止などによって地方の中小コミュンから姿を消しつつある。二〇一八年末から数か月にわたって吹き荒れた「黄色いベスト」運動は、かくして公共サーヴィスを絶たれた地方都市の郊外の住人たちによる叛乱だった。

近年、地理学者を中心に「周縁（périphérie）」をキーワードとするパンフレットが多数刊行されている（Guilluy 2014; トッド、ル・ブラーズ二〇一四）。曰く、教育水準、賃金・収入、失業率など、今日のフランス社会で最も深刻な格差は、大都市中心部と、移民系が集住する大都市郊外との間ではなく、地方中小都市やその郊外、大都市の外縁部（périurbain）との間で生じている。都市部への人口集中と不動産価格・家賃の高騰により民衆層は大都市郊外にすら住めなくなり、公共サーヴィスから見棄てられた「周縁」に追いやられ、高いガソリンで遠距離通勤を強いられているのだ、と。こうしたパンフレットの言説自体が反移民のポピュリズム運動の一部を形成しているという批判は強い（Gintrac et Mekdjian 2014）。しかし、移民と郊外の陰に隠れていた、もう一つの格差を告発したインパクトは大きく、フランス政治学伝統の「選挙地理学」にも新たな境地が切り拓かれた。二〇一二年大統領選挙で新たにマリーヌ・ルペンの基盤となり、二〇一七年大統領選挙でも票を伸ばしたのは、まさにこの「周縁」（Perrineau 2017: 264）、地方中小都市と農村部を包含する領域だった（Mauger et Pelletier 2016: 2e partie）という解釈がメディアで定着し、過度の単純化を戒める指摘（Rivière 2013; Marchal et Stébé 2018: 103–122）にも拘らず、学界にも浸透したのである。今日の国民戦線支持者は、もはや移民よりも地域間の経済的格差に怒っており（トッド、ル・ブラーズ二〇一四：第一一章）、エリートの推し進める市場原理に対抗して公共サーヴィスを防衛することを国民戦線に期待している(Crépon et al. 2015: Chs. 9, 18)という語りは、国民戦線側の戦略選択にも合致しているように見える(Crépon et al. 2015: Chs. 7, 9)。

三　焦土の上に立つ王宮

グローバル化や市場統合に伴う格差の拡大がフランス伝統の平等意識によってインパクトを増幅され、左右のポピュリズムの更なる伸長を招いた。両極からの圧力は、政権政党が公開予備選を採用したことによって強力な遠心的競合を生み出し、ベイルーが切り拓いてきた中道の空間を拡大した。フィヨンの「事故」も加功したものの、大統領選挙におけるマクロンの歴史的勝利は中長期の構造的条件が重なって初めて実現したことが分かる。

しかし大統領選挙に勝つだけでは、今日見るマクロン政権は実現しなかっただろう。第五共和制の大統領は、少なくとも下院では十分かつ堅固な多数派を手にしない限り、思うような統治は行えない。大統領選挙直後の段階では、筆者自身も含め、多くの政治学者やジャーナリストは、下院選挙でマクロン派が多数派を取るのは難しく、当選したばかりの大統領がレイムダック化しかねないと予測した。見事に読み違えたのは、半世紀続いた左右両陣営への分割を自明視する余り、小選挙区二回投票制の下で中道に有力な独立勢力が現れた瞬間、政党間競合に起こる劇的な化学変化を過小評価していたからだろう。現実には、マクロンの大統領選挙出馬や勝利の後、左右の政権政党は短時間で瓦解へ向かった。鉄壁に見えた両党の選挙上のヘゲモニーが、実は選挙制度と、左右両陣営の「カルテル」による中道勢力の排除とによって人為的に維持されていたに過ぎないことが明らかになったのだ。

政権政党の自己崩壊

社会党の場合、瓦解は二〇一六年一一月のマクロンの出馬声明直後から始まった。リヨン市長だったコロン(マクロン政権の内相を一年半務めた後、市長に復帰)や、ブルターニュのル・ドリアン(オランド政権の五年を通して国防相を務め、マクロンの下では外相)のように、各地域の社会党組織を掌握する大物「名望家」が党を見棄ててマクロンの陣幕に馳せ参じた。出馬の経緯からオランドやその側近からマクロンこそ実質的な後継者とみなされていたのは事実だが、党の公認候補を差し置いて、社会党員ですらなく左派の公開予備選挙にも参加しなかった候補者を党の実力者が支持したのは、党の規律が根底から崩壊したことを意味する。実際、二〇一七年六月の総選挙で当選した三〇〇名余のマクロン派「共和国前進」の下院議員のうち、七五名が社会党の議員・首長やミリタンなどだったという(Lefebvre 2019)。右派・共和党は下院選挙までは何とか概ね結束を維持したものの、大統領選挙後、フィリップやル・メールら有力者が政権幹部(各々首相と経済相)として取り込まれた。次いで、下院選挙が敗北に終わるや、マクロン陣営への寝返りや離党が相次いだ。

社会党では、党規律の解体はオランド政権の半ばから深刻化していた。大統領選挙の公約に反する市場化推進路線に閣内で異議を唱えていたアモンやモントブールらが二〇一四年八月、閣僚を事実上罷免されると、党内に公然たる「造反派」が形成された。二〇一六年二月、上記の労働法改正案が公表されると、左派の政党や労組のミリタンらが抗議の声を上げ、三月「徹夜闘争(Nuit debout)」と呼ばれる街頭運動へ発展した。政権が憲法上の強権（四九条三項：政府が法案の下院票決に際して信任をかけると、二四時間以内に不信任案が可決されない限り、法案は下院で可決されたものとみなされる）発動の構えを見せると、議会の「造反派」は自ら不信任案を提出しようとさえした。政府は叛乱の拡大を恐れて厳しい処分を下せず、規律違反はゲリラ化した（Reignier 2017）。

二〇一六年以後、追い詰められたヴァルス首相は「造反派」の要求に対応せざるを得ず、彼らの左派的な政策路線に引き摺られるようになった（Sawicki 2017）。オランド政権が採る市場化推進の社会経済政策を支持する党右派の有力者にとって、これは容認し難い事態であった。彼らの目には、党左派や他の左派政党が主張する社会経済政策はとうに実現可能性を失ったドグマと映っていた。にも拘らず、選挙の度にその旗を掲げて選挙を戦ってきたのは、それが左派陣営を結集して選挙を勝つために不可欠の条件だったからに過ぎない。社会党の枠の外で、つまり議員団や党組織の掣肘を受けずに、オランド政権の政策を継承しようとするマクロンの大統領選挙出馬は、彼らにとって、長年苦しめられてきた左派的政策路線やドグマによる拘束を免れる千載一遇のチャンスだった。経済学者のアマーブルは、マクロン政権は社会党右派が長年夢見てきた「ブルジョワ・ブロック」による統治であり、党左派を支持する民衆階層を政権の支持基盤から排除することで、その利益を顧みる必要から解放されたのだと指摘している（Amable et Palombarini 2018: Ch. 5）。

社会党のような党の崩壊には至らなかったものの、右の政権政党である共和党にも似た事情が指摘できる。既に見たようにサルコジ政権期以来、右に傾斜した勢力が党内で地歩を拡大し、中道志向のかつての主流派との間には対立が深まっていた。フィヨン指名は容認できても、スキャンダルに見舞われたフィヨンが立場を更に右寄りに急進化させた時点で党の規律は限界を迎え、マクロン当選で寝返りや離党は止まらなくなった（Teinturier et Lama 2019）。

イデオロギーや路線がどれだけ異なって厳しく対立しようとも、権力獲得に必要であれば、これを棚上げして選挙では鉄の結束を維持する。こうしたいわば「選挙カルテル」の性格は左の社会党にも右の共和党にも濃厚だった。だからこそ、中道に開けた空間を摑んでマクロンが権力を攫っていく姿が見えた瞬間、左右の政権政党の穏健派に選挙カルテルにしがみ付く理由はなくなったのだ。

人民投票的中道支配の復活？

左右の政権政党における党規律の瓦解。これは過去半世紀のフランス政治を支えてきた基盤が崩れ去ったことを意味する。世紀末から戦間期まで長らくフランス政界の中道を占めた急進（社会）党は、左右の勢力を融通無碍に取り込み、連合を組み替えることで、選挙の結果に示された民意に関わりなく、長期にわたって党が政権に留まり続けた。デュヴェルジェの言う「永遠の中道支配」である。これが可能だったのは、急進党自身を含めて、社会党を除くほとんどの党派で、言うに足る党規律、つまり党による国会議員への統制が利かなかったからだ。これに対して、一九七〇年代初めに社会党を乗っ取ったミッテランは、これまで地方選挙では反共・中道連合に依拠することの多かった党の地方有力者（名望家）に共産党との左翼連合に切り替えるよう迫った。この「踏み絵」を拒否した者を党から追い出すことでミッテランは社会党、そして左翼陣営全体に鉄壁の規律を確立した。左右両陣営に固い規律の枠を嵌めて、中道の独立勢力を孤立させ、最終的にはこれを左右に分割して消滅させることで、中道による「人民なき民主主義」の余地を排除する。これがミッテランによるフランス政治の構造転換だったとすれば、マクロンが起こした「革命」はちょうどその巻き戻し、つまり、独立した中道勢力の復活と左右両陣営の規律の破壊だった。実際、マクロンが左右から「一本釣り」で政権幹部や議員の頭数を調達してくる姿は、急進党支配を想起させる。

ただし、第三共和制の中道支配との決定的な違いは、急進党は、誰が党首か、どこに意思決定の権限があるのかすら分からないほど分散的な組織構造を持ち、個人権力を忌み嫌う政治文化に浸っていたのに対して、マクロンを支える党派やネットワークは極端なピラミッド構造を示していることだ。「共和国前進」は従来の政党に比べて「水平的」で「柔軟」を売り文句にしているが、現実の党の運営では、マクロンと少数の側近からなる党中央による上意下達が徹底されている。営利企業、特にメディア、広告、金融業界などの組織運営モデルを前面に押し出して、民主主義より効率が重視される。「現場」「草の根(base)」の「自由なイニシアティヴ」を活かすと言いつつ、現実の地方組織では、中央の執行部が任命した運営委員(référents locaux)が全権を握って、地方大会のような党員の決定参加のチャネルすら与えられていない。非政治的な参加と活動ばかり求められたため、大統領選挙の熱狂が醒めると、一般の党員は枯渇してしまったという(Fretel 2019)。

しかも、「政治の旧世界」を一掃すると言いつつ、実は、寝返った社会党の「名望家」の支配下にあった社会党の地方組織がそのまま「共和国前進」に横滑りした例が少なくない。リヨン周辺では地域の社会党のボス・コロンがリヨン市長の資源を駆使して反対派を追い出し社会党の党組織を私物化していた。これを引き継いだ「共和国前進」の地方組織でもコロンの妻や腹心らが主要ポストを独占し、権威主義的な運営を行っていると告発されている（Bocquet 2019）。

これと対をなすように、下院選挙では、「市民社会」の代表を合言葉に、政治経験のない素人の候補者をかき集めて党議員団の過半（五五％）を構成し（Perrineau 2017: 292）、マクロンや側近、少数の寝返り「名望家」に逆らう意思も能力もない与党を作り出した。これは、マクロン自身が言うように、与党社会党のミリタンと国会議員によって政府の政策路線を拘束されたオランド政権の過ちを繰り返さないため、当初から設計されたものだった。マクロンの統治は同じ中道支配でも、議会を基盤とした急進党より、むしろその前の第二帝制、人民投票の力で議会を封じ込めようとしたナポレオン三世、あるいは第五共和制初期のド・ゴールの体制に類似しているのかもしれない。

政府の手を縛ろうとし続けた社会党のミリタンや平議員を体よく始末し、フリーハンドを手に入れたマクロンとその一味だが、ミリタンも有力な議員も養成しない党派に未来はあるだろうか。二〇〇八年の改憲で大統領の三選禁止が定められたため、マクロンは遅くとも二〇二七年には表舞台から退くことになる。その時に「共和国前進」はしかるべき後継者を出すことができるだろうか。過去半世紀、社会党や右派の主要政党は後継者の養成・選抜で大きな成果を上げてきたが、今や両党ともに解体状況にある。運よく国民世論の眼鏡に適う者がどこかに見つかったとしても、彼女／彼は大統領の統治を支えるに足る党派やネットワークを持っていないはずだ。二〇一六―一七年のマクロン同様、新党をゼロから立ち上げ、そこに既存の政治勢力から適当に見繕った有力者や頭数をかき集めてくることになろう。かくして、ほぼ即興に近い形で選ばれる大統領が、マクロンのように、共和制と民主主義の伝統、普遍的価値観と国際協調を重んじるとは決して限らない。

おわりに——階級政治の復活？

左右の陣営や政権政党が消滅し、海図もコンパスもない手探りの航海を強いられるとしても、穏やかに晴れた海を行くのであれば、舵を握る船長が得体の知れない人物であっても、乗員・乗客はまだ平静を保つことができるだろう。しかるにフランス政治の行く手には、党派間対立の分極化、そして階級政治の復活という暴風雨が予報されている。

四極への分解と「棄権の政治」

一九八〇年代半ば、ミッテラン政権が「一国社会主義」と呼ばれた社会経済政策を放棄して以降、左右両陣営は、選挙の度に激しく権力を争いつつも、実は、フランスにとって最も重要な二つの政治的争点についてはほぼ完全に合意を保ってきた。それは、ヨーロッパ統合・グローバル化への順応と、共和制の諸原則の下での移民系住民の統合である。しかるに、二〇一七年の大統領選挙では、まさにこの二つの争点が前面に押し出され、文化と経済の二本の対立軸で区切られた四人の主要候補の旗の下、有権者もほぼ均等に四つに分断されることになった。文化面で普遍主義に軸足を置きつつ、経済面でグローバル化・市場化を推進しヨーロッパ統合を堅持するのがマクロンであり、その対極にある排外主義・エスノセントリズムで反グローバル化・反市場化・反EUがルペンである。フィヨンはエスノセントリズムに市場化推進を組み合わせ、メランションは多文化主義に歩み寄りつつ市場化・グローバル化を排撃する。左右の陣営や政権政党の瓦解とともに、封印されてきた二つの争点が解放され、国民世論の分裂がそのまま政党政治に反映されたのだ。

この四つの立場・極は互いに相容れず、他の三極のいずれとも連合を組むことは至難の業である。下院選挙の棄権率が過去最高(五一・三%)を記録したのは、マクロン以外の主要三候補を支持した他の党派の支持者が極めて高い棄権率を示したためだった。特に国民戦線やメランション派では三分の二が棄権した(Dolez et Laurent 2019)。左右両陣営の時代の通例だった次善の選択、より近い立場の候補への合流を今回、多くの有権者が拒否したのである。「共和国前進」が下院で多くの専門家の予想しない絶対過半数を獲得できたのもそのお陰だった。登録有権者数に占める割合で見れば、「共和国前進」の下院第一回投票での得票は一五・四%に過ぎず、これは一九八一年のミッテラン社会党の三七・七%はもちろん、二〇一二年のオランド社会党の二〇・五%に比べても大幅に低い(Lehingue 2019: 155)。これまでも、大統領選挙直後の下院選挙では棄権率が高くなりがちで、当選したばかりの大統領に統治の手段を与えるべき、という考え方から他党の支持者が棄権に回るのだ、という説明が広く用いられてきた。しかし棄権率は階層・学歴などと強く逆相関している(Lehingue 2019; Muxel 2019)ことを考えれば、経済学者のアマーブルが選挙前に予測した通り(Amable et Palombarini 2018: 12-13)、マクロンを担いだ社会党右派は民衆階層を切り捨てた「ブルジョワ・ブロック」を基盤に統治を目論むものの、頭数では過半数に及ばないため、主にルペンやメランションを支持した民衆階層の棄権に頼って議会での多数派を確保したと見ることもできるだろう。

一九世紀型階級政治の復活？

二〇一七年の選挙におけるマクロンの得票は、伝統的な左派の有権者を軸に、「キャッチオール」型の特徴を持つようにも見える(Perrineau 2017: Ch. 11)。しかしマクロン票のグループ別の構成比ではなく、各グループ内のマクロン票の比率で見ると、収入や学歴が高いほどその比率が増えるという。ルペンはそのネガであり、強度の逆相関を示す(Lehingue 2019)。この強い相関は、両候補がヨーロッパ統合やグローバル化に対して全く逆の立場を取っていることと平仄が合っている(Perrineau 2017: Ch. 11)。他方、マクロン票には、宗教などの価値観との間にほとんど相関を見ることができないという(Lehingue 2019)。マクロン政権が民衆階層の棄権に頼って議会に多数派を確保していることも考えれば、二〇一七年以後のフランス政治の基軸は階級政治になりつつあると言えるのかもしれない。

二〇世紀を通じて、フランスの有権者の間での政治的対立を一番よく説明するのは、この宗教の要因をはじめとする左右のイデオロギーだった。政党レベルでも、一九世紀末に急進党政権がカトリック教会と激突して以来、国教分離、いわゆるライシテの問題は長くフランスの政党政治の基軸をなしてきた。第二次大戦後、共産党が第一党を争うようになったにも拘らず、ライシテなどイデオロギー的な対立のお陰で、階級間の対立が直接、選挙での政権選択や議会の多数派形成に反映されることはなかった(中山二〇一九)。

二一世紀に入ると、社会では格差が拡大し新たな階層間対立が穿たれつつあったものの、政党政治で階級を体現していたのは、一九九〇年代後半以降、「近代化の敗者」の票へと基盤を移した国民戦線であり、政権を争う左右両陣営の間に限れば、引き続き、伝統的な左右軸のイデオロギーをめぐる対立が支配的だった。しかし今や、マクロンの「革命」によって既成政党の枠組が瓦解した結果、階級政治が復権を遂げた。かつて大革命から一九世紀末までのフランス政治では、地主、農民、ブルジョワ、職人、都市のインテリ、労働者など、様々な社会階層がそのまま政治的アクターとして政治史の舞台に登場し、合従連衡を繰り返すことで、次々に移ろいゆく体制や権力者の有為転変を織りなしてきた。マクロン「革命」後の二一世紀のフランス政治も同じような動乱に見舞われるのであろうか。

参考文献

トッド、エマニュエル、エルヴェ・ル・ブラーズ（二〇一四）『不均衡という病――フランスの変容 一九八〇―二〇一〇』石崎晴己訳、藤原書店。

中山洋平（二〇〇八）「市場・地域統合と政官ネットワーク――仏伊地方公共投資をめぐる政策システムの転換」城山英明・大串和雄編『政策革新の理論』東京大学出版会、一五九―一八四頁。

中山洋平（二〇一七）『戦後フランス中央集権国家の変容――下からの分権化への道』東京大学出版会。

中山洋平（二〇一九）「「黄色いベスト」運動の歴史的文脈を探る――二〇世紀フランスにおける体制変動の歴史」『週刊読書人』第三二七五号（二月一日）。

水町勇一郎（二〇〇一）『労働社会の変容と再生』有斐閣。

Amable, Bruno et Stefano Palombarini（2018[2017]）*L'illusion du bloc bourgeois. Alliances sociales et avenir du modèle français*, Raisons d'agir（Nouvelle édition: 2018）.

Barczak, Aleksandra et Mohamed Hilal（2017）« Quelle évolution de la présence des services publics en France ? », in François Taulelle et al. dir., *Services publics et territoires*, Presses universitaires de Rennes, 31-65.

Bocquet, Jonathan（2019）« Le système Collomb au service d'Emmanuel Macron », in Dolez et al. dir.（2019）, 93-104.

Cautrès, Bruno et Anne Muxel dir. (2019) *Histoire d'une révolution électorale (2015–2018)*, Éditions Classiques Garnier.

Crépon, Sylvain et al. dir. (2015) *Les faux-semblants du Front national : Sociologie d'un parti politique*, Presses de Sciences Po.

Dolez, Bernard et al. dir. (2019) *L'entreprise Macron*, Presses Universitaires de Grenoble.

Dolez, Bernard et Annie Laurent (2019) « Législatives : un raz-de-marée LaREM ? », in Dolez et al. dir. (2019), 157–172.

Fretel, Julien (2019) « Comment ça marche ? La forme partisane du macronisme », in Dolez et al. dir. (2019), 189–200.

Gintrac, Cécile et Sarah Mekdjian (2014) « Le peuple et la "France périphérique" : la géographie au service d'une version culturaliste et essentialisée des classes populaires », *Espaces et sociétés*, nos. 156–157, 233–239.

Guilluy, Christophe (2014) *La France périphérique*, Flammarion.

Hastings-Marchadier, Antoinette et Bertrand Faure (2015) *La décentralization à la française*, LGDJ.

Howell, Chris (2009) "The Transformation of French Industrial Relations: Labor Representation and the State in a Post-*Dirigiste* Era," *Politics & Society*, 37(2), 229–256.

Lefebvre, Rémi (2019) « Les députés En Marche! issus du Parti socialiste. Sociologie d'une migration partisane », in Dolez et al. dir. (2019), 229–240.

Lefebvre, Rémi et Éric Treille dir. (2016) *Les primaires ouvertes en France*, Presses universitaires de Rennes.

Lehingue, Patrick (2019) « "Le" vote Macron : un vote de classe qui s'ignore comme tel ? », in Dolez et al. dir. (2019), 139–155.

Marchal, Hervé et Jean-Marc Stébé (2018) *La France périurbaine*, PUF.

Margairaz, Michel et Danielle Tartakowsky (2018) *L'État détricoté*, Détour.

Mauger, Gérard et Willy Pelletier dir. (2016) *Les classes populaires et le FN*, Éditions du Croquant.

Muxel, Anne (2019) « La tentation de rester hors-jeu de la décision élecorale », in Cautrès et Muxel dir. (2019), 27-43.

Perrineau, Pascal dir. (2017) *Le vote disruptif : les élections présidentielle et législatives de 2017*, Presses de Sciences Po.

Reignier, Dorothée (2017) « La fin de la discipline partisane », *Pouvoirs*, n°163, 113-126.

Rivière, Jean (2013) « Sous les cartes, les habitants. La diversité du vote des périurbains en 2012 », *Esprit*, n°3, 34-44.

Sawicki, Frédéric (2017) « L'épreuve du pouvoir est-elle vouée à être fatale au Parti socialiste ? Retour sur le quinquennat de François Hollande », *Pouvoirs*, n°163, 27-41.

Teinturier, Brice et Amandine Lama (2019) « La stupéfaction face à l'incroyable chute de François Fillon », in Cautrès et Muxel dir. (2019), 117-129.

Treille, Éric (2017) « La démocratie partisane à l'épreuve des primaires », *Pouvoirs*, n°163, 97-111.

Treille, Éric (2019) « "C'est aussi notre créature". Emmanuel Macron et le PS entre logiques de positionnement et instrumentalisation tactique », in Dolez et al. dir. (2019), 27-38.

第11章　トランプ時代のアメリカにおけるポピュリズム

西山隆行

一　「ワシントン政治の素人」への注目

アウトサイダー候補と社会運動

二〇一六年アメリカ大統領選挙では、共和党ではドナルド・トランプ、民主党ではバーニー・サンダースという、従来の政治家とは異なる際立った特徴を持つ政治家が存在感を示し、二大政党を揺さぶった。両氏に最も翻弄されたのは、民主党候補となったヒラリー・クリントンだろう。クリントンはファースト・レディ、上院議員、国務長官という錚々たる経歴を持っており、二〇一六年大統領選挙はクリントンが当然勝利するだろうという印象すらあった。他方、トランプ、サンダースの両氏は、連邦政界のアウトサイダーと言ってもよい人物だった[1]。

トランプは不動産王で人気番組の司会を務めるなど知名度は高かったが、政治経験も軍歴もなかった。大統領選挙戦出馬表明後も、メキシコからやってくる移民は強姦魔や麻薬犯だと述べて米墨国境地帯に壁を建設すると宣言したり、テロリストへの水責めを復活させると述べたりするなど、物議を醸す発言を繰り返した。また、数々の女性スキャンダルも抱えていた。他方、サンダースはヴァーモント州選出の上院議員を務めてはいたものの、民主社会主義者を自称する無所属の一匹狼であり、伝統的には二大政党の大統領候補になることは想定されない人物だった。このようなワシントン政治の素人ともいうべき人物が、サンダースの場合は民主党の予備選挙で、トランプの場合は本選挙で、クリントンに立ちはだかったのである。

もっとも、アメリカではワシントン政治に不信を突き付ける動きが、ウォーターゲート事件以後、見られた。ウォーターゲート事件は、大統領選挙での再選を目指した共和党のリチャード・ニクソン大統領が民主党本部のあったウォーターゲートビルに盗聴器を仕掛けさせようとしたことにより露呈した。ニクソンは、連邦議会上下両院の議員と副大統領の経歴を持つ人物だった。そのような連邦政界の玄人がスキャンダルを起こしたのを受け、ニクソン辞任後に行われた大統領選挙では「ワシントン政治の素人」が好まれる傾向が顕著になった(西山二〇一九a)。

大統領となった人物の経歴を見てみると、伝統的には元上院議員が多かったが、一九七六年選挙で勝利したジミー・カーター以降の大統領は、連邦政治の経験のない州知事経験者の比率が高くなっている。トランプの前任者であるバラク・オバマは二〇〇五年から上院議員を務めていたが、彼が二〇〇八年大統領選挙で支持されたのは、民主・共和両党の他の有力候補と比べてワシントン政治に染まっていない、清新なイメージがあったからだった。カーター以後、ワシントン政治の有力者出身と言えるのは、ＣＩＡ長官や国連大使、副大統領を歴任したジョージ・Ｈ・Ｗ・ブッシュだけである。

政治不信の高まりは社会運動の次元でも見ることができた。オバマ政権期には、ティーパーティ運動とウォール街占拠運動という異議申し立て運動が起こった。ティーパーティ運動は、イギリス本国が課した税に対する反発を基に植民地時代に起こされたボストン茶会事件から名をとった運動で、税、そして、税を必要とする大きな政府に対し反発した。この運動はリバタリアンだけでなく、社会的保守や白人至上主義など多様な立場を含むようになり、反ワシントン政治の性格を持つようになった。他方、ウォール街占拠運動は左翼の抗議運動として登場し、経済エリートを糾弾した。アメリカにおける富は裕福な一％に偏在するとし、「我々は九九％だ」と主張して富を象徴するウォール街を占拠しようとする運動だった。ほぼ同時期に発生した両運動は従来型権力に対する反発を背景として発生しており、連邦政府に対する不信が強まっていることを左右両側から明らかにした。

政治不信の高まりと大統領への期待

アウトサイダー候補に対する期待や異議申し立て運動の背景にある政治不信の高まりは、世論の次元でも見て取れる。アメリカの統治機構に対する信頼度は一九六〇年代には七〇％以上あったが、二〇一五年には二〇％を下回っていた。また二〇一六年には大統領に対する支持率が四九％なのに対し、議会への支持率は一五％となっている（西山二〇一九ａ）。

だが興味深いことに、議会に対する支持率が低いにもかかわらず、再選を目指す議員の当選率は九割を超えている。この現象は、その傾向を指摘した政治学者の名をとってフェノのパラドックスと呼ばれるが（Fenno 1978）、この現象が発生する背景には様々な要因がある。例えば、現職議員には交通費や通信費が支給されること、メディアの報道が現職中心に偏っていること、下院の場合は一〇年ごとに行われる選挙区割りが現職に有利な形で実施されるのが一般的なことが指摘できる。また、有権者は自らの選挙区から選出された議員とその他の議員には異なる役割を期待する傾向があること、その結果として、例えば政治家が地元選挙区に公共事業を持ってきた場合、アメリカ全体では政治不信が高まるのに対し、当該選挙区内ではその政治家に対する支持が高くなることも指摘できるだろう。

このように、今日のアメリカでは連邦政治に対する不信が強まっている。にもかかわらず、連邦議会の議員構成が変わることは想定できない。このような状況を踏まえれば、政治変革を求める有権者の期待が大統領に集まるのは理に適っている。変わらない連邦議会に対抗する役割が大統領に求められるのであり、政治の在り方を大きく変えてほしいという期待がワシントン政治の素人、アウトサイダー大統領を誕生させるのである(西山二〇一九a)。

議会の対応困難

政治不信が高まっているにもかかわらず、連邦政治が国民の望むような対応をとることができないのは何故だろうか。その大きな要因は予算が硬直化しているという事実にある。

連邦予算のうち、自動的に決まるものを除いて民主的に使途が定められる割合を示す指標にストゥーリ・ローパー財政民主主義指数と呼ばれるものがある。これによれば、一九六二年には政府支出の約三分の二が財政民主主義の下で定められていたが、六〇年代半ば以降その割合は急激に低下し、二〇一四年段階で二〇％程度、そして現在のペースで高齢化が進めば二〇二二年までに一〇％を下回るとされている。これは、連邦予算の中で義務的支出が急速に増大し、裁量的支出が減少し続けることを意味している(Steuerle 2014)。

具体的に見てみると、近年では、年金、高齢者向け公的医療保険であるメディケア、低所得者向け公的医療保険であるメディケイドの費用が連邦予算に占める割合は約五〇％となっている。これらの支出は法律に基づいて定められており、高齢者人口の増加に伴って拡大する。それに加えて、国防費の支出や国債の利払いも行わなければならず、これらの歳出も削減できる余地は乏しい。総予算からこれらの費用を差し引いた金額が裁量的支出に回るが、増税をしない限り裁量的支出は減少し続けると予想される(Steuerle 2014)。

このような状況では、政府がいかなる対応をとったとしても、連邦政治に対する国民の不満を低減させるのは困難である。国民の不満が政府の規模が大きすぎることに向かっているとしても、義務的支出を削減するのは不可能に近い。他方、政府の活動が不十分だと考える人が多いとしても、大規模増税を行うなどの対応をとらない限りは新規政策を行うための財政的基盤が整わない。

このように、連邦政府が大きな政府の方向を目指す場合、小さな政府の方向を目指す場合のいずれにおいても、国民の期待に応えるのは困難である。このような中で大規模変革を謳うことができるのは、「ワシントン政治の素人」だけであり、彼らに対する期待が高まっている。だが、彼らも統治の責任を負う立場になれば財政上の困難に直面して約束を果たすことができず、さらに政治不信が強まるというのが、今日のアメリカ政治の現状である。

二　二〇一六年大統領選挙――トランプ勝利の背景

ポピュリズムの勝利?

二〇一六年大統領選挙におけるサンダース旋風とトランプ勝利に対して、ポピュリズムとの評価がされることがある(神保他二〇一七)。確かにポピュリズム的要素が両者に対する支持を押し上げたのは事実である。

だが、少なくともトランプの勝利を、ポピュリズムの要因にのみ帰することはできない。ポピュリズムとは異なる要因がどの程度トランプの勝利に寄与したかを考察することは、大統領になったトランプの政治運営とその安定性を考える上で重要である。以下、それら両方の側面について検討したい。

ポピュリズムの要因

まずポピュリズム的要因については、トランプもサンダースもワシントン政治のアウトサイダーであるとともに、庶民の味方であるとの印象を作り上げた。ポピュリストは、一般人民と腐敗したエリートを対比させ、道徳的観点から物事を断じる傾向が強い(ミュデ、カルトワッセル二〇一八)。これは、両者に共通して見られた傾向である。アメリカ国民の利益関心を無視して政治的・経済的エリートが政治を支配しているとし、排除された普通の人々の尊厳や価値観を擁護するべきとの立場である。

単純化して言えば、サンダースは経済エリートを糾弾し、トランプは民族文化的マイノリティの尊厳や権利を重視する多文化主義やアイデンティティ・ポリティクスを擁護する文化エリートを批判する点に特徴がある。そして、両者は、グローバル化を推進する国際エリートを目の敵にする点で共通している。また、グローバル・エリートを超国家組織や諸外国の利害を代表して国益を否定あるいは軽視する存在として糾弾する点で、ナショナリストとしての特徴も共有している。トランプの場合は、移民や難民など外国に起源のある人々に対する排外主義的意識を持つ点も特徴的である。

ただし、実際にはトランプは経済的成功者、サンダースは上院議員であるため、まぎれもなくエリートである。ポピュリストとその仲間は、ポピュリズム運動の標的となるエリートから除外される傾向があるが、それは人民とエリートの区別が経済的立場や地位によってではなく、道義的判断に基づいて行われているためである(ミュデ、カルトワッセル二〇一八)。

一方のサンダースは、シカゴ大学を卒業した高学歴の白人であり、上院議員を長く務めているため、既得権益層や従来型権力の一員と考えられてもおかしくない。だが、その革命家的なメッセージから、自らの意図が政治家としての富や権力を手に入れることではなく、政治を人々の手に取り戻すという高邁な使命感に基づいているという印象を与え、政治家階級との違いを際立たせている。

他方、トランプはメディアを通して人々に訴えかけ、その強烈な個性で人々を引き付けた。かつては製造業の中心地だったが現在では衰退してしまったラストベルトと呼ばれる地域に居住する白人労働者層は、とりわけトランプに魅了された(ゲスト二〇一九)。トランプは、アメリカを再び偉大にするという懐古的なメッセージを出し、リベラルな文化的エリートが強調してきた多文化主義的言説や政治的な正しさを強く批判することで、白人労働者層の意向を代弁していると思わせた。その下品な言葉遣いがトランプに庶民の代表という印象を与え、エリートの言説に惑わされることなく庶民の常識的価値観に則っているという印象を与えたことは、彼らの支持を獲得する上で重要な意味を持った。

その上で、トランプがビジネスの成功者であることは重要な意味を持った。社会には多元的な利益関心が存在する以上、民主政治は妥協と調整をその特徴とせざるを得ない。そして、それら妥協や取引の結果として行われる決定は、手続き的な意味での正統性を伴うとしても、常に最良の結果を生むとは限らない。他方、ビジネスの世界では人々の反対を乗り越えてトップが決断を下す手法が支持される場合がある。そのため、トランプはワシントン政治の腐敗と非効率という特徴に毒されることなく、抵抗勢力による妨害を乗り越えて、自らの才覚に基づいて難しい決断を即座に下すことができるというイメージを作り上げた。トランプが富裕層に属することも、その政界入りが金銭的野心とは無関係であると主張するのを可能にした。

サンダースとトランプの両者にポピュリズム的要素が存在したのは事実だろう。

トランプと共和党

だが、トランプはその強烈な個性に魅了された人々の支持のみによって大統領に当選したのではない。トランプの巧みなところは、共和党の強固な支持基盤の支持も勝ち取りやすい状況を作り上げたことである。トランプ現象を考える上では、トランプという特異な人物が持つ属性やトランプを熱狂的に支持して後にトランプの岩盤支持層になった人々の特徴に目を向けるだけではなく、結果的にトランプを大統領候補として承認し当選させることになった共和党の特徴に目を向ける必要がある。

トランプ現象がヨーロッパ諸国のポピュリズム運動と異なるのは、トランプは自らを支持するための政治組織を一から作り上げる必要がなかったことである。ヨーロッパのポピュリストの場合は、選挙のための手段として何らかの政治組織を創設することが多い。ポピュリスト政党は、既存政党が取り込んでこなかった人々を取り込み、取り上げてこなかった論点を政治化する形で支持を獲得し、国内選挙か欧州議会選挙の比例代表制を活用して存在感を示すのが一般的である。

他方、選挙で比例代表制ではなく小選挙区制を採用しているアメリカでは、ポピュリストがヨーロッパと同程度の支持を得たとしても、全国的に存在感を示すのは困難である。これまでにも、ルイジアナ州知事となったヒューイ・ロングのように州や地方レベルで存在感を示したポピュリストは存在したものの、それが全国的な広がりを見せたことはなかった。あるいは、一九九二年大統領選挙で一八・九％の票を獲得したロス・ペローのような人物は存在したものの、小選挙区制を中心とする大統領選挙人制の下では勝利することはできなかった。アメリカでは二大政党が社会に根付いている度合いが高いため、全国的規模で成功を収めるには、二大政党の壁を乗り越えるか、二大政党を活用する必要がある。

二〇一六年大統領選挙が特徴的なのは、トランプが二大政党に代わる第三の政党を作ろうとするのではなく、二大政党の一翼を担う共和党を乗っ取ったことである。

日本やヨーロッパの国々では候補者公認権を政党が持つが、アメリカでは二大政党の候補は予備選挙や党員集会の結果に基づいて選出され、党本部がその結果を覆すのは容易でない。とはいえ、大統領選挙に関しては、五〇州全てで予備選挙や党員集会が行われてそれなりの数の州で勝利しなければ党の候補となり得ないこともあり、まずは全国的な知名度を得ることが必要になる。そのためにはメディア向け広告を作るためなど、膨大な選挙資金を集める必要が出てくる。党本部と密接な関係を持っていれば、その点でも有利である。

だが、トランプに関しては、不動産王としてのみならず、ミスユニバースやプロレスの経営者、そして「アプレンティス（見習い）」というテレビ番組の司会者として既に全国的な知名度を得ていた。また、メキシコからの移民は強姦魔や麻薬密売人であるとか、自分が大統領になればテロリストに対する水攻めを復活させるなどの問題発言を繰り返すたびにメディアに取り上げられたため、広告費を使って宣伝する必要もなかった。そもそも、大富豪のトランプは献金を集める必要性にも乏しかった。このような状況にあったため、トランプは共和党の候補者選出過程に参入して共和党候補となることを目指した。

イデオロギーや特定の利益関心に基づいて組織されている政党とは異なり、アメリカの政党は開放性が高く、利益集団の集合体としての性格が強い。そのため、トランプ派が共和党連合に突如として加わり、そのまま党を乗っ取ってしまうこともあり得るのである。

本選挙とトランプ

共和党候補となったトランプは、本選挙に臨むことになった。アメリカの大統領選挙では、実質的に民主党か共和党かの二者択一で行われる結果として、候補者本人に対する不信がある場合でも、政党帰属意識の強い有権者を中心にある程度の得票を見込むことができる。

その傾向は、歴史的に見て、民主党より共和党に強い。ニューディール以後民主党が長く優位を保ってきたこともあり、各種利益集団が勝ち馬に乗って利益を得るために民主党の下に結集していた。各種団体は、自らの求める利益関心の実現が最優先事項であるため、相互に非妥協的な態度をとることが多かった。彼らは民主党の勝利を当然の前提としていたため、民主党の勝利に向けて尽力するという行動パターンは十分には根付かなかった。他方、共和党の下には民主党に集った勢力に反発する利益集団が結集しており、保守派と共和党がリベラル派と民主党に勝利することを目指した。そのため、保守派団体は小異を捨てて大同団結することを重視した(西山二〇一七)。

これらの特徴が、二〇一六年大統領選挙でサンダース派の一部がクリントンに投票するのを拒否した一方で、予備選挙段階でトランプに拒絶反応を示した共和党有権者も本選挙では共和党の勝利を目指して大同団結した背景にある。政党は選挙に必要な各種資源を提供するため、既存の政党組織を活用できることはトランプにとって有益だった。

それに加えてトランプが巧みだったのは、共和党の有力な支持基盤である宗教右派を味方につける工夫をしたことである。様々な問題発言や女性問題を抱えるトランプを、モラルを重視する宗教右派の多くが支持するとは考えにくかった。そこでトランプは、宗教右派から絶大な信頼を得ているマイク・ペンスを副大統領候補に据えた。

それに加えて、二〇一六年の五月と九月にトランプは、自らが大統領になった場合に連邦裁判所の判事に指名する人物のリストを提示した。アメリカでは人工妊娠中絶や同性婚などの社会的争点をめぐって対立が存在し、その行方が裁判所によって決められることが多い。連邦裁判所の判事は大統領が指名し、議会上院の承認を経て決定され、その任期は終身である。そのため、社会的争点に強い関心を持つ人々は、任期が四年の大統領よりも裁判所判事の人選に関心を持つ場合がある。トランプは社会的争点について保守的な立場を示す人々を候補者リストに並べていた。これは宗教右派を安心させる効果があったのに加えて、大統領就任後にも宗教右派がトランプを支持し続ける理由となっている。

そして、トランプの訴えかけの主対象は白人労働者層だった。彼らはかつてならば労働組合に属して民主党の支持母体となったような人々だが、民族文化的マイノリティを重視し社会福祉拡充の立場をとる民主党の在り方に不満を感じていた。その動きはニクソン期から現れつつあったが、トランプ現象によってより鮮明になった(西山二〇一九b、ゲスト二〇一九)。トランプが共和党が重視する他の争点にも言及するようになる中で、白人労働者層もトランプだけではなく党の支持基盤となっていった。

このように、本選挙に際しては、トランプのことが嫌いであるにもかかわらずトランプに投票した人が一定数存在する。また、トランプ派が共和党に組み込まれたこともあり、ポピュリズム的要素が他の国より長続きしやすい面もある。そして、結果的に共和党内でトランプが影響力を増大させたため、トランプ政権への支持がトランプ個人への支持なのか、政策への支持なのか、政党帰属意識に基づく党への忠誠心の表れなのかを区別するのが困難になった。トランプ現象については単純にポピュリズムというだけでは説明のつかないメカニズムが働いていることがわかるだろう。

三　トランプ大統領の手法

大統領令の活用

ワシントン政治の素人であるトランプは大統領就任後、大統領令を頻繁に活用している。

アメリカの建国者は、大統領が旧世界の君主のような存在となるのを回避するべく、立法、行政、司法を主管する機関を分立させ、権力を互いに分有させるという複雑な政治制度を作り上げた(Neustadt 1980)。だが、抑制と均衡を特徴とする権力分立のシステムは政治的決定に際し、多くの国民が期待するより多くの時間を必要とする。それは人々の政治に対する不満を生む原因となり、ワシントン政治の素人に対する期待を強める一因となっている。

だが、大統領は「権力を分有する異なる機関から成る政府」という権力分立制の特徴から逃れることはできない(Neustadt 1980)。例えば法律は議会の上下両院が同一内容の法案を通過させ、それを大統領が承認するか、大統領が拒否権を行使した場合は両院が三分の二以上の特別多数で再可決した場合に成立する。大統領は法案提出権を持っていないため、法案を成立させるためには議会の協力を仰がなければならない。

そして、両院であれ一院であれ議会の多数党と大統領の所属政党が異なる分割政府の状況では、大統領が議会の協力を仰ぐのは困難になる。大統領が世論に訴えかけて間接的に議会を動かそうとしても、大統領が社会の分断を利用して当選した場合には、その戦略が効果を生むとは限らない。そこで、大統領は大統領令を用いて政治を動かそうとする[2]。これはオバマ政権にも顕著に見られた傾向である。トランプ政権は、例えば、イスラム教の国々からの入国者はテロリストの可能性があるとして中東出身者の入国を禁止する大統領令を出した。また、米墨国境地帯の壁の建設に関する大統領令（さらには非常事態宣言）も発した。

だが、大統領令はあくまでも行政部門を律するためのものであり、法律を代替することはできないため、既存法規に根拠を持たない場合は効力を持たない。大統領令を発したと言えば大統領が大きな権力を持っているかのような印象を与えがちだが、大統領令に依拠せざるを得ないというのは、大統領の権力が制約されていることの表れである。大統領令で立法を代替しようとする試みには憲法上の疑義があり、裁判所が承認しない可能性も高い。

このような状態で、トランプ大統領は危機をあおる形で支持を糾合しようとし、繰り返し大統領令を発した。そして、トランプ大統領の戦略が社会の分断を基礎としている以上、その試みはアメリカ国民全体としてみれば政治不信を強めることになる。

国際協調主義とエリートに対する挑戦

国連などのグローバルな機関とそれを支持するエリートによる決定によって一般国民の意向が覆されるという懸念は、ポピュリストによって繰り返し示される。この傾向はトランプ政権にも見ることができる。

例えばトランプは大統領就任直後に、オバマ政権によって締結されていたパリ協定からの離脱を発表した。パリ協定とは、第二一回気候変動枠組条約締約国会議で二〇一五年に採択された、気候変動抑制に関する多国間協定である。アメリカでは、大統領が国際的な約束を行う際には条約を締結する場合と行政協定を結ぶ場合がある。条約の場合は議会上院の承認を必要とするため、上院の支持を得るのが難しいと判断される場合には、大統領は上院の承認が不要な行政協定を選ぶことが多い。だが、例えば新たに就任した大統領がそれを覆した場合、行政協定は効力を失う。トランプとその支持者は、国際協定に伴う義務を、アメリカ国民による自己決定に対する制約とみなした。パリ協定により求められる努力義務は、製造業を重視するラストベルトと呼ばれる地域や産炭州など、トランプを支持する州の利益に反することもあり、トランプは同協定を覆したのだった。

トランプはオバマ政権下で締結された環太平洋パートナーシップ協定（ＴＰＰ）からの離脱も宣言した。第二次世界大戦後、アメリカは貿易自由化を重視する立場をとってきた。だがトランプは、自由貿易は製造業に負担を課すとの立場から、ＴＰＰからの離脱を宣言した。

なお、通商政策に関するエリートの議論は一般国民の感覚に反することが多い。例えば、自由貿易が国全体の富を増大させるという見解は主流派経済学者の間で支持されている。実際、貿易の自由化度の低い国がある程度の自由化を行うと富は増大する。だが、既に自由化度の高い国がさらなる自由化を行った場合に得られる利益は小さい。また、自由貿易によって国全体として利益が得られたとしても、不利益を被る産業も存在する。そのような産業に対して補償を行ったり、その産業に従事する人々に転職支援を行ったりするなどの調整コストが大きくなる可能性もある。そのような状況では、貿易自由化を推進する立場は否定される可能性が高くなる（大矢根・大西二〇一六）。

パリ協定とTPPからの離脱は、トランプの岩盤支持層の利益に適っているように見えるかもしれない。だが、自然環境の悪化が彼らの生活に及ぼす影響についての考慮は十分になされていない。また、TPPからの離脱は共和党の伝統的支持基盤である農家の利益に反しており、トランプを支持する状況になった共和党に困難を突き付けている。それはさておき、トランプ政権は国際協調主義とそれを作り出してきたエリートの知見を否定しており、これは諸外国のポピュリストと共通する特徴だと言えよう。

四　民主政治への挑戦

デモクラシーに対する挑戦

ポピュリズムと民主政治の関係をめぐっては、ポピュリズムが民主政治を活性化する側面を評価する議論もあれば(水島二〇一六)、ポピュリズムが民主政治を否定するとする議論もある(ミュラー二〇一七)。トランプ現象と民主政治の関係についてはどうかと言えば、トランプ現象が民主政治を活性化した面は確かに存在する。ラストベルトの白人労働者層は、製造業がアメリカ経済の中核を占めていた時代には労働組合を通して民主党内で一定の発言力を持っていた。だが、製造業が衰退し、労働組合の発言力が低下すると、彼らの利益関心をくみ上げようとする試みはなされなくなった。トランプは、声を奪われた彼らに再び光を当て、その要求に応えようとしたと評価することができるだろう(ゲスト二〇一九)。

その一方で、トランプの手法はいくつもの点でリベラル・デモクラシーに対する脅威・挑戦となっている。それらの問題は相互に入り組んでいるが、以下では便宜上、①多様性と少数派をめぐる問題、②メディアと国民の分断に関する問題、③事実をめぐる問題、④熟議をめぐる問題、に分けて整理することにしたい。

多様性・少数派・他者

トランプは「アメリカ国民」の利害が移民や不法移民によって脅かされていると主張している。これは、それらマイノリティがトランプの言うアメリカ国民に含まれていないことを意味する。また、トランプが国民の利益関心の実現を訴える場合、その利益は日常的な感覚に基づいて常識的に理解でき、かつ、絶対的なものとされている。他方、既存の政界勢力や国際機関の活動とその結果は、その絶対的なものを否定しようとするエリートの試みととらえられる。だが、既存の政界勢力も選挙区の有権者の意向を受けて選ばれた人であり、アメリカ国民の一部の立場を代表している。そのような試みを否定することは、アメリカ国民の多様性を否定するものであり、本質的に反政治的な側面を持つ。

民主政治という言葉は多義的だが、そのうちリベラル・デモクラシーと呼ばれるものは、少数派の権利や利益関心を保護することも重視している。その目的を実現する上で、裁判所が重要な役割を果たす。少数派は多数決原理の下ではその利益関心を実現するのが困難であり、裁判所を通してそれを権利として認めさせようとすることがあるためである。だが、少数派の権利を擁護する裁判所の決定は、多数派たる「アメリカ国民」の利益に反する可能性もある。また、その決定は、選挙を経ておらず民主的正統性を得ていないエリートによる決定だとも言える。トランプは人工妊娠中絶や民族文化的マイノリティをめぐる問題などについて裁判所が確立したリベラルな規範を、民主政治の原理に反するものとして否定する傾向が強い。もっとも、トランプは大統領就任後に連邦最高裁判所判事を二名任命し、その構成が保守派五名、リベラル派四名と保守派優位に変わると、今後の裁判所による判決に期待する発言をするようになっている。

いずれにせよ、トランプは抽象的なアメリカ国民の名を語ることによって、そこに含まれないと彼とその支持者が考える少数派や他者を排除していると言えよう。

メディアと国民の分断

メディアとポピュリストの関係も複雑である。メディアは視聴者や購読者の数を増大させる必要があるため、人々の注目を集めるポピュリストの登場を歓迎する面がある。また、メディアには往々にして反政府的なバイアスがかかっているため、ポピュリストの戦略に適合的な面もある。メディアとポピュリストはともに勝者の関係に立つことがある。

他方、客観報道を重視する伝統的メディアはポピュリストに批判的になる可能性も高い。アメリカのメディアは選挙に際し社説などで特定候補を推すことが多いが、二〇一六年大統領選挙の前には、圧倒的多数がクリントンを推した。トランプは伝統的メディアを「フェイク・ニュース」を流す「アメリカ国民の敵」と呼んで糾弾することが多かったが、その傾向は大統領就任後も変わらなかった。

そこで、二〇一八年八月に『ボストン・グローブ』紙が社説で、全米の新聞が連帯してメディアの危機に対応しようと呼びかけ、その翌日、約三五〇のニュース組織がトランプのメディア対応を批判するとともに、プレスの自由を求める記事を掲載した。

だが、アメリカのメディアが全てトランプに批判的なのではない。保守系の過激な情報や見解を掲載する『ブライトバード』や『ドラッジ・レポート』など、オルト・ライトのメディアやFOXニュースはトランプを支持している。このように、今日のメディアはトランプ政権をめぐって評価が完全に分かれて、見解の一致を見ない。そして、それがアメリカ国民の分断をあおっているのである（前嶋他二〇一九）。

なお、党派性を明確にするメディアが増大した背景にはフェアネス・ドクトリン廃止と多チャンネル化がある。伝統的な報道番組は、一九八七年のフェアネス・ドクトリン廃止後も、客観報道の原則を掲げて中立的な番組作りを心掛けてきた。だが、トークラジオやケーブルテレビは、報道番組ではなくオピニオン番組や政治ショーを作成して放映するようになった。オピニオン番組増加の背景には、メディアの増大に伴い、専門的な訓練を受けた記者の数が不足するようになったこともある。オピニオン番組では、出演者の見解を示すのが目的であるため、公正さや中立さは重視されなくなった。このような番組の制作は保守派メディアが主導したが、リベラル派メディアも追随した（前嶋他二〇一九）。

このような中、メディアと政治家、利益集団、シンクタンクの間で、一種の相互依存関係が生まれた。政治家や利益集団、シンクタンクの研究者は、自らと政治的立場の近いメディアに好んで出演するようになった。引退した政治家や閣僚経験者がメディアに出演したり、メディアで注目を集めた人物が政権入りしたりするなどの人的交流も目立つようになった(前嶋他二〇一九)。

また、メディアの多元化に伴って視聴者も自らの政治的選好に近い立場のメディアを好んで視聴する、選択的接触と呼ばれる傾向を示すようになった。その結果、国民が特定の見解のみに触れて他の見解を受け入れない状況が生まれ、それがアメリカ社会の分断につながった。このような状況にあっては、公正で中立的な報道ですら、逆に偏ったものと認識されるようになる。メディアの分極化とそれに伴って発生した国民の分断は、民主政治の基盤を掘り崩しつつある(前嶋他二〇一九)。

事実を軽視する傾向

近年では、事実そのものを軽視する傾向も顕著になっている。二〇一六年大統領選挙に際し、フェイク・ニュースやオールタナティブ・ファクトという表現が頻繁に用いられたのは、トランプだけに原因があるのではない。

近年ではソーシャル・メディアを通して情報を得る人が増えている。大統領選挙へのロシア介入疑惑が指摘されているが、外国勢力を含めてどのような人でもソーシャル・メディアを使えば容易に政治活動ができる。特定の意図に基づく情報を流すのも容易である。政治的意図がないにもかかわらず、クリック課金を目的として政治に関する情報を流す人もいる。人々の耳目を集めるための記事を作る際には、情報の正確性が重視されないことも多い。

このように真実性に疑問がある情報が流布する中で注目されたのがファクト・チェックだった。二〇一六年大統領選挙に際してクリントン陣営は、クリントン批判の多くは事実に反していると発表した。だが、ファクト・チェックを行って発表しても、選択的接触が一般的になっている今日では、その情報を見るのはクリントンに好意的な人だけという可能性がある。そのため、ファクト・チェックを行うより、自分たちを支持してくれる、あるいは他候補を批判する情報を大量に流す方が効果的ではないかという声が強まっている。

とりわけ、今日ではボットと呼ばれる、自動的に作業を行ってくれるコンピュータの機能を用いて、党派的なハッシュタグがついたツイートをリツイートして拡散すれば、自覚に好意的な世論の波を作り出すことができる。その方が選挙戦術上効果的だと考えられている。このように、近年のアメリカでは、民主政治の基礎となる事実を軽視する傾向が見られているのである。

熟議に対する挑戦

今日のアメリカでは、民主政治を健全なものにする上で不可欠な寛容の精神が失われ、熟議がなされない状況も生まれている。民主政治で熟議が重視されるのは、どのような人物も真実を独占することができない、そもそも真実を確定することが不可能（少なくとも困難）だという認識が根底にあるためである。そうであるが故に、複数の見解を突き合わせ、説得力を競い合うことが重要になる。事実を確定した上であるべき姿を論じ、その実現に向けて健全な議論や競争を行うことが必要であり、それを可能にする環境を整えることが民主政治にとって重要になる。

だが、近年のアメリカでは、保守とリベラルのいずれの側も自らの立場を絶対視し、妥協を拒否する状況になっている。トランプが自らの立場を絶対視して異なる立場をとる者を排除していることは既に述べたとおりである。だが、これに対するリベラル派も非妥協的な立場をとることが多い。とりわけ、マイノリティのアイデンティティを重視する立場の人は、一切の妥協を許さず、立場を異にする人を道徳的に糾弾する傾向を示すことがある。このような立場をとる人は、保守派には非妥協的で協調不可能な存在に映る（リラ二〇一八）。

中でも、アイデンティティ・ポリティクスを主張する人々が、多数派に属すると考えられる人々のアイデンティティや利益関心に十分に配慮せず、白人男性を既得権益者や、マイノリティを無意識のうちに見下す差別主義者と位置づけることが問題となっている。一連のトランプ現象が明らかにしたのは、アイデンティティ・ポリティクスの担い手や多文化主義論者が既得権益者とみなした人の中でも、労働者階級の白人は、自分たちを被害者とみなしていることだった。

このように考えれば、トランプ現象を理解するためには、トランプ側の問題だけを考えるのでは不十分で、リベラル派の問題についても検討する必要があることがわかるだろう。リベラル派に見捨てられたと考えるようになった人々がトランプ側になびいて、その岩盤支持層になったのがトランプ現象のもう一つの側面である。アメリカの民主政治に対する脅威は、トランプの側だけでなく、自覚されないままにリベラル派によってももたらされている。このような状態を乗り越えて民主政治を意味あるものとするためには、自らの立場を絶対視することなく、立場を異にする人とも対話を積み重ねることが必要となるだろう。

むすびにかえて

トランプが当選した二〇一六年大統領選挙から三年が経ち、本書刊行時には大統領選挙のある二〇二〇年を迎えている。トランプ弾劾の動きはあるものの、トランプが辞めない限りは共和党候補はトランプとなる。そのため、二〇二〇年選挙は、トランプ政権をさらに四年間継続させることの是非をめぐって争われるだろう。

他方、民主党の側では、連邦議会議員を長く務め、上院の司法委員長と外交委員長、そして副大統領を務めたこともあるジョー・バイデンに対する待望論が起こっている。先に述べたように、サンダース旋風やトランプ現象は、ワシントンの政界勢力に対する不信の強さから、いわばワシントン政治の素人に期待しようとする試みであった。究極のインサイダーと言ってもよいバイデンに対する待望論が巻き起こったのは、その反動だと言えよう。

民主党側の候補は、バイデンという穏健派でワシントン政治の玄人と、エリザベス・ウォーレンやサンダースのような、左派でワシントン政治の素人と言うべき、対極の立場にある人々の間で争われている。二〇二〇年大統領選挙は、民主党の候補者選出過程、本選挙の双方において、今後のアメリカのポピュリズム政治の在り方を考える上で重要な意味を持つと言えよう。

注

（1）本章執筆に際しては各種新聞報道を参照しており、一般的な事実については注を付さない。また、アメリカ政治の一般的特徴については西山（二〇一八）を参照のこと。
（2）大統領令については久保他（二〇一八）所収の諸論考を参照のこと。

参考文献

大矢根聡・大西裕編（二〇一六）『FTA／TPPの政治学――貿易自由化と安全保障・社会保障』有斐閣。

久保文明・阿川尚之・梅川健編（二〇一八）『アメリカ大統領の権限とその限界――トランプ大統領はどこまでできるか』日本評論社。

ゲスト、ジャスティン（二〇一九）『新たなマイノリティの誕生――声を奪われた白人労働者たち』吉田徹・西山隆行・石神圭子・河村真実訳、弘文堂。

神保哲生・宮台真司・渡辺靖・佐藤伸行・西山隆行・木村草太・春名幹男・石川敬史（二〇一七）『反グローバリゼーションとポピュリズム――「トランプ化」する世界』光文社。

西山隆行（二〇一七）「アメリカ　権力を持った保守の苦悩」阪野智一・近藤正基編『刷新する保守――保守政党の国際比較』弘文堂、三一九―三五五頁。

西山隆行（二〇一八）『アメリカ政治入門』東京大学出版会。

西山隆行（二〇一九a）「アメリカ政治　政治不信の高まりと政治的分極化」成蹊大学法学部編『教養としての政治学入門』ちくま新書、二七七―三〇六頁。

西山隆行（二〇一九b）「解説」松尾文夫『ニクソンのアメリカ――アメリカ第一主義の起源』岩波現代文庫、三八三―三九九頁。

前嶋和弘・山脇岳志・津山恵子編著（二〇一九）『現代アメリカ政治とメディア』東洋経済新報社。

水島治郎（二〇一六）『ポピュリズムとは何か――民主主義の敵か、改革の希望か』中公新書。

ミュデ、カス、クリストバル・ロビラ・カルトワッセル（二〇一八）『ポピュリズム――デモクラシーの友と敵』永井大輔・高山裕二訳、白水社。

ミュラー、ヤン＝ヴェルナー（二〇一七）『ポピュリズムとは何か』板橋拓己訳、岩波書店。

リラ、マーク（二〇一八）『リベラル再生宣言』夏目大訳、早川書房。

Fenno, Richard F. (1978) *Home Style: House Members in Their Districts*, Scott Foresman.

Neustadt, Richard (1980) *Presidential Power: The Politics of Leadership from FDR to Carter*, John Wiley & Sons.

Steuerle, C. Eugene (2014) *Dead Men Ruling: How to Restore Fiscal Freedom and Rescue Our Future*, The Century Foundation.

第12章　地域からのポピュリズム

――橋下維新、小池ファーストと日本政治――

中北浩爾

はじめに

日本でも最近、反エリート主義という意味でポピュリズムと分類しうる政党の登場が相次いでいる。[1] 二〇一九年の参院選の全国比例で初めて議席を獲得した「れいわ新選組(れいわ)」と、NHKの受信料制度の改革、具体的にはスクランブル放送化を主張する「NHKから国民を守る党(N国)」である。なかでも山本太郎が創設したれいわは、消費税の廃止を訴え、大企業や富裕層の課税強化を唱えるなど、欧米諸国で一大潮流となっている左派ポピュリズムが日本で初めて登場したという点で注目に値する(水島二〇一九)。

しかし、これまでの日本でポピュリズムといえば、左派ポピュリズムではなく、ましてや反移民・反EUなど福祉ショービニズムに依拠する右派ポピュリズムでもなく、[2]「大きな政府」とそこから利益を得る政治家・公務員などを攻撃し、競争原理に基づき規制緩和や民営化を主張する新自由主義的なタイプのそれであった。具体的な政治家の名前を挙げると、小泉純一郎であり、橋下徹であり、小池百合子である。それは自民党の内部から発生したという意味で保守系でありながら、国政や地方政治を支配してきた既存の自民党のあり方を批判するという点で、共通の特徴を有している。

先に述べたように、最近、れいわやN国といった新たなポピュリスト政党が登場したとはいえ、それらが参議院の全国単位の比例代表で若干の議席（それぞれ二議席と一議席）を獲得したにすぎない以上、欧米諸国ではやや過去のものとなった新自由主義的なタイプが、依然として日本では支配的なポピュリズムであるとみることができる。二〇一九年の参院選をとっても、「身を切る改革」を標榜する日本維新の会は、改選数一二四のうち、選挙区五、比例代表五、合計一〇議席を獲得している。

こうした新自由主義ポピュリズムの嚆矢は、小泉純一郎であった（大嶽二〇〇六、内山二〇〇七）。小泉は「古い自民党をぶっ壊す」と叫んで二〇〇一年の自民党総裁選で勝利を収め、経世会・平成研に代表される派閥政治や利益誘導政治の打破を進め、郵政民営化や公共事業費の削減など「構造改革」と呼ばれる新自由主義的改革を断行した。その背景には、衆議院の小選挙区比例代表並立制の導入を柱とする一連の政治改革、無党派層の政治的影響力の高まり、二大政党の一角としての民主党の台頭などがあった。

だが、自民党の総裁の地位にありながら既存の自民党を攻撃し、それを通じて自民党政権を継続させるというアクロバティックな政治手法は、持続可能性を欠いていた。なかでも決定的だったのは、新自由主義的改革によって自民党の農村部などの支持基盤が傷つき、選挙での安定的な勝利が困難になったことである。小泉首相が退陣し、安倍晋三に交代すると、新自由主義からの脱却が始まり、最終的に麻生太郎首相が「行き過ぎた市場原理主義とは決別する」と宣言するに至る。民主党政権の崩壊を経て復活した安倍政権は、伝統的な利益誘導政治と両立可能な範囲で新自由主義的改革を行うことで、安定した政権運営を実現している（中北二〇一七：終章）。

こうしたなかで、小泉の退陣後、新自由主義ポピュリズムの担い手として浮上したのが、大阪府知事・大阪市長の橋下徹、東京都知事の小池百合子といった大都市の保守系首長であった。いずれも広い意味で自民党系でありながら、自民党の地方組織とそれが支配する地方政治のあり方に攻撃を加えた。実際、小池は小泉政権で環境相を務め、郵政選挙では造反議員に対する「刺客」になったことで知られ、橋下も小泉に対する尊敬の念を隠さないなど、小泉からの継承関係を看取できる。そして、いずれも地方政治を足場に国政進出を図り、政界の台風の目となった。

しかしながら、結果的にみて、国政進出は十分な成功を収めることができなかった。それはなぜだったのか。注目すべきは、両者には共通点とともに、とりわけ地域政党の組織や他党との連携について無視できない差異が存在し、それが国政進出のあり方の違いを生み出したことである。本章は、橋下が率いた大阪維新の会と小池が創設した都民ファーストの会を比較しながら、保守系首長主導の新自由主義ポピュリズムの限界がどこにあったのかを分析する。

一　保守系首長ポピュリズムの背景と特質

まず地方自治体の首長主導のポピュリズムが頻発する制度的な背景について、簡単にみていきたい。最も重要なのは、首長・議会の二元代表制とそれらの選挙制度である（砂原二〇一一：第二章）。以下、都道府県を例に考える。

二元代表制の下、首長と地方議員はそれぞれ別々に選挙で選出される。当該自治体の全域を一つの選挙区とする小選挙区制で選ばれる知事は、地域全体の利益を代表する立場に立つ。それに対して、都道府県議会は、都市部が定数二―六程度の中選挙区制、郡部が定数一の小選挙区制を採用する。そのため、議員は当該自治体内の組織化された個別的な利益を代表する傾向が強くなる。

権限の上では、予算提案権などを持つ首長が、議会に対して優位に立つが、それでも地方議員の影響力は小さくない。条例や予算に関する議会の議決権はもちろん、多くの地方議員が安定的な地盤を保持しているため、首長とその候補者は当選あるいは再選する上で、地方議員の支援を求める誘因を有するからである。そして、ほとんどの都道府県議会を支配しているのが自民党である以上、知事は「相乗り」を含めて自民党からの支持を得ようとする。

その一方で、地域全体の利益を代表する立場にある知事が、個別的な利益を代表する傾向が強い議会、とりわけ自民党の議員団からフリーハンドを得て、改革を実行するという選択肢も存在する。その場合、自民党の地方組織を攻撃することによって、組織されない住民に幅広くアピールし、知事選で勝利しようとする。さらには独自の地域政党を発足させ、議会で多数派を形成することも考えうる。そして、そうした余地が大きいのは、無党派層が多い都市部である。東京、大阪、名古屋の三大都市圏で首長主導のポピュリズムが顕著なのは、それゆえである。

美濃部亮吉東京都知事など「住民直結」を打ち出した革新自治体にも、以上の要素を見出すことができるが、冷戦の終結や労使関係の安定化などを背景に、五五年体制の基底をなした保守と革新の対立が後景に退くと、いったん相乗りが増え、その後に一九九〇年代以降、「改革派知事」が相次いで登場することになる。宮城県の浅野史郎、三重県の北川正恭(まさやす)、岩手県の増田寛也、高知県の橋本大二郎、鳥取県の片山善博、長野県の田中康夫らが代表的である。彼らは、既成政党や組織に依存せずに選挙戦を行い、情報公開をはじめとする改革を推し進めたが、基本的に非自民系であった。

二〇〇〇年代後半になると、自民党の支援を受けたり、所属したりした過去を持ち、そうした意味で保守系でありながら、自民党と決別し、激しい攻撃を加える首長が登場する。大阪府の橋下徹であり、東京都の小池百合子である。小池の「都民ファースト」という言葉に示されるように、住民に依拠しつつ、自民党を中心とする既存の地域エリートとの対決を打ち出し、自ら地域政党を結成し、議会の構成を変えるところまで行きつくことになった。「改革派知事」を過渡的な存在として、小泉政権のインパクトを受け、保守系首長主導のポピュリズムが本格的に登場したのである(3)。

その特徴の一つは、これまでも論じてきたように、競争原理を基礎とする新自由主義である。大阪府知事・大阪市長時代の橋下の発言を集めた『橋下語録』には、次のような言葉が並ぶ。「僕は、競争を前面に打ち出して規制緩和をする。小泉・竹中〔平蔵〕路線をさらにもっともっと推し進めることが、今の日本には必要だと思っている」。その背景に存在するのは、大阪府・市が既得権まみれになっているという認識である。「これまでは各種団体にお金を放り込んでおけば何とかなったが、その積み重ねで既得権がゴロゴロしている。岩盤のように凝り固まった既得権を液状化させ、住民に税が届くようにしたい」(産経新聞大阪社会部二〇一二：三二、六八)。

競争原理は、橋下が代表を務める「大阪維新の会」の基本理念になる。その「維新八策」は、「維新が目指す国家像」として、「自立する個人」「自立する地域」「自立する国家」を打ち出し、「国を中心とする運営ではなく、地域と個人の創意工夫による競争力・活性化が必要」と主張した。そうした認識に基づき、グローバル都市間競争に対応するための大阪都構想、地方分権改革、能力主義に基づく公務員制度改革、学校選択制と教育バウチャー制の導入、年金の積み立て方式、労働市場の流動化などを盛り込んだ（読売新聞大阪本社社会部二〇一二：二〇四―二一二）。

それに対して、小池が事実上創立した「都民ファーストの会」は、大阪維新の会ほど前面には競争原理を掲げなかった。綱領では「都民ファースト」「情報公開」「賢い支出（ワイズスペンディング）」の三つの原則を示し（URL①）、築地市場の豊洲移転問題や東京オリンピック問題に取り組んだほか、「政党復活予算枠」の廃止などを行った。内田茂幹事長が率いる自民党東京都連の閉鎖性や既得権を攻撃したとはいえ、それが経済の発展を妨げているという認識が、大阪ほど強くなかったからであろう。むしろ小池が女性の立場から既存の男性政治家による支配を批判したことが注目される。

そうであっても、大阪維新の会のブレーンを務めた上山（うえやま）信一が都政改革本部の特別顧問に就任したように、両者の政策的な方向性は共通であった。実際、上山は小池都知事が出版した講演録のなかで、情報公開を改革の起点とし、行政に経営の概念を持ち込み、定着させることを訴えている（小池二〇一七c：八四―八八）。

グローバル競争を肯定的に捉える新自由主義は、外国人に対する寛容な姿勢につながる。確かに「維新八策」には、土地売却など「安全保障上の観点からの外国人規制」も謳われているが、外国人人材の活用やTPPへの参加が盛り込まれている。橋下大阪市長が二〇一四年一〇月二〇日、在日韓国・朝鮮人などへのヘイトスピーチを繰り返す「在日特権を許さない市民の会（在特会）」の桜井誠会長と激論を交わし、その後、大阪市が全国初のヘイトスピーチ規制条例を制定したことからも、維新が排外主義と一線を画していることは明らかである。

さて、もう一つの共通する特徴は、新自由主義の必然的な帰結であるが、都心部を中心として有権者の支持を調達したことである。

大阪維新の会が勝利し、大きな注目を集めた二〇一一年一一月二七日の大阪府知事・大阪市長ダブル選をみてみよう。大阪市長選で橋下の得票率が高かったのは、六九・五％の西区を筆頭に、北区、中央区であった。また、大阪府知事選で松井一郎の得票率が高かったのは、大阪市内では西区、中央区、北区である。維新の候補者がイメージ選挙によって都心部に多い無党派層から集票したという解釈も可能であろうが、経済的に豊かな都心部の住民が新自由主義的な政策を支持したという事実を否定することは難しい（松谷二〇一二：一〇七―一〇八）。

同様のことは、東京についてもいえる。二〇一六年七月三一日の都知事選で小池の得票率が高かったのは、五三・〇％の豊島区以下、中央区、港区、千代田区、練馬区であった。このうち、豊島区と練馬区は衆議院議員時代の小池の選挙区であるから、都心部の支持の厚さを指摘することができる。公約で「多摩格差」の是正も掲げたが、国際金融特区や税優遇などによるアジア・ナンバーワンの国際金融都市の復活を主張する小池が、都心部で政策的な支持を集めたとみてよい（URL②）。

ただし、大阪維新の会については、若干の留保が必要である。二〇一一年の大阪府知事選で松井の得票率が高かったのは、大阪市の都心部の区とともに、否それ以上に、泉佐野市、八尾市、貝塚市、阪南市、泉大津市、泉南市であり、松井の出身地の八尾市を除き、南部の泉州地域の自治体であった。大阪都構想が実現した場合、大阪市の豊富な税収入が大阪府の経済力の乏しい地域に回ることが予想されるため、維新を支持するのは、大阪市の都心部と大阪府の泉州地域および河内地域という二重構造になっている。

また、政治戦略についても、橋下・小池両者の間には共通性がみられる。たとえば、首長主導の地域政党の設立である。

地域政党は、自民党が優位を占める地方議会で、首長が自ら多数派を形成するための手段である。二〇一〇年四月一九日、大阪府議二四名、大阪市議一名、堺市議五名によって発足した大阪維新の会は、翌年の統一地方選で勝利し、大阪府議会で単独過半数を占め、大阪市議会と堺市議会では第一党になった。また、二〇一七年一月二三日、都議三名をもって地域政党として発足した都民ファーストの会は、同年七月二日の都議選で勝ち、第一党の座を自民党から奪った。選挙を前に他党からの離党者を生じさせ、吸収していたことを含め、首長の絶大な人気が効果を発揮した結果であった。

従来、地域政党といえば、その代表は神奈川ネットワーク運動、東京・生活者ネットワークなど、生活クラブ生協の代理人運動から発生したネットワーク型政党であった。それは草の根の市民の参加を可能にする政党を目指し、議員と役員のローテーション制、複数代表制など分権的な組織を特徴とした。それに対して、大阪維新の会や都民ファーストの会は、代表を（事実上）兼ねる首長の強力なリーダーシップを可能にするため、極めて集権的な組織を採用した。

首長主導の地域政党を補完するために設けられたのが、二〇一二年三月二四日に開講された「維新政治塾」であり、二〇一六年一〇月三〇日に始まった「希望の塾」である。こうした政治塾の主な役割は、優秀な(かつ選挙資金を自己調達できる)候補者を発掘することであったが、加えて政治資金を獲得する意図も存在した。たとえば「希望の塾」は、約六〇〇〇件の問い合わせのなかから四〇〇〇名程度を塾生に選び、そのうち約九〇〇名が都議選への挑戦の意思を示し、約三〇〇名が都議選対策講座を受け、最終的に四五名が公認候補となった[4](小池二〇一七b：一二三)。塾の受講料は五万円、女性・学生割引も設定されたが、一億円を超える資金を得た。これは政党交付金の配分を受けない地域政党にとって重要であった。

同じく政治戦略としては、公明党との連携も共通性として挙げられる。大阪府議会は比較的一人区が多いが、大阪市議会や東京都議会は複数区が多い。そのため、地域政党を創設し、首長の人気を利用したとしても、議会で単独過半数を得るのは難しい。自民党と敵対するとすれば、都市部で多くの議席を持ち、結束力も固い公明党と連携するのが、安定した多数派を形成する上で有利である。公明党からしても、首長の与党としてのメリットを享受できるし、選挙対策上も利点が多い。そのため、国政では自民党と連立を組んできた公明党も、大阪維新の会や都民ファーストの会と協力関係に入っていった。

二　大阪維新の会と都民ファーストの会の差異

以上にみてきたような共通性の一方、大阪維新の会と都民ファーストの会の間には重要な差異がみられる(5)。

大阪維新の会は、対外的には代表を務める橋下徹のリーダーシップが強い印象を与えたが、橋下のパーソナル政党とはいえない。逆に、松井一郎、浅田均という二人の府議が、橋下を擁立する形で発足したというのが実情である。二人はもともと自民党府議団に所属し、松井はその政調会長、浅田は幹事長を務めた。しかし、橋下府知事が推進したWTC(大阪ワールドトレードセンタービルディング)への府庁舎移転に消極的な姿勢をとった自民党府議団から離脱し、それぞれ少数会派を率いていた。二〇〇九年一二月二四日、統一地方選を見据えた松井と浅田の提案に、橋下が同意し、大阪維新の会が設立されることになる。発足時の大阪府議二四名のうち二〇名を自民系が占めた。

その旗印となったのは、大阪都構想の実現である。大阪府と大阪市の二重行政を解消すべく府が市を吸収する都構想自体は、以前から大阪府庁周辺で検討され、大阪市役所側の反対を受けてきた。この対立は自民党にも反映し、それを打開すべく浅田は地域政党の設立を二〇〇七年から掲げていた。水道事業の統合をめぐる大阪市との対立が、橋下府知事を都構想に向かわせ、大阪維新の会が設立されるきっかけになったのは確かだが、それ以前からの自民党大阪府議団の内部対立こそが、維新が発足する背景にあった。松井は幹事長、浅田は政調会長に就任する。

このようにして成立した大阪維新の会の強さは、個人的なものではなく組織的なものであり、橋下・松井・浅田ら幹部の同志的な結束によるものであった。それを支えたのが、大阪都構想という明確な政策目標の存在であり、グローバル都市間競争のなか、東京一極集中が進み、衰退の一途を辿る大阪経済の現状に対する強烈な危機感であった。それがゆえに新自由主義的な競争原理についても、前述したように鮮明であった。自民党大阪府連をはじめ、大阪府・市に巣食う分厚い既得権の複合体を打破するという目標が、大阪維新の会という結束力の固い政治集団を作り出したのである。

橋下が攻撃した既得権の複合体には、自民党を地域で支える町内会に加え、労働組合や民主党なども含まれていた。とりわけ大阪市の公務員の労働組合には攻撃的な姿勢で臨み、組合事務所の市庁舎からの退去を求めたり、不当労働行為にあたる職員アンケートを実施したりした。共産党はもちろん、民主党や連合とも協力する余地はなく、選挙や政策などで徹底的に戦った。唯一の連携相手である公明党も、大阪市の廃止には否定的であり、維新との関係は常に緊張を伴った。他党に攻撃的な姿勢をとる維新は、単独主義的な政治戦略を採用したといえる。

その分、大阪維新の会は、地盤固めを熱心かつ着実に行った。そのための方法は、府内の市町村の首長や地方議員を増やしていくことである。そうすることで、日常的に接する住民と政策の実現を求める各種団体からの票を固めることにつながるし、秘書を含めて選挙などで使えるマンパワーや資金も増える。二〇一一年の統一地方選では、前述したように、大阪府議会で単独過半数、大阪市議会と堺市議会では第一党になった。その後、大阪府のほか、吹田市、守口市、大阪市、茨木市の首長ポストを次々に獲得した。国政進出は、その後のことであった。

それに対して都民ファーストの会は、小池都知事のパーソナル政党としての性格が濃厚であった。自民党大阪府連の推薦で府知事選に出馬し、自民党府議団の分裂を背景に地域政党を立ち上げた橋下とは異なり、そもそも自民党東京都連に推薦を申請しながら拒否され、その対立候補として都知事選に立候補した小池は、若狭勝衆議院議員や元の選挙区の豊島区長、「七人の侍」と呼ばれた豊島区議五名、練馬区議二名ぐらいしか、自民党の内部から支援者を得られなかった。選対本部長として都知事選を一手に差配したのは、元秘書で元都議の野田数（かずさ）であった。

小池を支援した自民党都議は皆無であり、それゆえ都民ファーストの会の都議団は、みんなの党の解党で行き場を失っていた「かがやけTokyo」の音喜多駿（しゅん）、上田令子、両角穣（もろずみみのる）の三名から始まった。小池が「ファースト・ペンギン」と呼んだ三都議との関係は、都知事選の応援から始まったにすぎず、同志的な関係は存在しなかった。実際、音喜多は、都知事選で応援した小池に「借り」はないという認識を示している（音喜多二〇一八：三七―三九）。そうしたなか、都民ファーストの会の代表に就任したのは、都議選前後の小池自身を除くと、知事特別秘書の野田、次いで都議の荒木千陽（ちはる）と、小池の衆議院議員時代の秘書経験者であった。

都民ファーストの会は、大阪維新の会に比べて首長の人気に依存する部分が大きく、結束力が乏しかったが、それは発足の経緯だけでなく、小池が掲げた政策が橋下に比べて先鋭ではなかったことにも関係していた。東京経済の現状に対する危機感は大阪に比べて弱く、大阪都構想に匹敵する明確な政策目標も存在しなかった。維新で不祥事が相次いだことを反面教師にした面もあったが、マスメディアに対して所属都議への取材を党本部経由で行うよう求めるなど、凝集力の弱さを規律によって補った。それに不満を抱いた音喜多・上田両都議は二〇一七年一〇月五日、都民ファーストの会から離党することになる。

以上の反面で、政策が緩やかで、小池人気に依存する度合いが高かった都民ファーストの会は、自民党以外の他党に対する攻撃性が乏しかった。また、労働組合叩きも行わなかった。さらに都議選では、単独過半数ではなく非自民で過半数という目標を設定し、自民党や民進党からの離党者を吸収しつつ、定数一二七に対して五〇名の公認候補の擁立にとどめ、四九名が当選した。加えて一一名の無所属候補に推薦を与え、当選した六名を追加公認した。それでも過半数を下回る五五名であった。

重要なのは、公明党に加えて、生活者ネットや連合東京と選挙協力を実施したことである。たとえば、八人区の世田谷区や大田区では、都民ファーストの会で三―四議席を狙うこともできたが、公認候補を二名に抑えた。その結果、公明党から二三名、ネットから一名が当選し、合計で過半数を超える七九議席を確保した。報道によると、自民党候補を落選させるために共産党候補に票を回すということすら行われたという(『FACTA』二〇一七年八月号、七三頁)。既存の非自民勢力を味方に付け、都議会で安定した多数派の形成を狙ったのである。

都議選を差配し、都民ファーストの会の代表も務めた野田は、大阪維新の会とは違う政治戦略を持っていたと証言する。衰退する大阪経済の再生という観点から都構想を推進した維新とは違い、現にグローバル都市間競争を戦っている東京では、既存の政党や団体を過度に敵視せず、幅広く連携する政治手法の方が有効だと判断していたという。それは都議会で安定した多数派を形成するためであったが(6)、東京都内の市区町村議会で過半数を確保するのは、都民ファーストの会のみでは難しいと考えたからでもあった。とりわけ都政で長期にわたり自民党と協力してきた公明党との関係は、大阪維新の会とは異なり、極めて良好であり続けた。

野田は、二〇二〇年の都知事選を見据えて、東京都内の市区町村の首長と議会を都民ファーストの会で押さえ、都政運営の基礎を固める戦略を描いていた。非自民の選挙協力を重視した点で異なるとはいえ、大阪維新の会と同様の方法による地盤固めを考えていたといってよい。しかし、野田によると、政令指定都市を二つ抱える大阪府に比べて、東京都は基礎自治体の数が多く、全体を掌握するには時間がかかる。実際、都知事選の後、都議選までには、前自民党都連幹事長の内田都議との代理戦争と呼ばれた千代田区長選だけに関与し、勝利を収めた(野田へのインタビュー)。

三　地域政党から国政進出へ

大阪維新の会と都民ファーストの会は、どのように国政進出を行ったのか。この点でも大きな違いがみられる。最も分かりやすいのは、地域政党の発足から国政政党の樹立までに費やされた期間である。日本維新の会は二〇一二年九月二八日に発足したが、それは大阪維新の会が設立されてから二年五カ月あまり後である。それに対して、希望の党が成立した二〇一七年九月二五日は、都民ファーストの会が地域政党になって、わずか約八カ月後のことであった。大阪維新の会の方が、地域の基盤を十分に固めてから国政に進出したことが分かる。

大阪維新の会には、国政に進出する内在的な動機があった。大阪都構想を実現するためには、法律の改正が不可欠という事情である。二〇一一年一一月二七日、大阪府知事・大阪市長ダブル選で勝利した橋下代表は、記者会見で国政選挙での候補者擁立に言及した。そして、二〇一二年に入ると、国政進出を加速させる。民主党政権が行き詰まり、世論の期待が高まるなか、次期衆院選をにらみつつ、「近畿一円」という当初の構想を広げ、「全国規模」の新党を結成する方向に舵を切っていった。そのための手段が、前述した「維新八策」の策定であり、「維新政治塾」の開設であった。

大阪維新の会が国政進出で目標としたのは、松井幹事長らが繰り返し語ったように、衆議院の単独過半数となる二四一議席であった。そのために全ての小選挙区と比例ブロックに三五〇―四〇〇名を擁立することが目指された。候補者を揃えるため、三月二四日に開講された「維新政治塾」は、約三〇〇〇名の応募者から書類選考で二〇〇〇名を受講生として選び、それを九〇〇名に絞り込んだ。さらに、九月一三日から二八日にかけて行政・政治経験者を対象として公募を実施し、八一六名の応募者を得た（松井二〇一二a：一一九、『朝日新聞』二〇一二年九月九日、一〇月二日）。

国政政党を結成するのであれば、大阪都構想という政策だけでは不十分である。そうした認識の下、次の衆院選に向けて公約集である「維新八策」の作成が進められた。三月一〇日に原案が、七月五日には改訂版、八月三一日には最終版が発表され、これに基づいて綱領も作成された。「維新八策」には、統治機構改革、財政・行政改革、公務員制度改革、教育改革、社会保障制度改革、経済政策・雇用政策・税制、外交・防衛、憲法改正の八分野が盛り込まれていた。大阪維新の会の国政進出の圧力を受けた民主・自民など与野党七会派は、大阪都構想を可能にする大都市地域特別区設置法案を国会に共同提出し、八月二九日に成立させたが、もはや日本維新の会の結成を食い止められなかった。

日本維新の会は九月二八日、大阪維新の会を基礎として結成される。ただし、国政政党と地域政党の関係は、様々な形態をとり得た。浅田政調会長によると、①地域政党を国政政党に衣替えする、②地域政党のまま、そこから国会議員を送り出し、国会対策ポストを国会議員に委ねる、③国政政党と地域政党の両方を作り、橋下代表などの幹部が兼任し、国会議員から国対委員長を出す、といった選択肢が存在した(浅田二〇一二：一九)。そして、結果的には③に近い組織形態が採用された。

国政政党の日本維新の会と地域政党の大阪維新の会が併存し、後者は前者の地方組織として位置づけられたとはいえ、実質的には後者の優位が貫かれた。日本維新の会の代表は橋下、幹事長は松井、政調会長は浅田と、大阪維新の会の執行部が兼任し、大阪都構想が実現しない段階では橋下市長、松井府知事の国政への転出ができないこともあって、党本部が大阪に置かれた。国会議員団は、大阪府議団や大阪市議団と対等とされたばかりか、執行部の強力な統制下に置かれた。とりわけ代表の権限は強く、候補者の公認と推薦、比例代表名簿の登載順位を決めるほか、国政を含む重要事項については代表が主宰し、大阪で開かれる執行役員会で決定することが規約に定められた。

大阪維新の会を基礎に設立された日本維新の会とは違い、希望の党の結成は都民ファーストの会とほとんど無関係であった。確かに、二〇一一年の大阪府知事・大阪市長ダブル選の勝利が日本維新の会の結成のきっかけになったように、一七年の都議選での大勝が希望の党が発足する第一歩になったことは間違いない。小池都知事の衆議院議員時代の選挙区の東京一〇区を引き継いだ若狭勝は、都民ファーストの会の勝利が予想された都議選の投票日の前々日の六月三〇日、小池と二人で話し合い、次の目標として国政政党を立ち上げることを決めたと振り返る[7](若狭二〇一八：一四七)。

しかし、若狭は当時、次のように語っている。「新しい国政政党は、都民ファーストの特別顧問を務める小池知事の政治改革の思いを共有し、それを日本中に拡げていくことをスタンスとしています。その意味では、今後、小池知事から支援をしていただきたいと思っております。ただ、国政政党は、地方政党である都民ファーストと一体で動くわけではなく、別々で活動をしていく、別の枠組みとなります」(若狭二〇一七：二一六)。「東京都知事の座を任期途中で投げ出して国政に復帰するなどということはありえないはずです。〔…〕将来、国政新党ができるとしても、小池さんが都知事でありながら、その国政新党の代表を兼任するというような構想はないのではないかと思います」(若狭・長島二〇一七：一一〇)。

この時点で結成が目指されたのは若狭新党にすぎず、小池の代表就任が期待できないばかりか、都民ファーストの会との関係も、都知事選で応援した小池とのパーソナルなつながりにすぎなかった。実際、都民ファーストの会の野田代表は、当時のインタビュー記事のなかで、国政新党について「都政で実績を出せば、自ずとそういう期待感は高まっていくかもしれません」と語りながらも、都民ファーストの会の基盤が未だ固まらない状況の下、国政進出に乗り出すことに慎重な見解を示している(野田二〇一七b：七一)。他方、若狭も、幅広い国政新党を作るためには、都民ファーストの会とは組織的に別の方がよいと判断していた(若狭へのインタビュー)。

それでも、森友・加計学園問題で安倍晋三内閣の支持率が落ち込み、民進党も蓮舫代表の二重国籍問題で混迷し、自民・民進両党が都議選で大敗を喫するという政治情勢は、小池都知事の後ろ盾を持つ若狭新党への期待を否応なく高めた。自民党を正式に離党した若狭は、都議選から一一日後の七月一三日、政治団体「日本ファーストの会」を設立し、九月一六日には「輝照塾」を開講する。「輝照塾」は、次の衆院選に向けて申込者一〇〇〇名程度から三〇〇名に絞り込み、さらに面接で一九七名を塾生として採用した。その第一回の講師は小池都知事が引き受けたが、「希望の塾」とは全く別の政治塾であった(若狭二〇一八：一四八)。

若狭は当時、準備不足に鑑み、次の衆院選で一〇〇議席程度を獲得して野党第一党となり、次の次で政権交代を実現する、という構想を持っていたという（若狭二〇一八：一六二）。その若狭が主なパートナーとしたのは、民進党の細野豪志前代表代行であった。若狭と細野は都議選の夜に会合を持ち、新党の結成について話し合った（若狭二〇一九：三二六）。集団的自衛権の行使容認を前提とする安保法制への反対、共産党との選挙協力、憲法改正への消極的な姿勢などについて民進党に不満を持っていた細野は、若狭との新党結成に向けて八月八日に民進党に離党届を出す（細野二〇一七：一一九）。希望の党は、日本維新の会とは違い、国会議員の主導によって結成が進められたのであった。

四　どのように既存の国会議員を取り込むか

以上にみたように、日本維新の会と希望の党の結成に至るプロセスは、地域政党との関係を中心に、準備状況や議席目標などについて大きく異なっていた。それればかりでなく、結党プロセスで既存の国会議員をどう取り込むかという点でも、以下にみるように少なからぬ違いが生じた。

反エリート主義を掲げるポピュリスト政党であっても、本格的に国政進出を行うためには現職議員の加入を得ることが不可欠である。国会議員五人以上などの公職選挙法上の政党要件を満たさなければ、衆院選に臨む場合、小選挙区と比例代表の重複立候補が認められないし、選挙事務所やビラ、ポスター、政見放送など様々な面で制約を受けてしまう。また、同じく国会議員五人以上といった政党助成法上の政党要件を充足すれば、政党交付金が配分される。国政の経験者がいないと、国会対策をはじめ、スムーズな政党運営も難しい。

過半数の議席を獲得し、政権交代を狙うケースでは、既存の政党を組み込む必要性が一段と高まる。特に衆議院の小選挙区では、地盤が物をいう以上、勝てる候補者を新規に擁立するのは容易ではない。とりわけ新自由主義ポピュリスト政党は、都市部をベースにしているため、農村部の地盤を補強しなければならなかった。また、全国規模で候補者を擁立するには、供託金など選挙資金も多額に上る。さらに、地域政党を率いる首長が国会議員に鞍替えできないのであれば、国政の経験が豊富な政治家を首相候補に据える必要も生じてくる。

日本維新の会が結成されるプロセスで、現職の国会議員の取り込みは、二段階でなされた。まず政党要件を満たすための五名を確保する段階である。民主党政権が行き詰まり、自民党に対する期待も十分に高まらないなか、日本維新の会への参加を希望する国会議員は後を絶たなかったが、それに対して維新は所属政党からの離党に加え、「維新八策」への賛同を条件とし、それを確認するために公開討論会を開いた。この事実上の「採用面接」は、大阪維新の会の主導性を確保しつつ、その下に既存の国会議員を組み込むための手続きであった。

二〇一二年九月九日の第一回公開討論会には、民主党から三名、自民党から一名、みんなの党から三名が出席し、それぞれ離党手続きをとった上で、九月二八日の結党に加わった。日本維新の会の国会議員団は、九月二三日の第二回公開討論会に参加した民主党一名、自民党一名を加え、計九名をもって構成され、その代表には鳩山由紀夫内閣で官房副長官を務めた松野頼久が就いた。国会議員団が大阪府議団や大阪市議団と対等とされ、執行部の強力な統制下に置かれたことは前述した通りである。

しかし、この九名の国会議員だけでは衆議院の単独過半数を獲得し、政権交代を実現することは難しく、大阪市長を務める橋下代表に代わる首相候補を含め、より本格的な議員集団の取り込みが企図された。大阪維新の会が当初から本命視していたのは、かつて首相を務めた自民党の安倍晋三であった。ところが、旧知の松井幹事長らが繰り返し説得を試みたものの、安倍は自民党にとどまり、九月二六日の総裁選に出馬し、勝利を収める（朝日新聞取材班二〇一六：一二四―一二六）。民主党を離党した小沢一郎が率いる新党「国民の生活が第一」という選択肢も存在したが、あくまでも自民系と合流するというのが、そもそも自民党大阪府連から分裂した大阪維新の会の政治戦略であった。

残された選択肢のうち、政策的に最も近かったのは、渡辺喜美が代表を務める「みんなの党」であったが、失敗に終わった。松井は、こう語っている。「みんなの党は結党の理念として「政界再編」を掲げています。たしかにそれは「維新の会」のめざす方向と近い。ただ、ほんとうにわれわれと一緒にやっていくだけの覚悟があるのか、ないのか。その部分で、ちょっと話がまとまらなかった」（松井二〇一二b：八五）。とどのつまり、日本維新の会ほどではないにせよ、上り調子にあったみんなの党が、主導権争いで譲らなかったということであろう。さらに、みんなの党を離党して日本維新の会に参加した三名の国会議員の扱いをめぐり、両党の関係は一層悪化した。

結局、衆議院が解散された翌日の一一月一七日、日本維新の会は石原慎太郎が党首を務める「太陽の党」と合流する。前東京都知事の石原と組むことで地方分権改革をアピールできるだけでなく、東日本にも勢力を伸ばす足掛かりを得られると考えられたが、原発、消費税、ＴＰＰなど政策的な隔たりが小さくなかった。そうしたなか、太陽の党が組織や政策などで大きく譲歩し、合流が実現した。

太陽の党が解党して日本維新の会が存続し、党名のみならず、政策も基本的に従来のままと決められた。衆院選に向けて首相候補としての石原が代表に就任し、橋下は代表代行に退いたが、党本部は大阪に置かれ、執行部の多数も大阪維新の会が占めた。

以上のように日本維新の会は、大阪維新の会が主体性を維持する形で国会議員を組み込んだ。この結果、日本維新の会は、野田佳彦首相が、その選挙準備が整う前の早期の解散に踏み切ったこともあり、擁立した候補者数が一七二(うち小選挙区一五一)にとどまった。単独主義的な政治戦略は、選挙協力にも貫かれた。公明党とは大阪都構想への協力を見返りに選挙区の棲み分けが行われ、関西の六名の公明候補には推薦を与えた。また、共通公約を作成したみんなの党の候補者も、六五名中三三名を推薦した。とはいえ、みんなの党と二八選挙区で競合するなど、選挙協力は限定的であった。

他方、希望の党による現職の国会議員の取り込みも、日本維新の会と同じく二段階で行われた。まず若狭と細野を中心に最低限、政党要件を満たすべく進められた段階である。小池都知事が二〇一七年九月二五日に自らを党首とする希望の党の結成を発表した二日後の九月二七日、結党の記者会見が開かれ、一四名の衆参両院議員が出席したが、この「チャーター・メンバー」が、概ねそれに当たる。若狭によると、石破茂や野田聖子といった自民党の有力議員の離党は望み得ず、時間不足もあって自民党出身者は若狭を除くと福田峰之のみ、細野など民進党出身者が八名を占めた。自民党よりも右寄りの「日本のこころ」の中山恭子が参加したのは、民進党色を薄めたい小池の意向だったという(若狭へのインタビュー)。

ところが、この時点で、すでに次の段階が進んでいた。民進党の合流である。若狭の回想によると、前原誠司が民進党代表に選ばれた九月一日以降、民進党を事実上解党する可能性があるという情報が伝わっていたが、九月二三日、同党の階猛（しなたけし）政調会長から直接、民進党を解体させ、多くの所属議員が新党に参加する可能性があると示唆されたという（若狭二〇一八：一五〇―一五二）。九月二五日、小池都知事が若狭と細野の新党を「リセット」すると宣言し、自ら希望の党を立ち上げることを表明した背景には、解散による衆院選の切迫に加え、民進党が合流するという見通しが存在していた（若狭へのインタビュー）。

九月二六日夜には小池と前原に加え、民進党の最大の支持団体である連合の神津里季生（こうづりきお）会長を交えた会談が行われた。その席で前原は小池に対して、民進党を実質的に解党し、次の衆院選で希望者全員が希望の党に公認申請を行う意向が直接伝えられた。すでに両者の間では、ある程度話が進んでいたが、細部は固まっていなかった。党籍はもとより、候補者調整もなされていなかったし、希望の党が希望者全員を受け入れるのかについても確約がなかった（上杉二〇一八：四四―四六、神津二〇一八：第一章）。それでも九月二八日の衆議院解散を控え、両党は合流に突き進んでいった。解散の当日、民進党は常任幹事会、次いで両院議員総会を開き、希望の党への事実上の合流を決定した。

野党第一党の民進党との合流は、希望の党が一〇〇議席程度ではなく、政権交代を狙う方針に転じたことを意味した。小池は、「希望の党は、衆議院の過半数、二百三十三議席を獲得し、政権奪取を目指します」と明言した。そして、「安倍首相の解散の意向が報じられて以降、私が自ら打って出るべきタイミングはいつか、ずっと状況を見守ってまいりました」とも語った（小池二〇一七d：一一〇、一一二）。つまり、森友・加計学園問題で安倍政権が批判を浴びるなか、民進党を吸収し、有権者の期待を背景に衆院選を戦えば、政権交代に手が届くと判断したということである。しかし、それは極めてパーソナルな判断であった。

実際のところ、結党間もない希望の党は、政権を担う基盤を欠いていた。若狭の回想によると、党本部の事務局は貧弱で、若狭の池袋事務所に間借りしている有様であり、新人候補の組織的なサポート態勢も組めなかった（若狭二〇一八：一五四―一五五）。都民ファーストの会とは政策協定を結び、選挙協力を行ったが、あくまで別組織であった（『朝日新聞』二〇一七年一〇月五日）。また、小池都知事は衆院選への立候補を一貫して否定したが、政権交代を目指しながら、自らに代わる首相候補を共同代表などに就けることをしなかった。人材不足ゆえか、はたまた政権交代が確実視されたら出馬する用意があったのか、未だに不明である。

さらに深刻だったのは、希望の党の内部の主導権争いである。九月二五日に小池が自ら結党を宣言したのも、民進党に対して主導権を確保するためであった（若狭へのインタビュー）。小池や若狭は希望の党が民進党の看板の掛け替えとみられることを警戒し、憲法改正や外交・安全保障政策で違いが大きい民進党のリベラル派の参加を拒んだ。それが、憲法改正の支持や安保法制の容認を盛り込む「政策協定書」の作成、リベラル派を「排除します」という小池の発言などにつながり[8]、一〇月三日の立憲民主党の結成を招くことになる。候補者調整も難航し、立候補を断念する議員すら現れ（井戸二〇一八：第一章）、希望の党が衆院選で擁立した候補者数は二三五（うち小選挙区一九八）と、辛うじて定数の過半数を超える程度にとどまった。

選挙協力については、公明党の公認候補がいる選挙区で擁立を見送ったほか、日本維新の会とも東京都と大阪府で棲み分けを行ったが、それ以上には広がらなかった。小池都知事は都議選前のインタビューで、「外交、安全保障はあまり都政に直接絡んできませんので、「生活者」というくくりで、よりウイングを広げて協力関係をつくっていきたい」と述べ、公明党、生活者ネット、連合東京と選挙協力を行うことを表明していた（小池二〇一七a：一三）。リベラル派との連携は、都政では可能であっても、外交・安全保障政策が重要な位置を占める国政では、やはり難しかったのである。

おわりに

日本維新の会は、二〇一二年一二月一六日の衆院選で、小選挙区一四、比例代表四〇、合計で五四議席にとどまった。比例代表では民主党を上回ったが、小選挙区では伸び悩んで民主党を下回り、野党第一党に浮上することができなかった。定数の過半数の候補者を揃えられなかったため、そもそも政権交代は困難であった。二〇一三年の参院選でも選挙区二、比例区六の合計八議席に沈んだ日本維新の会は、その翌年に分党を決め、石原が率いる「次世代の党」が発足する一方、橋下らはみんなの党から分かれた「結いの党」と合併して、「維新の党」を結成した。

他方、希望の党も、二〇一七年一〇月二二日の衆院選で、小選挙区一八、比例代表三二、合計で五〇議席にとどまった。政権交代はおろか、野党第一党にもなれず、立憲民主党の後塵を拝した。選挙後、小池は代表を辞任して国政から手を引き、残された希望の党の大部分は分党の上、民進党と合併し、国民民主党を結成する。大阪維新の会を基盤として結成された日本維新の会が、離合集散を繰り返しながらも、大阪を本拠地として一定の勢力を保ちつつ存続したのに対し、都民ファーストの会とは別に設立された希望の党は、あっけなく空中分解してしまった。

以上、保守系首長主導の新自由主義ポピュリズムの地域政党と、その国政進出をみてきた。そこには、いくつかの大きな壁が立ちはだかった。それは、まずもって既存の国会議員を取り込むことの難しさである。

橋下大阪市長を中心として、地域政党を基盤に国政に進出した日本維新の会は、この点でも自らの主体性を確保すべく行動した。しかし、石原前東京都知事という全国的な知名度を誇る看板を擁していたとはいえ、「たちあがれ日本」を母体に現職議員五名の小規模な「太陽の党」を組み入れるにとどまった。その結果、時間を置かずに衆院選が行われたこともあり、当初の目標に反して、衆議院の定数の過半数を超える公認候補を擁立できなかった。

それに対して、都民ファーストの会とは別に結成され、そもそも基盤が脆弱な希望の党は、小池都知事の判断で野党第一党の民進党との合流を決め、一気に政権交代を狙った。だが、幅広い勢力の糾合は凝集性を損なう恐れがあり、リベラル派の「排除」を行わざるを得なかった。辛うじて衆議院の定数の過半数を超える公認候補を擁立したが、基盤の脆弱さに加え、小池の「排除」発言が批判を浴びるとともに、立憲民主党の結成を招き、惨敗を喫してしまった。

以上にみるように、国政に進出し、政権交代を目指すためには既存の国会議員の広範な合流が必要であったが、国政では外交・安全保障政策などの一致が不可欠であり、主導権争いも激しく、それには限界があった。こうしたトレード・オフは、衆院選の切迫によって強められた。逆にいえば、野田政権にせよ、安倍政権にせよ、新党の準備が整う前に解散権を行使することで、野合と批判されかねない他党との強引な合流によって基盤の弱さを補完するか、それを避けて小さく固まり政権交代を断念するか、という厳しい状況に新党を追い込んだのであった。

このようなトレード・オフは、保守系首長を党首とする新党である以上、自民党が大きく分裂し、たとえば安倍や石破など有力議員を取り込むことができた場合には、弱まったはずである。しかし、そうした切り崩しは実現しなかった。また、公明党が国政では全国規模の支持基盤を持つ自民党との連携を崩さなかったため、公明党との選挙協力も選挙区の棲み分けにとどまらざるを得なかった。結局のところ、農村部に安定した支持基盤を持ち、公明党と緊密に連携する自民党の優位は、国政では堅固であった。大阪・東京という大都市から生じた新自由主義ポピュリズムは、その分厚い壁に跳ね返されたのである。

付記　煩雑を避けるために、いずれの一般紙でも確認できるような事実については、注を付けていない。また、敬称は省略した。

注

(1)　ポピュリズムの定義については、Mudde and Rovira Kaltwasser (2017: 5-6＝二〇一八：一四)、水島(二〇一七：六—九)。なお、善教(二〇一八)は、維新をポピュリストと規定することを強く批判する。しかし、同書のポピュリズムの定義は、扇動による「非合理」な大衆の動員という政治スタイルに着目するものであり、現在の通説的なものとはいえない。

（2）　日本で福祉ショービニズムが高まる可能性が低いことについては、フランス国民戦線（現在は国民連合）のマリーヌ・ルペン党首の下記の発言が注目に値する。「私たちは、国民が自国の経済をしっかりコントロールする「愛国主義の経済」をめざしています。自由競争に基づき、金融の影響を大きく受ける「米国型のグローバル主義経済」は、我が国にも、地球全体にも、悲劇をもたらすと考えるからです。その点、日本はすばらしい。フランスが失った通貨政策も維持している。日本は愛国経済に基づいたモデルを示しています」（『朝日新聞』二〇一五年一月二七日）。ただし、日本でも外国人労働者の増加などを背景に、今後、福祉ショービニズムが高まる可能性は否定できない。

（3）　三大都市圏でいえば、議員報酬の削減や市民税の減税など「庶民革命」を標榜して立候補した河村たかし名古屋市長も新自由主義ポピュリストといえる。ただし、元民主党衆議院議員の河村は、二〇〇九年に民主党推薦で市長選に初出馬したのであり、翌年、地域政党の「減税日本」を立ち上げるが、一貫して非自民系であるという点で、やや特異な位置を占める。

（4）　野田（二〇一七a：一六八）には、応募者四八二七名、書類審査の上での入塾者二九〇二名、うち男性五九・八%、女性四〇・二%と記載されている。

（5）　以下、本章の大阪維新の会についての記述は、大阪維新の会（二〇一二）、読売新聞大阪本社社会部（二〇一二）、朝日新聞大阪社会部（二〇一五）を主に参照した。

（6）　東京都の二〇一七年度一般会計予算は、都議会で四四年ぶりに全会一致で可決された。

（7）　ただし、小池は都知事選の時点で将来、国政政党を立ち上げた場合、その党名は「希望の党」がいいといった話をしたという（若狭へのインタビュー）。

（8）　上杉（二〇一八：四七―四八）によると、希望の党から排除する予定だったのは菅直人元首相のみであり、「排除リスト」は官邸が流したものだったという。

参考文献

Mudde, Cas and Cristóbal Rovira Kaltwasser (2017) *Populism: A Very Short Introduction*, Oxford University Press（永井大輔・髙山裕二訳『ポピュリズム――デモクラシーの友と敵』白水社、二〇一八年）.

浅田均（二〇一二）「橋下徹 選挙戦略の全貌」『週刊朝日』六月八日号、一八―二一頁。

朝日新聞大阪社会部（二〇一五）『ルポ 橋下徹』朝日新書。

朝日新聞取材班（二〇一六）『この国を揺るがす男――安倍晋三とは何者か』筑摩書房。

井戸まさえ（二〇一八）『ドキュメント 候補者たちの闘争――選挙とカネと政党』岩波書店。

上杉隆（二〇一八）「民進党解党の真相」『マスコミ市民』一月号、四二―五五頁。

内山融（二〇〇七）『小泉政権――「パトスの首相」は何を変えたのか』中公新書。

大阪維新の会（二〇一二）『［図解］大阪維新――チーム橋本の戦略と作戦』ＰＨＰ研究所。

大嶽秀夫（二〇〇六）『小泉純一郎 ポピュリズムの研究――その戦略と手法』東洋経済新報社。

音喜多駿（二〇一八）『贖罪――偽りの小池都政で私が犯した過ち』幻冬舎。

小池百合子（二〇一七ａ）「都政は「女子の本懐」」『別冊宝島二五九五　東京大改革 小池百合子の戦い』宝島社、六―一五頁。

小池百合子（二〇一七ｂ）「私の政権公約」『文藝春秋』七月号、一一四―一二三頁。

小池百合子（二〇一七ｃ）『希望の政治――都民ファーストの会講義録』中公新書ラクレ。

小池百合子（二〇一七ｄ）「私は本気で政権を奪う」『文藝春秋』一一月号、一一〇―一一七頁。

神津里季生（二〇一八）『神津式 労働問題のレッスン』毎日新聞出版。

産経新聞大阪社会部（二〇一二）『橋下語録』産経新聞出版。

砂原庸介（二〇一一）『地方政府の民主主義――財政資源の制約と地方政府の政策選択』有斐閣。

善教将大（二〇一八）『維新支持の分析――ポピュリズムか、有権者の合理性か』有斐閣。

中北浩爾（二〇一七）『自民党――「一強」の実像』中公新書。

野田数(二〇一七a)『都政大改革――小池百合子知事&「チーム小池」の戦い』扶桑社新書。

野田数(二〇一七b)「小池百合子は何を考えているか」『正論』九月号、六八―七三頁。

細野豪志(二〇一七)「「希望の党」は選挙互助会ではない」『文藝春秋』一一月号、一一八―一二三頁。

松井一郎(二〇一二a)「過半数を目指し中央集権体制を変える!」『週刊ダイヤモンド』八月二五日号、一一九頁。

松井一郎(二〇一二b)「単独過半数奪取で役所を根本から変える」『Voice』一一月号、八〇―八五頁。

松谷満(二〇一二)「誰が橋下を支持しているのか」『世界』七月号、一〇三―一一二頁。

水島治郎(二〇一七)『ポピュリズムとは何か――民主主義の敵か、改革の希望か』中公新書。

水島治郎(二〇一九)「山本太郎という現象　新時代拓く「実験」に期待」『朝日新聞』八月二日。

読売新聞大阪本社社会部(二〇一二)『橋下劇場』中央公論新社。

若狭勝(二〇一七)「保守二大政党政治を目指す」『正論』一〇月号、二一四―二二〇頁。

若狭勝(二〇一八)『若狭は見た!　議事堂内の「清濁政治」――三流政治の原因はここにあった!』ブイツーソリューション。

若狭勝(二〇一九)「小池百合子　「排除します」ですべてが終わった」『文藝春秋』四月号、三二五―三三七頁。

若狭勝・長島昭久(二〇一七)「「小池国政新党」我らが目指す姿」『文藝春秋』一〇月号、一〇六―一一五頁。

URL

①https://tomin1st.jp/principles/　二〇一九年一〇月二五日閲覧。
②http://www.yuriko.or.jp/senkyo/seisaku/　二〇一九年一〇月二五日閲覧。

インタビュー

野田数(元都民ファーストの会代表)へのインタビュー　二〇一九年一〇月七日。

若狭勝(前衆議院議員)へのインタビュー　二〇一九年一〇月二四日。

おわりに

クリスマスも近い二〇一九年一二月一二日、イギリスで総選挙が実施された。イギリスのEU離脱の是非が最大の焦点となった激しい選挙戦だったが、「ブレグジットを実現しよう(Get Brexit Done)」という合言葉で選挙戦を乗り切ったボリス・ジョンソン首相率いる保守党が、単独過半数を大きく上回る三六五議席(下院総議席数は六五〇)を獲得して圧勝した。選挙戦の終盤、ジェレミー・コービン率いる野党・労働党による追い上げがしきりに報じられたものの、実際には遠く及ばず、労働党は八〇年振りの大敗を喫した。そしてこの驚きの選挙結果は、二〇一六年六月にEU離脱派が勝利した国民投票以来、イギリスとEU、そして世界を揺るがしていたブレグジットの行方に決着をつけ、二〇二〇年一月末のEU離脱を現実のものとしたのである。

思い起こせば、本書に結実したポピュリズムの共同研究が構想されたのは、まさにブレグジット国民投票の衝撃が残る、二〇一六年の秋だった。折しもアメリカではアウトサイダーたるトランプが大統領への道を駆け上っており、大陸ヨーロッパ各国では、右派ポピュリスト政党の伸長が続いていた。この世界に広がるポピュリズム現象を解明するため、各国政治の最先端の研究者の方々とともに研究会を組織し、翌年から共同研究を開始した。またそのさい、アメリカ政治、日本政治の研究者にも正式にお加わりいただいたことで、欧・米・日を横断するグローバルな視座で研究を進めることが可能となった。

研究メンバーには国内外の学界はもちろん、メディアで活躍する方も多かったが、多忙な中ご報告いただいた研究会の議論は多岐にわたり、実に刺激的だった。またこの間、ドイツやフランス、イタリア、オーストリア、オランダなど各国で総選挙や大統領選挙が行われ、そのたびにポピュリスト勢力の拡大が強い注目を集めたが、選挙にあわせ現地に渡航して資料や情報を収集したメンバーの方々から、かの地のなまの状況をお伺いしたことも忘れ難い。

そして二〇二〇年二月、国民投票以来三年半にわたる混迷を経てイギリスのEU離脱がついに実現したことを見届けるかたちで、この共同研究の成果を論文集として上梓する運びとなったことには、一種の感慨を禁じ得ない。もちろん私たちの政治学研究者としての学びと分析はこれからも続くが、まずはポピュリズムをめぐる一連のサイクルがひとめぐりしたとの感もある。現時点で研究者として可能な限りの力を注いだ本論文集が、混迷する現代世界のこれまでと現在、そして未来を照らすうえで意味を持つのであれば、それに勝る喜びはない。

岩波書店の編集者である大橋久美さん、藤田紀子さんには、本企画を快くお引き受け下さって研究会にも参加いただき、書籍として形ができるまで、多大なご尽力をいただいた。厚く御礼申し上げたい。

二〇二〇年一月三一日　イギリスのEU離脱が現実となった日に

水島治郎

[執筆者]

水島治郎(編者)　**[はじめに，第2章，おわりに]**

古賀光生(こが　みつお)　**[第1章，第7章]**
1978年生．中央大学法学部准教授．比較政治学，欧州の右翼ポピュリスト政党の比較．山崎望編『奇妙なナショナリズムの時代』(共著，岩波書店，2015年)，「戦略，組織，動員(1)～(6)」(『国家学会雑誌』第126巻5・6号～第127巻3・4号)ほか．

今井貴子(いまい　たかこ)　**[第3章]**
1970年生．成蹊大学法学部教授．イギリス政治，比較福祉政治．『政権交代の政治力学』(東京大学出版会，2018年)，高橋直樹他編『現代政治のリーダーシップ』(共著，岩波書店，2019年)ほか．

野田昌吾(のだ　しょうご)　**[第4章]**
1964年生．大阪市立大学大学院法学研究科教授．ヨーロッパ政治史，政治学．『ドイツ戦後政治経済秩序の形成』(有斐閣，1998年)，高橋進・石田徹編『「再国民化」に揺らぐヨーロッパ』(共著，法律文化社，2016年)ほか．

土倉莞爾(とくら　かんじ)　**[第5章]**
1943年生．関西大学名誉教授．フランス政治史．『現代フランス選挙政治』(ナカニシヤ出版，2000年)，『ポピュリズムの現代』(関西大学出版部，2019年)ほか．

伊藤　武(いとう　たけし)　**[第6章]**
1971年生．東京大学大学院総合文化研究科教授．イタリア政治．『イタリア現代史』(中公新書，2016年)，佐々木毅編『比較議院内閣制論』(共著，岩波書店，2019年)ほか．

作内由子(さくうち　ゆうこ)　**[第8章]**
1983年生．獨協大学法学部准教授．ヨーロッパ政治史．「オランダ型議院内閣制の起源」(『国家学会雑誌』第122巻7・8号，2009年)，「オランダカトリックの政党観」(『獨協法学』第100号，2016年)ほか．

田口　晃(たぐち　あきら)　**[第9章]**
1944年生．北海道大学名誉教授．比較政治学，ヨーロッパ政治史．『ウィーン都市の近代』(岩波新書，2008年)，ヤン＝ヴェルナー・ミュラー『試される民主主義』(共監訳，岩波書店，2019年)ほか．

中山洋平(なかやま　ようへい)　**[第10章]**
1964年生．東京大学大学院法学政治学研究科教授．ヨーロッパ政治史，フランス政治(史)．『戦後フランス政治の実験』(東京大学出版会，2002年)，『戦後フランス中央集権国家の変容』(東京大学出版会，2017年)ほか．

西山隆行(にしやま　たかゆき)　**[第11章]**
1975年生．成蹊大学法学部教授．アメリカ政治，政治学．『移民大国アメリカ』(ちくま新書，2016年)，『アメリカ政治入門』(東京大学出版会，2018年)ほか．

中北浩爾(なかきた　こうじ)　**[第12章]**
1968年生．一橋大学大学院社会学研究科教授．日本政治史，現代日本政治論．『自民党「一強」の実像』(中公新書，2017年)，『自公政権とは何か』(ちくま新書，2019年)ほか．

[編者]

水島治郎

1967年生．千葉大学大学院社会科学研究院教授．ヨーロッパ政治史，比較政治．『ポピュリズムとは何か――民主主義の敵か，改革の希望か』(中公新書，2016年，2017年度・第38回石橋湛山賞受賞)，『保守の比較政治学――欧州・日本の保守政党とポピュリズム』(編，岩波書店，2016年)，『反転する福祉国家――オランダモデルの光と影』(岩波現代文庫，2019年)ほか．

ポピュリズムという挑戦
――岐路に立つ現代デモクラシー

2020年2月21日　第1刷発行

編　者　水島治郎（みずしまじろう）

発行者　岡本　厚

発行所　株式会社 岩波書店
〒101-8002 東京都千代田区一ツ橋2-5-5
電話案内 03-5210-4000
https://www.iwanami.co.jp/

印刷・三秀舎　製本・松岳社

ISBN 978-4-00-061393-4　　Printed in Japan

保守の比較政治学
―欧州・日本の保守政党とポピュリズム―
水島治郎編
A5判二九八頁
本体四八〇〇円

ポピュリズムとは何か
ヤン＝ヴェルナー・ミュラー
板橋拓己訳
四六判一八〇頁
本体一八〇〇円

試される民主主義（上・下）
ヤン＝ヴェルナー・ミュラー
板橋拓己
田口晃監訳
四六判各三〇〇頁
本体各二六〇〇円

アフター・ヨーロッパ
―ポピュリズムという妖怪にどう向きあうか―
イワン・クラステフ
庄司克宏監訳
四六判一四二頁
本体一九〇〇円

ブレグジット・パラドクス 欧州統合のゆくえ
庄司克宏
四六判一九四頁
本体二一〇〇円

ヨーロッパ・デモクラシー 危機と転換
宮島喬
木畑洋一
小川有美編
四六判三一八頁
本体二八〇〇円

岩波書店刊
定価は表示価格に消費税が加算されます
2020年2月現在

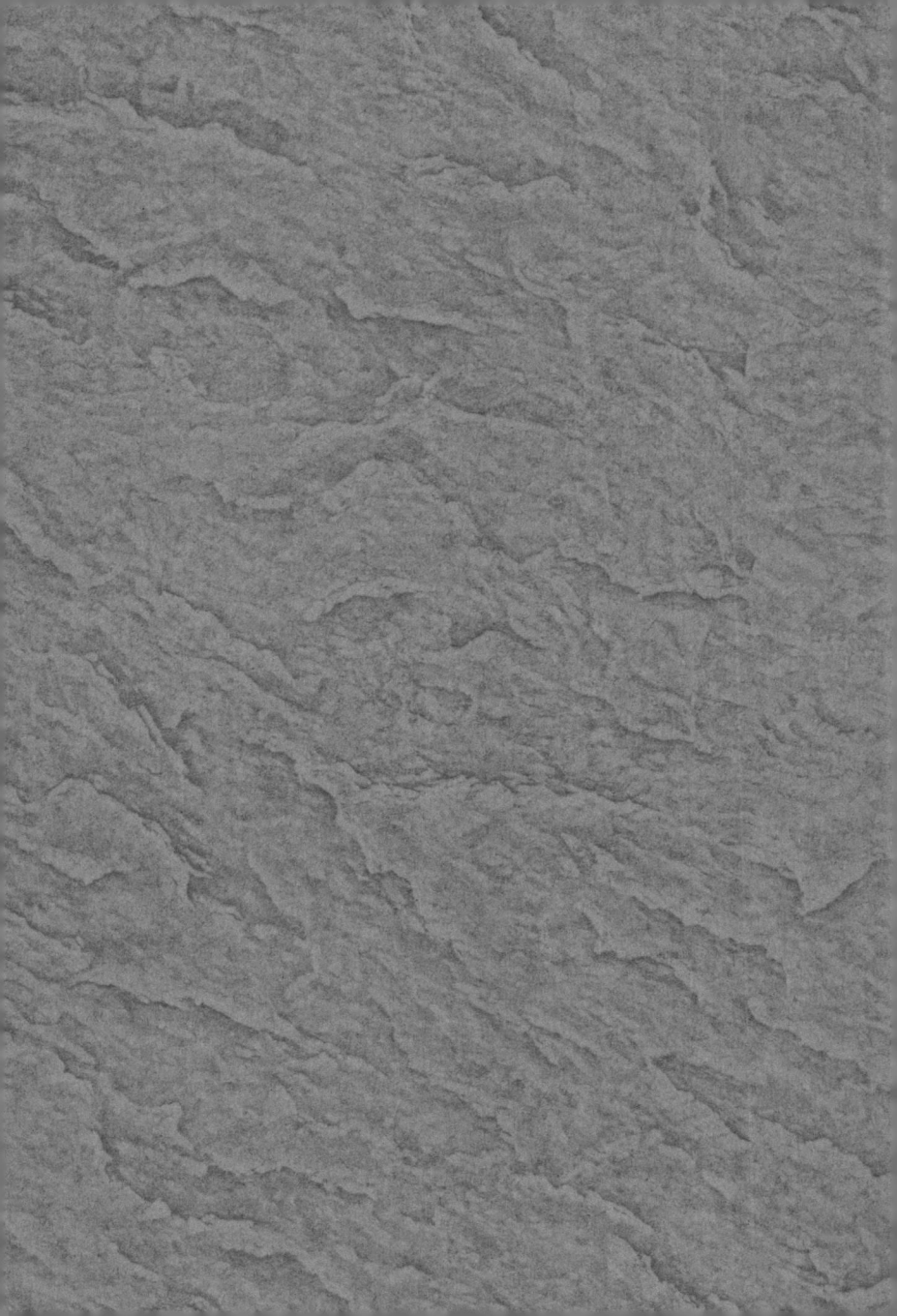

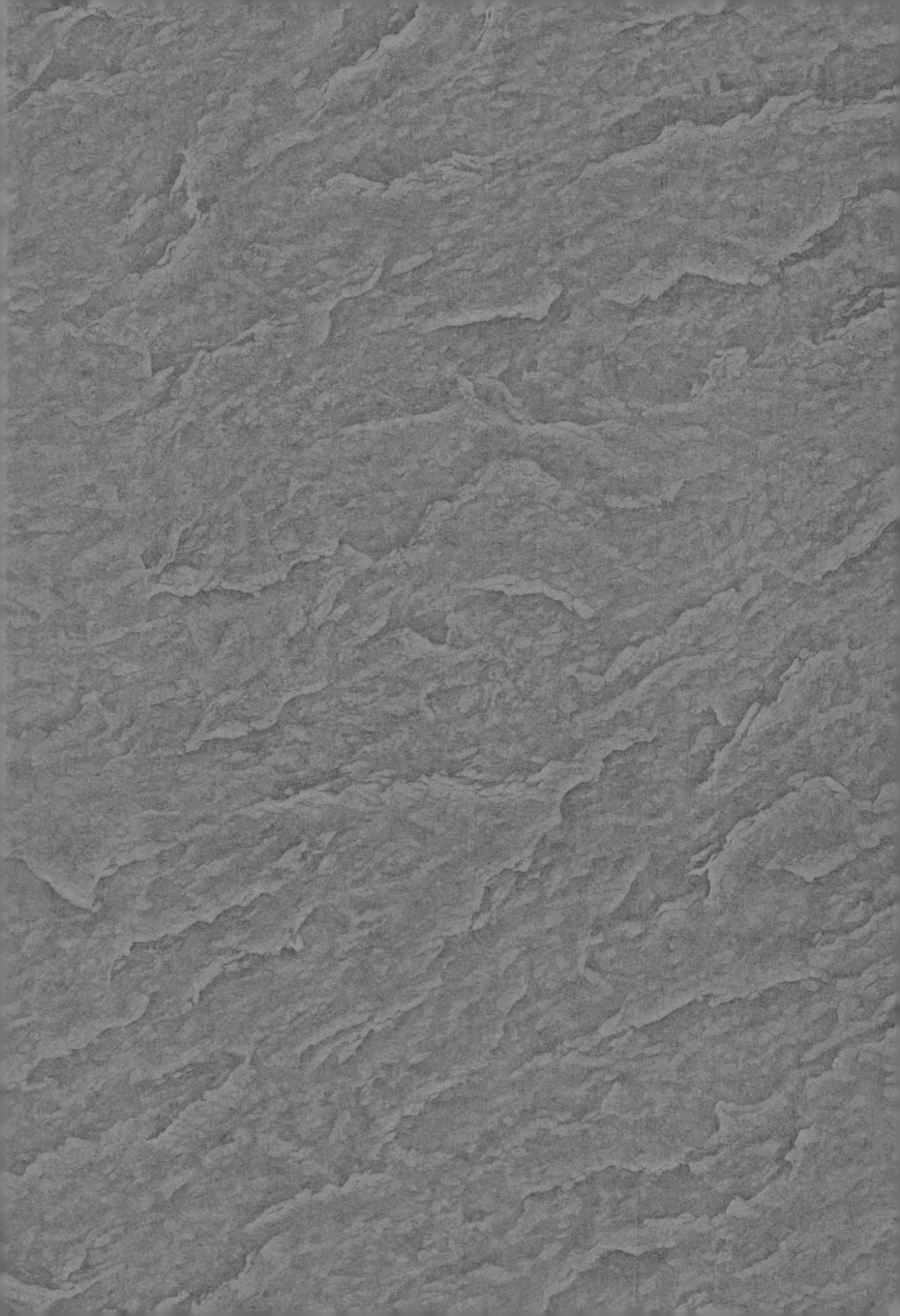